今注本二十四史

宋書

梁 沈約 撰

朱紹侯 主持校注

一〇 傳〔三〕

中國社會科學出版社

宋書　卷五二

列傳第十二

庾悦　王誕　謝景仁 弟述　袁湛 弟豹　褚叔度

庾悦字仲豫，潁川鄢陵人也。[1]曾祖亮，[2]晋太尉。[3]祖羲，[4]吳國内史。[5]父准，[6]西中郎將、豫州刺史。[7]

[1]潁川：郡名。治所在今河南許昌市東。　鄢陵：縣名。治所在今河南鄢陵縣西北。

[2]亮：人名。即庾亮。字元規。《晋書》卷七三有傳。

[3]太尉：官名。東漢時列三公之首，魏晋時爲名譽宰相，無實際職掌。一品。但東晋末年劉裕任太尉則有實權。

[4]羲：人名。即庾羲。“羲”各本並作“義”，中華本據《晋書·庾亮傳》改。按劉峻《世説新語注》：“道恩，庾羲小字。徐廣《晋紀》曰：‘羲字叔和，亮第三子，位建威將軍、吳國内史。’”《晋書》卷七三有附傳。

[5]吳國：東晋王國名。治所在今江蘇蘇州市。　内史：官名。掌王國民政。五品。

[6]准：人名。“准”各本並作“淮”，中華本據《晋書·庾亮傳》改。按《晋書》作“準”，宋順帝諱準，凡“準”均改作“准”。

[7]西中郎將：官名。四中郎將之一，率師征伐，或鎮守某地。豫州：僑州名。治所在今安徽壽縣。

　　悦少爲衛將軍琅邪王行參軍，[1]司馬，[2]徙主簿，[3]轉右長史。[4]桓玄輔政，[5]領豫州，[6]以悦爲別駕從事史。[7]遷驍騎將軍。[8]玄篡位，徙中書侍郎。[9]高祖定京邑，[10]武陵王遵承制，[11]以悦爲寧遠將軍、安遠護軍、武陵內史。[12]以病去職。

[1]衛將軍：官名。位在諸名號大將軍之上，常以權臣兼任，統兵出征。二品。　琅邪王：王爵名。王國在今江蘇句容市西北。按此琅邪王爲司馬道子。　行參軍：官名。品階低於參軍。

[2]司馬：官名。王國、王府屬官，高級幕僚。

[3]主簿：官名。諸府、州郡縣皆置，典領文書簿籍，經辦事務。

[4]轉：官制用語。指官吏調任，無升降。　右長史：丁福林《校議》據《南史》卷三五《庾悦傳》、《晋書》卷一〇《恭帝紀》考證，“右長史”前佚“司徒”二字。

[5]桓玄：人名。字敬道，譙郡龍亢（今安徽懷遠縣）人。《晋書》卷九九有傳。

[6]領：官制用語。多爲暫攝之意。

[7]別駕從事史：官名。位居州吏之右，事無不統。

[8]驍騎將軍：官名。護衛皇帝宮中殿庭的主要將領之一。四品。

[9]中書侍郎：官名。屬中書省，分任詔令起草。五品。

[10]高祖：宋武帝劉裕廟號。　京邑：地名。東晋都城，即今江蘇省南京市。

[11]武陵王：王爵名。王國在今湖南常德市武陵區。　遵：人名。即司馬遵。字茂遠，晋元帝司馬睿之孫。　承制：秉承皇帝旨意，有時成爲一種假借的名義或政治待遇。

[12]寧遠將軍：官名。將軍名號。五品。　安遠護軍：官名。職掌如將軍，而位略低。統兵，管理少數民族事務。六品。

　　鎮軍府版諮議參軍，[1]轉車騎從事中郎。[2]劉毅請爲撫軍司馬，[3]不就。遷車騎、中軍司馬。[4]從征廣固，[5]竭其誠力。盧循逼京都，[6]以爲督江州豫州之西陽新蔡汝南潁川司州之弘農揚州之松滋六郡諸軍事、建威將軍、江州刺史，[7]從東道出鄱陽。[8]循遣將英斜千餘人斷五畝嶠，[9]悦破之，進據豫章，[10]絶循糧援。

[1]鎮軍：官名。鎮軍將軍之省稱。中央軍職。三品。　版：官制用語。地方軍政長官自行選用官員，未經吏部正式任命，由州、府行版文委派。　諮議參軍：官名。王、相、州、軍府置，職掌不定，位在列曹參軍上。

[2]車騎：官名。車騎將軍或車騎大將軍之省稱。多爲軍號加官，無具體職掌。　從事中郎：官名。其職依時依府而異，或主吏，或分掌諸曹，或掌機密，或參謀議，地位較高。

[3]劉毅：人名。字希樂，彭城沛（今江蘇沛縣）人。《晋書》卷八五有傳。　撫軍：官名。撫軍將軍之省稱。三品。

[4]車騎、中軍司馬：車騎將軍府司馬及中軍將軍府司馬。中軍，官名。爲中軍將軍之省稱。位比四鎮將軍。三品。

[5]廣固：地名。南燕國都城。在今山東青州市西北。

[6]盧循：人名。字于先，范陽涿（今河北涿州市）人，晋末

孫恩反晉軍領袖之一。《晉書》卷一○○有傳。

[7]司州之弘農揚州之松滋：各本並脱“弘農揚州之”五字，殿本改六郡爲五郡。中華本按：錢大昕《考異》云：“司州下有脱文，當云司州之弘農，揚州之松滋也。一本六郡作五郡，蓋校書者不知史有脱字，而以意改之耳。”　督諸軍事：官名。地區軍政長官，位在都督軍事、監軍事之下。　江州：治所在今湖北黄梅縣西南。　西陽：郡名。治所在今湖北黄岡市黄州區東。　新蔡：僑郡名。治所在今河南固始縣東北。　汝南：僑郡名。治所在今湖北武漢市武昌區東。　潁川：僑郡名。治所在今安徽巢湖市居巢區東南。　司州：僑州名。治所在今河南汝南縣。　弘農：僑郡名。治所在今江西九江市東。　揚州：治所在今江蘇南京市。　松滋：僑郡名。治所在今江西九江市東。　建威將軍：官名。五威將軍之一。四品。

[8]鄱陽：縣名。治所在今江西鄱陽縣東北。

[9]英糾：人名。盧循使爲上饒令，守城。事見本書卷四九《虞丘進傳》。　五畝嶠：地名。在今江西上饒市。

[10]豫章：郡名。治所在今江西南昌市。

初，毅家在京口，[1]貧約過常，嘗與鄉曲士大夫往東堂共射。時悦爲司徒右長史，[2]暫至京，要府州僚佐共出東堂。[3]毅已先至，遣與悦相聞，曰：“身久蹭頓，營一遊集甚難。君如意人，無處不可爲適，豈能以此堂見讓。”[4]悦素豪，徑前，不答毅語。衆人並避之，唯毅留射如故。悦厨饌甚盛，不以及毅。毅既不去，悦甚不歡，俄頃亦退。[5]毅又相聞曰：“身今年未得子鵝，豈能以殘炙見惠。”悦又不答。盧循平後，毅求都督江州，[6]以江州内地，治民爲職，不宜置軍府，上表陳之曰：

"臣聞天以盈虛爲道，[7]治以損益爲義。[8]時否而政不革，民凋而事不損，則無以救急病於已危，拯塗炭於將絶，自頃戎車屢駕，干戈溢境，江州以一隅之地，當逆順之衝，力弱民慢，而器運所繼。自桓玄以來，驅蹙殘毀，至乃男不被養，女無對匹，逃亡去就，不避幽深，自非財單力竭，無以至此。若不曲心矜理，有所改移，則靡遺之嘆，奄焉必及。臣謬荷增統，傷慨兼懷。夫設官分職，軍國殊用，牧民以息務爲大，武略以濟事爲先。今兼而領之，蓋出於權事，因藉既久，遂爲常則。江州在腹心之中，憑接揚、豫，藩屏所倚，實爲重複。昔胡寇縱逸，[9]朔馬臨江，抗禦之宜，蓋出權計。以溫嶠明達，[10]事由一己，猶覺其弊，論之備悉。[11]今江右區區，戶不盈數十萬，地不踰數千里，而統司鱗次，未獲減息，大而言之，足爲國恥。況乃地在無軍，而軍府猶置，文武將佐，資費非一，豈所謂經國大情、揚湯去火者哉。[12]其州郡邊江，民戶遼落，加以郵亭嶮闊，[13]畏阻風波，轉輸往還，常有淹廢，又非所謂因其所利，以濟其弊者也。愚謂宜解軍府，移治豫章，處十郡之中，厲簡惠之政，比及數年，可有生氣。且屬縣凋散，亦有所存，而役調送迎，不得休止，亦謂應隨宜并減，以簡衆費。刺史庾悦，自臨州部，甚有恤民之誠，但綱維不革，[14]自非綱目所理。尋陽接蠻，[15]宜有防遏，可即州府千兵，以助郡戍。"於是解悦都督、將軍官。以刺史移鎮豫章。毅以親將趙恢領千兵守尋陽，[16]建威府文武三千悉入毅府，符攝嚴峻，數相挫辱。悦不得志，疽發背，到豫章少日卒。時年三十八。追贈征虜將軍。[17]以廣固之功，追封新陽縣五等男。[18]

[1]京口：城名。即今江蘇鎮江市。

[2]司徒右長史：官名。與左長史並爲司徒府僚屬之長，管理州郡農桑户籍、官吏考課。六品。

[3]要：邀。　東堂：《儀禮·大射》：“公將射……皆以俟于東堂。”後世遂以習射場所稱東堂。

[4]豈能以此堂見讓：《南史》卷三五《庾悦傳》作“豈不能以此堂見讓”，更符合上下文意。

[5]俄頃亦退：“亦”，三朝本作“亦”，北監本、毛本、殿本、局本作“不”。中華本按：“此處言俄頃庾悦等宴畢，亦將散退，故下文又叙劉毅求庾悦以子鵝殘炙見惠事。”故“亦”爲是。

[6]都督：官名。都督諸軍事之簡稱，地方軍政長官，設軍府。

[7]盈虛：滿與空。《易·豐卦》：“天地盈虛，與時消息。”《莊子·秋水》：“消息盈虛，終則有始。”

[8]損益：增減、興革。《論語·爲政》：“殷因於夏禮，所損益可知也；周因於殷禮，所損益可知也。”

[9]胡寇縱逸：指前秦苻堅率大軍南侵東晋事。

[10]温嶠：人名。字太真，太原祁縣（今山西祁縣）人。《晋書》卷六七有傳。

[11]事由一己，猶覺其弊，論之備悉：咸和初，温嶠爲江州刺史、持節、都督、平南將軍鎮武昌。陳説：“豫章十郡之要，宜以刺史據之。尋陽濱江，都督應鎮其地。今以州帖府，進退不便。且古鎮將多不領州，皆以文武形勢不同故也。宜選單刺史別撫豫章，專理黎庶。”詳見《晋書》卷六七《温嶠傳》。

[12]揚湯去火：比喻治標與治本之道。《吕氏春秋·季春紀·盡數》：“夫以湯止沸，沸愈不止，去其火則止矣。”

[13]郵亭：驛館，遞送文書投止之所。

[14]綱維：總綱和四維。比喻法度。

[15]尋陽：郡名。治所在今江西九江市西南。　蠻：古南方少數民族名。

[16]趙恢：人名。曾任譙國內史、上黨太守。

[17]征虜將軍：官名。亦作爲高級文職人員的加官。三品。

[18]新陽縣五等男：爵名。男爵等級之一，不食封。新陽縣，治所在今湖北京山縣。

　　王誕字茂世，琅邪臨沂人，[1]太保弘從兄也。[2]祖恬，[3]中軍將軍。[4]父混，[5]太常。[6]

[1]琅邪：郡名。治所在今山東諸城市。　臨沂：縣名。治所在今山東臨沂市費縣東。

[2]太保：官名。與太宰、太傅並爲上公。執掌朝政，爲宰相之任。一品。　弘：人名。即王弘。字休元。本書卷四二有傳。

[3]恬：人名。即王恬。字敬豫，王導子。《晉書》卷六五有附傳。

[4]中軍將軍：官名。可出任持節都督，鎮守一方。

[5]混：人名。即王混。在晉官至侍中、丹陽尹，過繼給王悅，襲爵始興郡公，卒贈太常。本書及《南史》僅一見。

[6]太常：官名。主管祭祀社稷、宗廟和朝會、喪葬禮儀及文化教育等。三品。

　　誕少有才藻，晉孝武帝崩，[1]從叔尚書令珣爲哀策文，[2]久而未就，謂誕曰：“猶少序節物一句。”因出本示誕。誕攬筆便益之，接其“秋冬代變”後云，“霜繁廣除，風回高殿”。珣嗟嘆清拔，因而用之。襲爵雉鄉侯，[3]拜秘書郎，[4]琅邪王文學，[5]中軍功曹。[6]

　　[1]晉孝武帝：皇帝諡號。即司馬曜。字昌明。《晉書》卷九有紀。

　　[2]尚書令：官名。尚書省長官，綜理全國政務，參議大政。三品。　珣：人名。即王珣。字元琳。《晉書》卷六五有附傳。

　　[3]雉鄉侯：侯爵名。食邑爲鄉者爲鄉侯。雉鄉，今址不詳。

　　[4]秘書郎：官名。掌整理典籍、考核舊文。六品。

　　[5]文學：官名。職掌王國教育。六品。

　　[6]功曹：官名。職掌人事。

　　隆安四年，[1]會稽王世子元顯開後軍府，[2]又以誕補功曹。[3]尋除尚書吏部郎，[4]仍爲後軍長史，[5]領廬江太守，[6]加鎮蠻護軍。[7]轉龍驤將軍、琅邪內史，[8]長史如故。誕結事元顯嬖人張法順，[9]故爲元顯所寵。元顯納妾，誕爲之親迎。隨府轉驃騎長史，[10]將軍、內史如故。元顯討桓玄，欲悉誅桓氏，誕固陳脩等與玄志趣不同，[11]由此得免。脩，誕甥也。及玄得志，誕將見誅，脩爲之陳請，又言脩等得免之由，乃徙誕廣州。[12]盧循據廣州，以誕爲其平南府長史，[13]甚賓禮之。誕久客思歸，乃說循曰：“下官流遠在此，被蒙殊眷，士感知己，實思報答。本非戎旅，在此無用。素爲劉鎮軍所識，[14]情味不淺，若得北歸，必蒙任寄，公私際會，思報厚恩，愈於停此，空移歲月。”循甚然之。時廣州刺史吳隱之亦爲循所拘留，[15]誕又曰：“將軍今留吳公，公私非計。孫伯符豈不欲留華子魚，[16]但以一境不容二君耳。”

於是誕及隱之並得還。

［1］隆安：晋安帝司馬德宗年號（397—401）。

［2］會稽王：王爵名。王國在今浙江紹興市。　世子：諸侯之嫡子，或指諸侯之子中能繼承爵位者。　元顯：人名。即司馬元顯，晋宗室。代父居朝執政，後爲桓玄所殺。《晋書》卷六四有附傳。　後軍：官名。後軍將軍之省稱。掌宮禁宿衛。四品。

［3］補：官制用語。即遞補、委任官職。

［4］除：官制用語。即拜官授職。　尚書吏部郎：官名。尚書省吏部長官通稱。主管官吏選任銓叙調動事務。六品。

［5］長史：官名。爲軍府幕僚長，千石。

［6］廬江：郡名。治所在今安徽舒城縣。

［7］加：官制用語。原職之外，增授其他職銜或虚銜。　鎮蠻護軍：官名。職掌如將軍，地位略低。統兵，管理少數民族事務。

［8］龍驤將軍：官名。地位較高。三品。

［9］張法順：人名。會稽郡（治今浙江紹興市）人，曾任廬江太守，爲司馬元顯謀主。事見《晋書·司馬元顯傳》。

［10］驃騎：官名。驃騎將軍、驃騎大將軍簡稱。居諸名號將軍之首。二品。

［11］脩：人名。即桓脩。字承祖，譙國龍亢（今安徽懷遠縣）人。《晋書》卷七四有附傳。

［12］廣州：治所在今廣東廣州市。

［13］平南府：軍府名。平南將軍或平南大將軍之軍府。平南，四平將軍之一，多持節都督或監某一地區的軍事。三品。

［14］劉鎮軍：即宋武帝劉裕。克桓玄後，任鎮軍將軍、都督八州諸軍事、徐州刺史、領軍將軍。見《南史》卷一《武帝紀》。

［15］吳隱之：人名。字處默，濮陽鄄城（今山東鄄城縣）人。《晋書》卷九〇有傳。

[16]孫伯符：人名。即孫策。伯符爲其字。吳郡富春（今浙江富陽市）人。《三國志》卷四六有傳。　華子魚：人名。即華歆。子魚爲其字。平原高唐（今山東禹城市）人。《三國志》卷一三有傳。言華歆爲豫章太守，"孫策略地江東，歆知策善用兵，乃幅巾相迎。策以其長者，待以上賓之禮。後策死。太祖在官渡，表天子徵歆。孫權欲不遣，歆謂權曰：'將軍奉王命，始交好曹公，分義未固，使僕得爲將軍效心，豈不有益乎？今空留僕，是爲養無用之物，非將軍之良計也。'權悦，乃遣歆。"與此説有異。

除員外散騎常侍，[1]未拜，高祖請爲太尉諮議參軍，轉長史。盡心歸奉，日夜不懈，高祖甚委仗之。北伐廣固，領齊郡太守。[2]盧循自蔡洲南走，[3]劉毅固求追討，高祖持疑未決，誕密白曰："公既平廣固，復滅盧循，則功蓋終古，[4]勳無與二，如此大威，豈可餘人分之。毅與公同起布衣，一時相推耳，今既已喪敗，不宜復使立功。"高祖從其説。七年，以誕爲吳國内史。母憂去職。[5]高祖征劉毅，起爲輔國將軍，[6]誕固辭軍號，墨絰從行。[7]時諸葛長民行太尉留府事，[8]心不自安，高祖甚慮之。毅既平，誕求先下，高祖曰："長民似有自疑心，卿詎宜便去。"誕曰："長民知我蒙公垂眄，今輕身單下，必當以爲無虞，乃可以少安其意。"高祖笑曰："卿勇過賁、育矣。"[9]於是先還。

[1]員外散騎常侍：官名。初爲正員之外添差之散騎常侍，後爲定員官。屬散騎省，雖是閑職，仍爲顯官。

[2]齊郡：治所在今山東淄博市臨淄區北。

[3]蔡洲：地名。在今江蘇南京市西南。時爲交通要津。

[4]終古：往昔，自古以來。

[5]母憂：舊稱遭父母之喪爲丁憂，母憂即喪母，爲官者須離職行喪三載。

[6]輔國將軍：官名。曾改名輔師將軍。三品。

[7]墨経：也作“墨縗”。黑色喪服。経爲麻布帶子。古代禮制，在家守制，喪服用白色，遇戰事可服黑以代喪服。

[8]諸葛長民：人名。琅邪陽都（今山東沂南縣）人。《晋書》卷八五有傳。　行：官制用語。指官缺未補，暫由他官代行某官職權。

[9]賁、育：即孟賁、夏育，戰國二勇士。

九年，卒，時年三十九。以南北從征，追封作唐縣五等侯。[1]子詡，宋世子舍人，[2]早卒。

[1]作唐縣五等侯：侯爵等級之一，不食封。作唐縣，治所在今湖南安鄉縣北。

[2]宋世子：即劉裕長子劉義符。　舍人：官名。掌文檄之事。

謝景仁，陳郡陽夏人，[1]衛將軍晦從叔父也。[2]名與高祖同諱，[3]故稱字。祖據，太傅安第二弟。[4]父允，[5]宣城内史。[6]

[1]陳郡：治所在今河南淮陽縣。　陽夏：縣名。治所在今河南太康縣。

[2]晦：人名。即謝晦。字宣明。本書卷四四有傳。

[3]名與高祖同諱：因其名諱與宋武帝同爲“裕”，故稱字。

[4]祖據，太傅安第二弟：丁福林《校議》據《南史》卷一九《謝晦傳》、《晋書》卷七九《謝朗傳》考證，謝據是謝安第二兄。

據，即謝據。號中郎，小字虎子，字玄道。謝褒第二子，三十三歲
早卒。太傅，官名。常與太宰、太保並掌朝政，開府置僚屬，爲宰
相之任。一品。安，人名。即謝安。字安石。《晉書》卷七九有傳。

[5]允：人名。即謝允。字令度。餘事不詳。

[6]宣城：王國名。治所在宛陵（今安徽宣城市宣州區）。

　　景仁幼時與安相及，爲安所知。始爲前軍行參
軍，[1]輔國參軍事。[2]會稽王世子元顯嬖人張法順，權傾
一時，内外無不造門者，唯景仁不至。年三十，方爲著
作佐郎。[3]桓玄誅元顯，見景仁，甚知之，謂四坐曰：
"司馬庶人父子云何不敗，遂令謝景仁三十方作著作佐
郎。"[4]玄爲太尉，以補行參軍，府轉大將軍，[5]仍參軍
事。玄建楚臺，[6]以補黄門侍郎。[7]及篡位，領驍騎將
軍。景仁博聞强識，善叙前言往行，玄每與之言，不倦
也。玄出行，殷仲文、卞範之之徒，[8]皆騎馬散從，而
使景仁陪輦。

[1]前軍：官名。前軍將軍之簡稱，護衛皇宮的主要禁軍將領
之一。四品。

[2]參軍事：官名。即參軍，爲公府等諸曹長官，協助治理
府事。

[3]著作佐郎：官名。屬著作省（局），掌搜集史料，供著作
郎撰史。

[4]遂令謝景仁三十方作著作佐郎：與前"年三十，方爲著作
佐郎"，兩"佐"字各本並脱，中華本據《御覽》卷二三四著作佐
郎條引補。

[5]大將軍：官名。其任頗重，常專擅軍政事務。一品。

[6]楚臺：楚國臺省。桓玄既專擅晋朝軍政大權，矯詔加其相國，總百揆，封南郡等十郡爲楚王。楚國置丞相以下。事見《晋書》卷九九《桓玄傳》。

[7]黄門侍郎：官名。爲侍中省或門下省次官。位頗重要。

[8]殷仲文：人名。陳郡人。《晋書》卷九九有傳。 卞範之：人名。字敬祖，濟陰冤句（今山東曹縣）人。《晋書》卷九九有傳。

高祖爲桓脩撫軍中兵參軍，[1]嘗詣景仁諮事，景仁與語悦之，因留高祖共食。食未辦，而景仁爲玄所召。玄性促急，俄頃之間，騎詔續至。高祖屢求去，景仁不許，曰："主上見待，要應有方。我欲與客共食，豈當不得待。"竟安坐飽食，然後應召。高祖甚感之，常謂景仁是太傅安孫。及平京邑，入鎮石頭，[2]景仁與百僚同見高祖，高祖目之曰："此名公孫也。"謂景仁曰："承制府須記室參軍，[3]今當相屈。"以爲大將軍武陵王遵記室參軍，仍爲從事中郎，遷司徒左長史。[4]出爲高祖鎮軍司馬，[5]領晋陵太守，[6]復爲車騎司馬。

[1]中兵參軍：官名。亦作"中兵參軍事"。公、軍府僚屬，掌中兵曹事務，兼備參謀咨詢。

[2]石頭：城名。在今江蘇南京市西清凉山。

[3]記室參軍：官名。又稱記室參軍事。爲記室曹長官，掌文疏表奏。

[4]司徒左長史：官名。與右長史並爲司徒府僚屬之長，管理州郡農桑户籍、官吏考課。六品。

[5]鎮軍司馬：官名。鎮軍將軍府高級幕僚。掌參贊軍務，管

理府内武職，位僅次於長史。

　　[6]晉陵：郡名。治所在今江蘇常州市。

　　義熙五年，[1]高祖以内難既寧，思弘外略，將伐鮮卑。[2]朝議皆謂不可。劉毅時鎮姑孰，[3]固止高祖，以爲：“苻堅侵境，[4]謝太傅猶不自行。[5]宰相遠出，[6]傾動根本。”景仁獨曰：“公建桓、文之烈，[7]應天人之心，匡復皇祚，芟夷姦逆，雖業高振古，而德刑未孚，宜推亡固存，廣樹威略。鮮卑密邇疆甸，屢犯邊垂，伐罪弔民，於是乎在。平定之後，養鋭息徒，然後觀兵洛汭，[8]修復園寢，豈有坐長寇虜，縱敵貽患者哉！”高祖納之。及北伐，大司馬琅邪王，[9]天子母弟，屬當儲副，高祖深以根本爲憂，轉景仁爲大司馬左司馬，[10]專總府任，右衛將軍，[11]加給事中，[12]又遷吏部尚書。[13]時從兄混爲左僕射，[14]依制不得相臨，高祖啓依僕射王彪之、尚書王劭前例，不解職。[15]

　　[1]義熙：晉安帝司馬德宗年號（405—418）。

　　[2]鮮卑：族名。指鮮卑人慕容超之南燕政權。《晉書》卷一〇《安帝紀》：義熙五年三月“車騎將軍劉裕帥師伐慕容超”。

　　[3]姑孰：城名。亦作姑熟、南洲，在今安徽當塗縣。

　　[4]苻堅：人名。字永固，略陽臨渭（今甘肅秦安縣）氐人，十六國時前秦君主。太元八年（383），率大軍進攻東晉，敗於淝水。

　　[5]謝太傅：即謝安。淝水之戰時自留建康，以弟謝石爲征討大都督，與謝玄等大破苻堅軍。

　　[6]宰相：爲輔政大臣之泛稱。魏晉南北朝時相國、丞相亦號

宰相，非尋常人臣之職。三公皆爲名譽宰相，但大臣加録尚書事銜者始爲真宰相。

[7]桓、文之烈：即齊桓公、晋文公之功業。

[8]觀兵：檢閱軍隊示人以兵威。　洛汭：洛水邊。或曰洛水入黄河處。此指洛陽。

[9]大司馬：官名。兩晋時多爲大臣加官，八公之一，開府置僚屬，然無具體職司。一品。

[10]左司馬：公府、王國王府屬官，軍府高級幕僚。有時不分左、右。

[11]右衛將軍：官名。禁衛軍主要統帥之一，屬領軍將軍，權任頗重。四品。

[12]給事中：官名。晋時隸散騎省，位在散騎常侍下、給事黄門侍郎上。南朝時隸集書省，地位漸低。備顧問應對。

[13]遷：官制用語。指官吏調動職務。有平遷（以功次循序而升）、超遷（越級提拔）和左遷（貶職降級）之分。　吏部尚書：官名。爲尚書省吏部曹長官，位居列曹尚書之上。主管官吏銓選考課奬懲諸務。三品。

[14]混：人名。即謝混。字叔源。《晋書》卷七九有附傳。左僕射：官名。尚書省次官，居右僕射之上。輔佐尚書令執行政務，主管官吏選舉。

[15]王彪之：人名。字叔武，琅邪臨沂人。《晋書》卷七六有附傳。　尚書：官名。分掌尚書省諸曹，處理政務。　王劭：人名。字敬倫，王導子，與王彪之爲從兄弟。《晋書》卷六五有附傳。

坐選吏部令史邢安泰爲都令史、平原太守，[1]二官共除，安泰以令史職拜謁陵廟，爲御史中丞鄭鮮之所糾，[2]白衣領職。[3]八年，遷領軍將軍。[4]十一年，轉右僕射。[5]仍轉左僕射。

[1]吏部令史：官名。令史爲一般低級官吏，主管文書圖譜。吏部及尚書諸曹之令史頗有實權。 邢安泰：人名。曾任散騎侍郎、中書舍人，奉徐羨之之令弑少帝劉義符。 都令史：官名。尚書省置都令史八人，協助左、右丞管理都省事務，監督諸曹尚書，參與政要。 平原：郡名。治所在今山東平原縣西南。

[2]御史中丞：官名。御史臺長官，掌監察、執法。四品。鄭鮮之：人名。字道子，滎陽開封（今河南開封市）人。本書卷六四有傳。

[3]白衣領職：指因失誤撤除官職，但仍掌原職事。係對官吏的一種處罰形式。白衣，原指無官職之士人。

[4]領軍將軍：官名。禁衞軍最高統帥。三品。

[5]右僕射：官名。尚書省次官，居左僕射之下。輔佐尚書令執行政務。

　　景仁性矜嚴整潔，居宇净麗，每唾，轉唾左右人衣，事畢，即聽一日澣濯。每欲唾，左右争來受。高祖雅相重，申以婚姻，盧陵王義真妃，[1]景仁女也。十二年，卒，[2]時年四十七。追贈金紫光禄大夫，[3]加散騎常侍。[4]葬日，高祖親臨，哭之甚慟。與驃騎將軍道憐書曰：[5]"謝景仁殞逝，悲痛摧割，不能自勝。汝聞問惋愕，亦不可堪。其器體淹中，情寄實重，方欲與之共康時務，一旦至此，痛惜兼深。往矣奈何！當復奈何！"

[1]盧陵王：王爵名。王國在今江西吉水縣東北。 義真：人名。即劉義真。宋武帝劉裕次子。本書卷六一有傳。

[2]十二年，卒：《晋書》卷一〇《安帝紀》："義熙十一年八月丁未，尚書左僕射謝裕卒"。《通鑑》卷一一七所記與《安帝紀》

同，此云十二年，未知孰是。

　[3]金紫光禄大夫：官名。光禄大夫加賜金章紫綬者。二品。

　[4]散騎常侍：官名。爲散騎省長官。東晋時奪中書出令之權，參掌機密。南朝散騎省改爲集書省，地位驟降。

　[5]道憐：人名。即劉道憐。宋武帝劉裕中弟。本書卷五一有傳。

　　子恂，鄱陽太守。恂子稚，善吹笙，官至西陽太守。

　　景仁弟純字景懋，初爲劉毅豫州別駕。[1]毅鎮江陵，[2]以爲衛軍長史、南平相。[3]王鎮惡率軍襲毅，[4]已至城下，時毅疾病，佐吏皆入參承。純參承畢，已出，聞兵至，馳還入府。左右引車欲還外解，純叱之曰：“我人吏也，逃欲何之！”乃入。及毅兵敗衆散，時已暗夜，司馬毛脩之謂純曰：[5]“君但隨僕。”純不從，扶兩人出，火光中爲人所殺。純孫沈，太宗泰始初，[6]爲巴陵王休若衛軍録事參軍、山陰令，[7]坐事誅。

　[1]別駕：官名。即別駕從事、別駕從事史。位居州吏之右，事無不統。宋主吏員選舉。

　[2]江陵：縣名。治所在今湖北荆州市荆州區。

　[3]衛軍：衛將軍之省稱。　南平：王國名。治所在今湖北公安縣西北。　相：官名。國家委派的王國行政長官。五品。

　[4]王鎮惡：人名。北海劇（今山東昌樂縣）人。前秦丞相王猛孫。本書卷四五有傳。

　[5]毛脩之：人名。字敬文，滎陽陽武（今河南原陽縣）人。本書卷四八有傳。

　　[6]太宗：宋明帝劉彧廟號。　　泰始：宋明帝劉彧年號（465—471）。

　　[7]巴陵王：王爵名。王國在今湖南岳陽市。　　休若：人名。即劉休若。宋文帝劉義隆第十九子。本書卷七二有傳。　　録事參軍：官名。公府、軍府皆置，爲録事曹長官。掌總録衆曹文簿、舉彈善惡。　　山陰：縣名。治所在今浙江紹興市。

　　述字景先，少有志行，隨兄純在江陵。純遇害，述奉純喪還都。行至西塞，[1]值暴風，純喪舫流漂，不知所在，述乘小船尋求之。經純妻庾舫過，庾遣人謂述曰："喪舫存没，已應有在，風波如此，豈可小船所冒？小郎去必無及，寧可存亡俱盡邪。"述號泣答曰："若安全至岸，當須營理。如其已致意外，述亦無心獨存。"因冒浪而進，見純喪幾没，述號叫呼天，幸而獲免，咸以爲精誠所致也。高祖聞而嘉之，及臨豫州，[2]諷中正以述爲主簿，[3]甚被知器。景仁愛其第三弟魁而憎述，[4]嘗設饌請高祖，希命魁豫坐，而高祖召述。述知非景仁夙意，又慮高祖命之，請急不從。高祖馳遣呼述，須至乃歡。[5]及景仁有疾，述盡心營視，湯藥飲食，必嘗而後進，不解帶、不盥櫛者累旬，景仁深懷感愧。

　　[1]西塞：山名。在今湖北黃石市東長江南岸。
　　[2]及：各本並脱"及"字，中華本據《南史》補。
　　[3]中正：官名。評定士族内部品第的官員。州、郡皆置。以述爲主簿：中華本校勘記云"主簿"上《南史》有"迎"字。
　　[4]魁：人名。即謝魁。字景魁，位司徒右長史。見《南史》卷一九《謝純傳》。

[5]須至乃歡:《南史》卷一九《謝述傳》作"須至乃飡"。

轉太尉參軍,[1]從征司馬休之,[2]封吉陽縣五等侯。[3]世子征虜參軍,[4]轉主簿,宋臺尚書祠部郎,[5]世子中軍主簿,轉太子中舍人,[6]出補長沙內史,[7]有惠政。

[1]參軍:官名。王、公、軍府及諸州置爲僚屬,爲諸曹長官。品級不等。

[2]司馬休之:人名。字季預,晋宗室。《晋書》卷三七有附傳。

[3]吉陽:縣名。治所在今江西吉水縣東。

[4]征虜:官名。征虜將軍之省稱。

[5]宋臺:宋國臺省。晋義熙十二年(416)十月,封劉裕十郡爲宋公。元熙元年(419)正月,進公爵爲王,又以十郡增宋國,遷都壽陽。事見本書卷二《武帝紀中》。 尚書祠部郎:官名。尚書祠部曹長官。六品。

[6]太子中舍人:官名。東宮屬官。與太子中庶子共掌文翰,及侍從規諫太子。六品。

[7]長沙:郡國名。治所在今湖南長沙市。

元嘉二年,[1]徵拜中書侍郎。[2]明年,出爲武陵太守,彭城王義康驃騎長史,[3]領南郡太守。[4]先是,述從兄曜爲義康長史,[5]喪官,述代之。太祖與義康書曰:[6]"今以謝述代曜。其才應詳練,著於歷職,故以佐汝。汝始親庶務,而任重事殷,宜寄懷群賢,以盡弼諧之美,想自得之,不俟吾言也。"義康入相,述又爲司徒

左長史，轉左衛將軍。[7]莅官清約，私無宅舍。義康遇
之甚厚。尚書僕射殷景仁、領軍將軍劉湛並與述爲異常
之交。[8]美風姿，善舉止，湛每謂人曰：“我見謝道兒，
未嘗足。”道兒，述小字也。

[1]元嘉：宋文帝劉義隆年號（424—453）。

[2]徵拜：官制用語。朝廷選調地方賢能入朝爲官。

[3]彭城王：王爵名。王國在今江蘇徐州市。　義康：人名。
即劉義康。宋武帝劉裕子。本書卷六八有傳。

[4]南郡：治所在今湖北荊州市荊州區。

[5]曜：人名。即謝曜。小字多，愛臧否人物，曾任御史中丞。
事見本書卷五八《謝弘微傳》。

[6]太祖：宋文帝劉義隆廟號。

[7]左衛將軍：官名。禁衛軍主要統帥之一，隸領軍將軍。
四品。

[8]殷景仁：人名。陳郡長平（今河南西華縣東北）人。本書
卷六三有傳。　劉湛：人名。字弘仁，南陽涅陽（今河南鄧州市東
北）人。本書卷六九有傳。

雍州刺史張邵以黷貨下廷尉，[1]將至大辟，[2]述上表
陳邵先朝舊勳，宜蒙優貸。太祖手詔酬納焉。述語子綜
曰：“主上矜邵夙誠，將加曲恕，吾所啓謬會，故特見
酬納耳。若此疏迹宣布，則爲侵奪主恩，不可之大者
也。”使綜對前焚之。太祖後謂邵曰：“卿之獲免，謝述
有力焉。”

[1]雍州：僑州名。治所在今湖北襄陽市襄城區。　張邵：人

名。字茂宗，吳郡吳縣人。本書卷四六有傳。

  [2]大辟：刑名。死刑。

  述有心虚疾，性理時或乖謬。除吳郡太守，[1]以疾不之官。病差，補吳興太守，[2]在郡清省，爲吏民所懷。十二年，卒，時年四十六。喪還京師，未至數十里，殷景仁、劉湛同乘迎赴，望船流涕。十七年，劉湛誅，義康外鎮，將行，嘆曰：“謝述唯勸吾退，劉湛唯勸吾進，今述亡而湛存，吾所以得罪也。”太祖亦曰：“謝述若存，義康必不至此。”

  [1]吳郡：治所在今江蘇蘇州市。
  [2]吳興：郡名。治所在今浙江湖州市吳興區南下菰城。

  三子：綜、約、緯。綜有才藝，善隸書，爲太子中舍人，與舅范曄謀反，[1]伏誅。約亦坐死。緯尚太祖第五女長城公主，素爲約所憎，免死徙廣州。孝建中，[2]還京師。方雅有父風。太宗泰始中，至正員郎中。[3]

  [1]范曄：人名。字蔚宗，順陽（今河南淅川縣）人。曾修成《後漢書》，受彭城王義康謀反案牽連，被處死。本書卷六九有傳。
  [2]孝建：宋孝武帝劉駿年號（454—456）。
  [3]正員郎中：官名。郎中爲尚書省郎曹長官，與尚書郎互稱，分曹執行政務。正員係對“員外”而言。六品。

  袁湛字士深，陳郡陽夏人也。祖耽，[1]晉歷陽太守，[2]父質，[3]琅邪內史，並知名。

[1]耽：人名。即袁耽。字彥道。《晉書》卷八三有附傳。

[2]歷陽：郡名。治所在今安徽和縣歷陽鎮。

[3]質：人名。即袁質。字道和。《晉書》卷八三有附傳。

　　湛少爲從外祖謝安所知，以其兄子玄之女妻之。[1]初爲衞軍行參軍，員外散騎，通直正員郎，[2]中軍功曹，桓玄太尉參軍事。入爲中書、黃門侍郎，[3]出補桓脩撫軍長史。

[1]玄：人名。即謝玄。字幼度，謝奕子，陳郡陽夏人。《晉書》卷七九有傳。

[2]通直正員郎：官名。通直散騎侍郎之省稱。員外散騎侍郎與散騎侍郎通員當值，故名。屬散騎省，參平尚書奏事，兼掌侍從、諷諫。

[3]中書、黃門侍郎：官名。中書侍郎、黃門侍郎的合稱。意爲先後任此二職。

　　義旗建，高祖以爲鎮軍諮議參軍。明年，轉尚書吏部郎，司徒左長史，侍中。[1]以從征功，封晉寧縣五等男。[2]出爲高祖太尉長史，遷左民尚書，[3]徙掌吏部。[4]出爲吳興太守，秩中二千石。[5]蒞政和理，爲吏民所稱。入補中書令，[6]又出爲吳國內史，秩中二千石。義熙十二年，轉尚書右僕射、本州大中正。[7]時高祖北伐，湛兼太尉，與兼司空、散騎常侍、尚書范泰奉九命禮物，[8]拜授高祖。高祖沖讓，湛等隨軍至洛陽，[9]住柏谷塢。[10]泰議受使未畢，不拜晉帝陵，湛獨至五陵致敬。[11]時人美之。

　　[1]侍中：官名。門下之侍中省長官。常侍衛皇帝左右，管理門下衆事，侍奉起居，出行護駕，又與門下其他官員共掌顧問應對。三品。

　　[2]晉寧：縣名。治所在今湖南資興市南。

　　[3]左民尚書：官名。爲尚書省左民曹長官。掌修繕功作、鹽池園苑等土木工程。三品。

　　[4]吏部：官署名。職掌官員的任免考選，尚書省六曹之一，居列曹之首。

　　[5]秩：官吏俸祿，也指官吏職位或品級。　中二千石：官秩等級。因以米穀爲俸祿標準，故以“石”名。中二千石，即滿二千石。漢代月俸穀百八十斛，年俸得二千一百六十石。

　　[6]中書令：官名。中書省長官之一。多用作重臣加官。三品。

　　[7]大中正：官名。主管州内士族品第的評定，由司徒選授。

　　[8]司空：官名。三公之一。名譽宰相，多爲大臣加官，無實際職掌。一品。　范泰：人名。字伯倫，順陽人。本書卷六〇有傳。　九命禮物：即九錫。賜予勳貴及有權威的元老重臣，以示尊禮。權臣篡權建立新王朝前，例加九錫。據《漢書》卷六《武帝紀》顏師古注引應劭言：其品類包括車馬、衣服、樂器、朱户、納陛、虎賁百人、斧鉞、弓矢、秬。劉裕所受，見本書卷二《武帝紀中》。

　　[9]洛陽：地名。指今河南洛陽市東漢魏故城。

　　[10]柏谷塢：地名。在今河南偃師市東南洛河南岸。

　　[11]五陵：即晉宣帝高原陵、晉景帝峻平陵、晉文帝崇陽陵、晉武帝峻陽陵和晉惠帝太陽陵。經中國社會科學院考古所洛陽漢魏故城工作隊勘察，已基本確定峻陽陵在偃師市南蔡莊北山坡上，崇陽陵在偃師市潘屯、杜樓二村北的枕頭山。見《洛陽市志》卷一四

《文物志》。

初，陳郡謝重，[1]王胡之外孫，[2]於諸舅禮敬多闕。重子絢，[3]湛之甥也，嘗於公座陵湛，湛正色謂曰："汝便是兩世無渭陽之情。"[4]絢有愧色。

[1]謝重：人名。字景重，謝朗子。事見《晋書》卷七九《謝朗傳》。

[2]王胡之：人名。字修齡，琅邪臨沂人。事見《晋書》卷七六《王廙傳》。

[3]絢：人名。即謝絢。曾任宋武帝劉裕鎮軍長史，早卒。

[4]渭陽：表示甥舅關係的詞語。《詩·秦風·渭陽》："我送舅氏，曰至渭陽。"朱熹《集傳》："舅氏，秦康公之舅晋公子重耳也，出亡在外，穆公召而納之。時康公爲太子，送之渭陽，而作此詩。"故後以渭陽表示甥舅。

十四年，卒官，時年四十。[1]追贈左光禄大夫，[2]加散騎常侍。太祖即位，以后父，追贈侍中、左光禄大夫、開府儀同三司。[3]諡曰敬公。[4]世祖大明三年，[5]幸籍田，[6]行經湛墓。下詔曰："故侍中、左光禄大夫、開府儀同三司晋寧敬公，外氏尊戚，素風簡正，歲紀稍積，墳塋浸遠。朕近巡覽千畝，[7]遥瞻松隧，緬惟徽塵，感慕增結。可遣使祭，少申永懷。"又增守墓五户。

[1]時年四十：丁福林《校議》據本傳下文云袁湛弟袁豹於義熙九年死時年四十一。《晋書》卷八三《袁瓌傳》、《南史》卷二六《袁湛傳》同此，説明其弟袁豹的年齡比袁湛還大，甚不合理，其

弟兄年齡必有一誤。

[2]左光禄大夫：官名。屬光禄勳。作爲在朝顯官的加官，或賜予致仕之官，亦用爲卒後贈官。無職掌。二品。"左"字上，各本並衍"以"字，中華本刪。

[3]開府儀同三司：官名。爲大臣加號，意謂與三司即太尉、司徒、司空禮制待遇相同，許開設府署，自辟僚屬。

[4]敬：謚號。按《謚法》："合善典法曰敬。"

[5]世祖：宋孝武帝劉駿廟號。 大明：宋孝武帝劉駿年號（457—464）。

[6]籍田：古時帝王於春耕前親耕農田，以奉祀宗廟，且寓勸農之意。《詩·周頌·載芟》序曰："載芟，春籍田而祈社稷也。"《傳》："籍田，甸師氏所掌，王載耒耜所耕之田。天子千畝，諸侯百畝。籍之言借也，借民力治之，故謂之籍田。"

[7]千畝：代指籍田。皇帝籍田千畝。

子淳，淳子桓卒。[1]

[1]子淳，淳子桓卒：《南史》卷二六《袁湛傳》作"子淳，淳子植，並早卒"。文意明白，但"桓"作"植"，未知孰是。

湛弟豹字士蔚，亦爲謝安所知，好學博聞，多覽典籍。初爲著作佐郎，衛軍桓謙記室參軍。[1]大將軍武陵王遵承制，復爲記室參軍。其年，丹陽尹孟昶以爲建威司馬。[2]歲餘，轉司徒左西屬，[3]遷劉毅撫軍諮議參軍，領記室。[4]毅時建議大田，[5]豹上議曰：

[1]桓謙：人名。字敬祖，譙國龍亢人。《晉書》卷七四有附傳。

[2]丹陽尹：官名。都城行政長官稱尹。治所在今江蘇南京市。
孟昶：人名。平昌（今山東諸城市西北）人，與劉裕共謀起兵討
桓玄，初任州主簿。桓玄敗後，因功封丹陽尹。劉裕北伐南燕時任
留府事。盧循乘機由廣州出兵，北上圍攻建康，形勢危急，孟昶驚
恐自殺。　建威：官名。建威將軍之省稱。

[3]司徒左西屬：官名。司徒府僚屬，參掌左西曹事。

[4]記室：官名。記室令史、記室督、記室參軍、中記室參軍
等職之省稱。亦爲官署名。諸曹之一。以參軍主其事。掌文書
表奏。

[5]大田：肥美可耕的土地。

國因民以爲本，民資食以爲天，修其業則教
興，崇其本則末理，實爲治之要道，致化之所階
也。不敦其本，則末業滋章；飢寒交湊，則廉耻不
立。當今接篡僞之末，[1]值凶荒之餘，爭源既開，
彫薄彌啓，[2]榮利蕩其正性，賦斂罄其所資，良疇
無側趾之耦，比屋有困餧之患，中間多故，日不暇
給。自卷甲郤馬，甫一二年，積弊之黎，難用克
振，實仁懷之所矜恤，明教之所爰發也。

[1]接篡僞之末：緊接桓玄篡晋建楚之後。
[2]彫薄：澆薄欺詐。

然斯業不修，有自來矣。司牧之官，莫或爲
務，俗吏庸近，猶秉常科，依勸督之故典，迷民情
之屢變。譬猶修隄以防川，忘淵丘之改易，膠柱於
昔弦，[1]忽宮商之乖調，[2]徒有考課之條，[3]而無豪

分之益。不悟清流在於澄源，止輪由乎高閎，[4]患生於本、治之於末故也。夫設位以崇賢，疏爵以命士，上量能以審官，不取人於浮譽，則比周道息，[5]游者言歸，游子既歸，則南畝闢矣。[6]分職以任務，置吏以周役，職不以無任立，吏必以非用省，冗散者廢，[7]則萊荒墾矣。器以應用，商以通財，勸靡麗之巧，棄難得之貨，則彫偽者賤，穀稼重矣。耕耨勤悴，力殷收寡，工商逸豫，用淺利深，增賈販之稅，[8]薄疇畝之賦，[9]則末技抑而田畯喜矣。[10]居位無義從之徒，[11]在野靡并兼之黨，給賜非可恩致，力役不入私門，則游食者反本，肆勤自勸，游食省而肆勤衆，則東作繁矣。[12]密勿者甄異，[13]怠慢者顯罰，明勸課之令，峻糾違之官，則嬾惰無所容，力田有所望，[14]力者欣而惰者懼，則穡人勸矣。凡此數事，亦務田之端趣也。莅之以清心，鎮之以無欲，勗之以弗倦，翼之以廉謹，舍日計之小成，期遠致於莫歲，[15]則澆薄自淳，心化有漸矣。

[1]膠柱於昔弦：即膠柱鼓瑟。瑟上有柱張弦，用以調節聲音。柱被粘住，音調就不能變換。比喻拘泥不知變通。《史記》卷八一《廉頗藺相如列傳》："藺相如曰：'王以名使括，若膠柱而鼓瑟耳。括徒能讀其父書傳，不知合變也。'"

[2]宮商：古代五音宮、商、角、徵、羽的簡稱。

[3]考課：又稱考功、考績，即考核官吏政績。《漢書》卷七五《京房傳》："房奏考功課吏法。上令公卿朝臣與房會議温室。"

[4]閫：中華本校勘記云："三朝本、北監本、毛本作'閑'，殿本、局本作'閫'。"按："閑"意爲"門"，"閫"爲門下橫木以限内外，應以"閫"爲是。

[5]比周：結夥營私。《管子·立政》："群徒比周之説勝，則賢不肖不分。"

[6]南畝：農田的泛稱。

[7]冗散：多餘閑散。

[8]賈販之税：即商業税。

[9]疇畝之賦：即土地税。

[10]田畯：周代農官。《詩·豳風·七月》："饁彼南畝，田畯至喜。"《傳》："田畯，田大夫也。"此泛稱農民。

[11]義從：志願依從者。《後漢書》卷一六《鄧禹傳》："訓遂撫養其中少年勇者數百人，以爲義從。"

[12]東作：春耕生產。《尚書·堯典》："寅賓日出，平秩東作。"《傳》："歲起於東，而始就耕，謂之東作。"

[13]密勿：勤勉努力。《詩·小雅·十月之交》："黽勉從事，不敢告勞。"《漢書》卷三六《楚元王傳》："故其詩曰：'密勿從事，不敢告勞。'"顏師古注："密勿猶黽勉從事也。"

[14]力田：努力耕田。漢代有力田科，舉獎力田者。《漢書·食貨志上》："二千石遣令長、三老、力田及里父老善田者受田器。"

[15]莫：同"暮"。

豹善言雅俗，每商較古今，兼以誦咏，聽者忘疲。

尋轉撫軍司馬，遷御史中丞。鄱陽縣侯孟懷玉上母檀氏拜國太夫人，[1]有司奏許。豹以爲婦人從夫之爵，懷玉父大司農綽見居列卿，[2]妻不宜從子，奏免尚書右僕射劉柳、左丞徐羨之、郎何邵之官，[3]詔並贖論。孟昶卒，豹代爲丹陽尹。義熙七年，坐使役上錢，降爲太尉諮議參軍，仍轉長史。

[1]縣侯：侯爵名。爲開國縣侯之省稱。　孟懷玉：人名。平昌安丘人。徙居京口。本書卷四七有傳。

[2]大司農：官名。掌倉儲園苑及供膳之庶務。三品。　綽：人名。即孟綽，官至給事中、光禄勳。

[3]劉柳：人名。字叔惠，南陽（今河南南陽市）人。《晋書》卷六一有附傳。　左丞：官名。即尚書左丞。爲尚書省佐官，位次尚書，與右丞共掌尚書都省庶務，監察糾彈文武百官，號稱“監司”，分管選授官吏等文書奏事。六品。　徐羨之：人名。字宗文，東海郯縣（今山東郯城縣）人。本書卷四三有傳。　郎：官名。即尚書郎，爲尚書省諸曹長官。隸列曹尚書，分曹執行政務。　何邵之：人名。《梁書》卷四八《何佟之傳》作“何劭之”，廬江霍縣（今安徽霍山縣）人，官至員外散騎常侍。

　從討劉毅。高祖遣益州刺史朱齡石伐蜀，[1]使豹爲檄文，曰：

[1]益州：治所在今四川成都市。　朱齡石：人名。字伯先，沛郡沛縣人。本書卷四八有傳。　蜀：地名。即今四川省地。時譙縱割據此地，自號梁、秦二州刺史，聯合後秦，欲攻東晋。

　　夫順德者昌，逆德者亡，失仁與義，難以求安，馮阻負釁，[1]鮮克有成。詳觀自古，隆替有數，故成都不世祀，[2]華陽無興國。[3]

[1]馮阻：憑借險阻。馮，古憑字。憑借，依靠。
[2]成都不世祀：此指在成都建立的政權往往國祚短暫。成都，

地名。即今四川成都市。

[3]華陽無興國：華陽即華山以南，泛指四川、雲南、貴州地區。此地區没有出現過强盛的國家。

　　日者王室多故，夷羿遘紛，[1]波振塵駭，罩及遐裔。[2]蕞爾譙縱，[3]編户黔首，[4]同惡相求，[5]是崇是長，肆反噬於州相，播毒害於民黎，俾我西服，[6]隔閡皇澤。自義風電靡，天光反輝，昭晢舊物，烟熅區宇。以庶務草創，未遑九伐，[7]自爾以來，奄延十載。而野心不革，伺隙乘間，招聚逋叛，共相封殖，侵擾我蠻獠，[8]摇蕩我疆垂。我是以有治洲之役，[9]醜類盡殪，匹馬無遺，桓謙折首，譙福鳥逝，[10]奔伏窠穴，引頸待戮。

[1]夷羿：此借指孫恩。夷，古對異族的貶稱，多指東方民族。羿，神話傳説中人物。又稱后羿。善射，有射九日和求不死藥之事。

[2]罩及：延及。

[3]譙縱：人名。巴西南充（今四川南充市）人。自號梁、秦二州刺史，割據巴蜀。後爲劉裕所攻，敗死。《晋書》卷一〇〇有傳。

[4]黔首：秦時稱平民百姓。

[5]同惡相求：壞人互相勾結利用。

[6]服：王畿以外的地方。

[7]九伐：制裁諸侯違犯王命行爲的九種辦法。《周禮·夏官·大司馬》：“以九伐之灋正邦國：馮弱犯寡，則眚之；賊賢害民，則伐之；暴内陵外，則壇之；野荒民散，則削之；負固不服，則侵

之；賊殺其親，則正之；放弒其君，則殘之；犯令陵政，則杜之；外内亂，鳥獸行，則滅之。」

[8]獠：對少數民族仡佬族的蔑稱。

[9]治洲之役：實指劉裕派朱齡石、劉鍾等討伐譙縱的涪江、彭模之戰。事見《晋書·譙縱傳》及本書卷四八《朱齡石傳》。治洲，查無此地名。疑爲涪江之訛。

[10]譙福：人名。又稱譙道福。譙縱大將，曾任輔國將軍，兵敗後，爲朱林斬於軍門。事見本書《朱齡石傳》。

　　當今北狄露晞，[1]南寇埃掃，朝風載韙，庶績其凝，康哉之歌日熙，[2]比屋之隆可詠。[3]孤職是經略，思一九有，[4]眷彼禹跡，[5]願言載懷，奉命西行，途戾荆、郢，[6]瞻望巴、漢，[7]憤慨交深。清江源於濫觴，[8]澄氛祲於井絡，[9]誅叛柔遠，今也其時。即命河間太守蒯恩、下邳太守劉鍾，[10]精勇二萬，直指成都。龍驤將軍臧熹，[11]戎卒二萬，進自墊江。[12]益州刺史朱齡石，舟師三萬，電曜外水。[13]分遣輔國將軍索懇，[14]總漢中之衆，[15]濟自劍道。[16]振威將軍朱客子，[17]提寧州之銳，[18]渡瀘而入。[19]神兵四臨，天綱宏掩，衡翼千里，金鼓萬張，組甲貝胄，景煥波屬，華夷百濮，[20]雲會霧臻，以此攻戰，誰與爲敵，況又奉義而行、以順而動者哉！

[1]北狄露晞：北狄被消滅。北狄，對北方少數民族的泛稱。"狄"亦作"翟"。露晞，露水盡乾。此句從《詩·秦風·蒹葭》"白露未晞"衍化而來。

[2]康哉之歌：《尚書·益稷》載舜君臣作歌，有"元首明哉，股肱良哉，庶事康哉"。後因以"康哉"爲贊頌時勢安寧之詞。

[3]比屋之隆：户户家道興隆。

[4]九有：九州，泛指全國。

[5]禹跡：禹治洪水，足迹遍於九州，故稱九州大地爲禹迹。《左傳》襄公四年："芒芒禹迹，畫爲九州。"

[6]戾：到達。《詩·大雅·旱麓》："鳶飛戾天，魚躍於淵。" 荊：地名。即荊州。 郢：地名。楚國都城。二者均泛指今湖北一帶。

[7]巴：地名。指今重慶市一帶。 漢：地名。指漢中一帶。

[8]濫觴：指事物之起源。意謂江河發源之處水極少，祇能浮起酒杯。

[9]氛祲：徵象不祥的雲氣。 井絡：井宿的區域，井宿的分野。左思《蜀都賦》："岷山之精，上爲井絡。"劉逵注："言岷山之地，上爲東井維絡，岷山之精，上爲天之井星也。"

[10]河間：郡名。治所在今河北獻縣東南，然不屬東晉境土，或設爲僑郡，治所不詳。 蒯恩：人名。字道恩，蘭陵承（今山東棗莊市）人。本書卷四九有傳。 下邳：郡名。治所在今江蘇睢寧縣西北古邳鎮東。 劉鍾：人名。字世之，彭城人。本書卷四九有傳。

[11]龍驤將軍：官名。丁福林《校議》據本書卷四八《朱齡石傳》、《通鑑》卷一一六作"寧朔將軍"。 臧熹：人名。字義和，東莞莒縣人。事見本書卷七四《臧質傳》。

[12]墊江：縣名。治所在今重慶合川市。

[13]外水：水名。即今四川成都市府河及其下游岷江。

[14]索�懇：人名。本書僅此一見，其事不詳。

[15]總：此字三朝本脱，北監本、毛本、殿本、局本作"率"，《元龜》卷四一五作"總"，中華本據《元龜》補。 漢中：郡名。治所在今陝西漢中市。

[16]劍道：即劍閣道。在今四川劍閣縣東北大劍山、小劍山之間。

[17]振威將軍：官名。雜號將軍，統兵出征，爲五威將軍之一。四品。 朱客子：人名。本書卷六三《王曇首傳》及《南史》卷二二《王曇首傳》作“朱容子”，爲是。歷官中兵參軍、右軍將軍。

[18]寧州：治所原在今雲南晉寧縣東北晉城鎮，宋移治今雲南曲靖市西。

[19]瀘：水名。即今四川、雲南交界雅礱江口以下金沙江河段。

[20]百濮：古代民族名。《左傳》文公十六年：“麇人率百濮聚於選，將伐楚。”時濮人居建寧縣（今湖北麻城市西南）南。

今三陝之隘，[1]在我境内，非有岑彭荆門之險。[2]彌入其阻，平衢四達，實無鄧艾綿竹之艱。[3]山川之形，抑非曩日，攻守難易，居然百倍。當全蜀之强，士民之富，子陽不能自安於庸、夔，[4]劉禪不敢竄命於南中，[5]荆邯折謀，[6]伯約挫銳。[7]故知成敗有數，非可智延，此皆益土前事，當今元龜也。[8]盛如盧循，强如容超，[9]陵威南海，跨制北岱，[10]樓船萬艘，掩江蓋汜，[11]鐵馬千群，充原塞隰。然廣固之攻，陸無完雉，左里之戰，[12]水靡全舟，或顯戮京畿，或傳首萬里。故知逆順有勢，難以力抗，斯又目前殷鑑、深切著明者也。[13]

[1]三陝：地名。即三峽。指今長江上的西陵峽、巫峽、瞿塘峽。

[2]岑彭：人名。字君然，漢南陽棘陽（今河南南陽市）人。曾率軍六萬伐蜀，屢破公孫述軍，直至成都城下。事見《後漢書》卷一七《岑彭傳》。　荊門：山名。在今湖北宜都市西北長江西南岸，東北與虎牙山隔江相望。建武九年（33），公孫述遣兵將"據荊門、虎牙。橫江起浮橋、鬬樓，立欑柱絶水道，結營山上，以拒漢兵。彭數攻之，不利"。十一年春，方以重兵死戰，敗公孫述軍。

[3]鄧艾：人名。字士載，三國時義陽棘陽（今河南南陽市）人。曾率魏軍出陰平道伐蜀，迫使蜀後主劉禪投降。《三國志》卷二八有傳。　綿竹：縣名。治所在今四川德陽市北。景元四年（263）冬十月，鄧艾伐蜀，"蜀衞將軍諸葛瞻自涪還緜竹，列陳待艾。艾遣子惠唐亭侯忠等出其右，司馬師纂等出其左。忠、纂戰不利，並退還"。艾怒，"將斬之。忠、纂馳還更戰，大破之"。事見《三國志》卷二八《魏書·鄧艾傳》。

[4]子陽：人名。即公孫述。字子陽，扶風茂陵（今陝西興平市）人。更始元年（23）起兵，盡有益州之地，先後稱蜀王、皇帝，後兵敗被殺。《後漢書》卷一三有傳。　庸：地名。即今重慶市黔江區一帶。　僰：地名。今四川宜賓市一帶。

[5]劉禪：人名。字公嗣，三國時涿郡（今河北涿州市）人。繼父劉備爲蜀漢皇帝。《三國志》卷三三有傳。　南中：地名。指今四川南部及雲南、貴州等地區。

[6]荊邯：人名。漢平陵（今陝西咸陽市）人，公孫述騎都尉，獻出兵廣封疆之策，述不納。事見《後漢書》卷一三《公孫述傳》。

[7]伯約：人名。即姜維。字伯約，三國時天水冀（今甘肅甘谷縣）人。任蜀漢大將軍，統領蜀軍屢伐魏，均無功。《三國志》卷四四有傳。

[8]元龜：大龜，用於占卜。《尚書·大禹謨》："禹官占，惟先蔽志，昆命於元龜。"引申爲可供借鑒的前事。

[9]容超：人名。即慕容超，鮮卑族。十六國南燕君主。

[10]北岱：地名。泛指齊魯地區。岱，泰山。

[11]汜：水分岔流出後又回到主流稱汜。

[12]左里：城名。又名左蠡。在今江西都昌縣西北左蠡山下。晋義熙元年盧循與劉裕大戰於此。

[13]殷鑑：本指殷滅夏後，殷後代應以夏亡爲鑒戒。《詩·大雅·蕩》："殷鑒不遠，在夏后之世。"後泛指可作鑒戒的前事。

梁、益人士，[1]咸明王化，雖驅迫一時，本非奥主。[2]縱之淫虐，[3]日月增播，刑殺非罪，死以澤量。而待命寇讎之戮，䟦嶇豺狼之吻，[4]豈不遡誠南凱，[5]延首東雲，[6]普天有來蘇之幸，而一方懷後予之怨。[7]王者之師，以仁爲本，舍逆取順，爰自三驅，[8]齊斧所加，縱身而已。[9]其有衿甲反接、自投軍門者，[10]一無所問。士子百姓，列肆安堵，審擇吉凶，自求多祐。大信之明，皦若朝日，如其迷復姦邪，守愚不改，火燎孟諸，[11]芝艾同爛，河決金隄，[12]淵丘同體，雖欲悔之，亦將何及！

[1]梁：州名。治所在今陝西漢中市東。

[2]奥主：深居内室的主人，喻國君。

[3]縱：各本並作"從"。龔道耕《蛛隱廬日箋》（稿本）云："'從'當作'縱'，謂譙縱也。"中華本以龔説爲是，改正。

[4]䟦嶇：同"崎嶇"。傾斜不平。

[5]遡誠南凱：真誠地面向南風。南凱，南風。《詩·邶風·凱風》："凱風自南。"毛傳："南風謂之凱風。"此處南風喻王化，即宋政權。

[6]延首東雲：伸頸遠望東方的雲霓。這是商湯的典故。《孟

子·梁惠王下》:“湯一征自葛始,天下信之。東面而征西夷怨,南面而征北狄怨,曰:‘奚爲後我。’民望之,若大旱之望雲霓也。”湯在東方,故云“延首東雲”。

[7]普天有來蘇之幸,而一方懷後予之怨:天下人都希望自己能有幸得到商湯的解救,而必有另一方面的人對把自己放在後面解救而怨恨。典出《尚書·仲虺之誥》:“(湯)初征自葛,東征西夷怨,南征北狄怨,曰:奚獨後予?攸徂之民,室家相慶,曰:奚予后,后來其蘇。”

[8]爰自三驅:典出《易·比卦》“王用三驅”。意爲古帝王打獵,三面驅獸入圍,一面任獸逃逸,以示仁慈。又《史記》卷三《殷本紀》有商湯三驅的典故:“湯出,見野張網四面,祝曰:‘自天下四方,皆入吾網。’湯曰:‘嘻,盡之矣!’乃去其三面,祝曰:‘欲左,左。欲右,右。不用命,乃入吾網。’諸侯聞之曰:‘湯德至矣,及禽獸。’”從爰自三驅句看,此三驅應指商湯去其三面,一面入網。

[9]齊(zī)斧所加,縱身而已:利斧所殺的,僅是譙縱一人而已。齊斧,資斧、利斧。齊斧,也就是黃鉞,象徵皇帝有誅殺之權。《易·巽卦》:“喪其資斧,貞凶。”疏:“喪其資斧者,斧能斬決,以喻威斷也。”齊,與資同。

[10]衿甲:不解甲。衿,結也。

[11]孟諸:澤名。在今河南商丘市東北、虞城縣西北。

[12]金隄:隄名。西漢指東郡(今河南濮陽市)、魏郡(今河北臨漳縣)、平原郡(今山東平原縣南)界內黃河兩岸的堤壩,東漢指汴口(今河南滎陽市東北)以東沿河堤壩。

九年,卒官,時年四十一。次年,以參伐蜀之謀,追封南昌縣五等子。[1]

[1]南昌縣五等子：子爵名。子爵等級之一，不食封。南昌縣，治所在今江西南昌市。

子洵，元嘉中，歷顯官。廬陵王紹爲南中郎將、江州刺史，[1]年少未親政，洵爲長史、尋陽太守，行府州事。元嘉末，爲吳郡太守。元凶弒立，[2]加洵建威將軍，置佐史。會安東將軍隨王誕起義，[3]檄洵爲前鋒，加輔國將軍。事平，頃之卒，追贈征虜將軍，謚曰貞子。長子顗，別有傳。少子覬，好學善屬文，有清譽於世。官至司徒從事中郎、武陵內史，[4]蚤卒。[5]

[1]廬陵王紹：人名。即劉紹。字休胤，宋文帝第五子。事見本書卷六一《廬陵孝獻王義真傳》。　南中郎將：官名。四中郎將之一。多帥師征戰，或兼荊、江、梁等州刺史。

[2]元凶：即劉劭。字休遠，宋文帝長子，弒父自立，在位時荒淫無道，後被孝武帝所滅。本書卷九九有傳。

[3]安東將軍：官名。四安將軍之一。三品。　隨王：王爵名。王國在今湖北隨州市。　誕：人名。即劉誕。字休文，宋文帝第六子。本書卷七九有傳。

[4]司徒：官名。爲名譽宰相。其府處理全國日常政務，考核地方官吏，督課州郡農桑，領全國戶口簿籍。一品。

[5]蚤：同“早”。

洵弟濯，揚州秀才，[1]蚤卒。濯弟淑，濯子粲，並有別傳。[2]

[1]秀才：科舉考試科目之一。爲州所舉，入朝考試中試者可

被選出。

[2]並有別傳：當作"並別有傳"。

褚叔度，河南陽翟人也。[1]曾祖衰，[2]晋太傅。祖歆，[3]秘書監。[4]父爽，[5]金紫光禄大夫。

[1]河南：郡名。治所在今河南洛陽市東漢魏故城。　陽翟：縣名。治所在今河南禹州市。

[2]衰：人名。即褚衰。字季野。《晋書》卷九三有傳。

[3]歆：人名。即褚歆。字幼安，以學行知名，歷散騎常侍、秘書監。

[4]秘書監：官名。秘書省長官，掌圖書經籍，領著作省。三品。

[5]爽：人名。即褚爽。字弘茂，小字期生。少有令稱，出任義興太守，早卒。《晋書》卷九三有傳。

長兄秀之，字長倩，歷大司馬琅邪王從事中郎，黃門侍郎，高祖鎮西長史。[1]秀之妹，[2]恭帝后也，[3]雖晋氏姻戚，而盡心於高祖。遷侍中，出補大司馬右司馬。[4]恭帝即位，爲祠部尚書、本州大中正。[5]高祖受命，徙爲太常。元嘉元年卒官，時年四十七。

[1]鎮西：官名。鎮西將軍或鎮西大將軍的省稱。四鎮將軍之一，多授持節都督，出鎮方面。三品。加"大"字者爲二品。

[2]秀之妹：名靈媛。恭帝皇后，生海鹽、富陽公主。死謚思。《晋書》卷三二有傳。

[3]恭帝：即司馬德文。晋末帝。《晋書》卷一〇有紀。

[4]右司馬：官名。與左司馬同爲軍府高級幕僚。掌參贊軍務，

管理府内武職，位僅次長史。

　　[5]祠部尚書：官名。領祠部、儀曹二曹郎。三品。

　　秀之弟淡之，字仲源，亦歷顯官，爲高祖車騎從事中郎，尚書吏部郎，廷尉卿，[1]左衛將軍。高祖受命，爲侍中。淡之兄弟並盡忠事高祖，恭帝每生男，輒令方便殺焉，或誘賂内人，或密加毒害，前後非一。及恭帝遜位，居秣陵宮，[2]常懼見禍，與褚后共止一室，慮有酖毒，自煮食於牀前。高祖將殺之，[3]不欲遣人入内，令淡之兄弟視褚后，褚后出別室相見，兵人乃踰垣而入，進藥於恭帝。帝不肯飲，曰："佛教自殺者不得復人身。"乃以被掩殺之。後會稽郡缺，[4]朝議欲用蔡廓，[5]高祖曰："彼自是蔡家佳兒，何關人事，可用佛。"佛，淡之小字也。乃以淡之爲會稽太守。

　　[1]廷尉卿：官名。廷尉的尊稱。爲中央最高司法審判機構長官，主管詔獄，復核審決郡國疑獄。三品。

　　[2]秣陵宮：離宮名。在今江蘇南京市中華門外。

　　[3]之：各本並脱"之"字，中華本據《南史》、《御覽》卷一〇〇引補。

　　[4]會稽郡缺：太守位空缺。會稽郡，治所在今浙江紹興市。

　　[5]蔡廓：人名。字子度，濟陽考城（今河南民權縣東北）人。本書卷五七有傳。

　　景平二年，[1]富陽縣孫氏聚合門宗，[2]謀爲逆亂，其支黨在永興縣，[3]潛相影響。永興令羊恂覺其姦謀，[4]以告淡之，淡之不信，乃以誣人之罪，收縣職局。於是孫法亮號冠軍大將軍，[5]與孫道慶等攻没縣邑，[6]即用富陽令顧粲爲令，[7]加輔國將軍。遣僞建威將軍孫道仲、孫公喜、法殺攻永興。[8]永興民灟恭期初與賊同，[9]後反善就羊恂，率吏民拒戰，力少退敗。賊用縣人許祖爲令，[10]恂逃伏江唐山中，[11]尋復爲賊所得，使還行縣事。賊遂磐據，更相樹立，遥以鄮令司馬文寅爲征西大將軍，[12]孫道仲爲征西長史，孫道覆爲左司馬，[13]與公喜、法殺等建旗鳴鼓，直攻山陰。[14]

[1]景平：宋少帝劉義符年號（423—424）。　二年：孫彪《考論》云：“本紀書此事在景平元年二月，此二年字誤。”

[2]富陽縣：治所在今浙江富陽市。

[3]永興縣：治所在今浙江杭州市蕭山區。

[4]羊恂：人名。本書及《南史》各一見，其事不詳。

[5]孫法亮：人名。本書卷四《少帝紀》作“孫法光”，《南齊書》卷三〇《戴僧静傳》和《南史》卷二八《褚裕之傳》作“孫法先”，應以“孫法光”爲是。　冠軍將軍：官名。十六國後趙等國曾置。

[6]孫道慶：人名。本書及《南史》各一見，其事不詳。

[7]顧粲：人名。本書僅此一見，其事不詳。

[8]孫公喜：人名。本書僅此一見，其事不詳。　法殺：人名。本書僅此一見，其事不詳。

[9]灟恭期：人名。本書僅二見，曾任褚淡之凌江將軍行參軍。《南史·褚裕之傳》卷二八作“漏恭期”。

[10]許祖：人名。本書僅此一見，其事不詳。

[11]江唐山：地名。今地不詳，當在浙江省境内。

[12]鄮：縣名。治所在今浙江寧波市鄞州區。　司馬文寅：人

名。中華本校勘記云："《南史》作'司馬文宣'。按本書《謝弘微傳》有'司馬文宣'。"當以司馬文宣爲是。　征西大將軍：官名。多授統兵出鎮在外、都督數州諸軍事者。居四征將軍之上。二品。

[13]孫道覆：人名。本書僅此一見，其事不詳。　左司馬：官名。與右司馬同爲軍府高級幕僚。掌參贊軍務，管理府内武職，位僅次長史。

[14]山陰：縣名。治所在今浙江紹興市。

　　淡之自假凌江將軍，[1]以山陰令陸邵領司馬，加振武將軍，[2]前員外散騎常侍王茂之爲長史，[3]前國子博士孔欣、前員外散騎常侍謝苓之並參軍事，[4]召行參軍七十餘人。前鎮西諮議參軍孔甯子、左光禄大夫孔季恭子山士在艱中，[5]皆起爲將軍。遣隊主陳願、郡議曹掾虞道納二軍過浦陽江。[6]願等戰敗，賊遂摧鋒而前，去城二十餘里。淡之遣陸邵督帶戟公石綝、廣武將軍陸允以水軍拒之，[7]又別遣行參軍灟恭期率步軍與邵合力。淡之率所領出次近郊。恭期等與賊戰於柯亭，[8]大破之。賊走還永興，遣僞寧朔將軍孫倫領五百人攻錢塘，[9]與縣戍軍建武將軍戰於琦，[10]倫敗走還富陽。倫因反善，殺法步帥等十餘人，[11]送首京都。詔遣殿中員外將軍徐卓領千人，[12]右將軍彭城王義康遣龍驤將軍丘顯率衆五百東討，[13]司空徐羨之版揚州主簿沈嗣之爲富陽令，[14]領五百人於吳興道東出，並未至而賊平。吳郡太守江夷輕行之職，[15]停吳一宿，進至富陽，分別善惡，執送願徙賊餘黨數百家於彭城、壽陽、青州諸處。[16]二年，淡之卒，時年四十五，謚曰質子。

[1]假：官制用語。代理、兼攝之意。　凌江將軍：官名。五品。

[2]陸邵：人名。《南史》卷二八《褚裕之傳》、《南齊書》卷三九《陸澄傳》均作"陸邵"，本書卷四《少帝紀》與《南史》卷四八《陸澄傳》作"陸劭"。吳郡吳人，曾任臨海太守。　振武將軍：官名。五武將軍之一。四品。

[3]王茂之：人名。字元興，琅邪臨沂人，曾任殿中將軍、晋陵太守。

[4]國子博士：官名。隸國子祭酒，教授國子學生徒儒學。孔欣：人名。本書及《南史》各一見，其事不詳。　謝芩之：人名。《南史》卷二八作"謝芩之"，其事不詳。

[5]孔甯子：人名。會稽人。事見本書卷六三《王華傳》。孔季恭：人名。名靖。會稽山陰人。本書卷五四有傳。　山士：人名。即孔山士。歷任侍中、會稽太守。事見本書卷五四《孔季恭傳》。　艱：遭父母喪。

[6]隊主：官名。軍事編制隊的主將。多以雜號將軍領之。陳願：人名。本書及《南史》各一見，其事不詳。　議曹掾：官名。議曹亦稱謀曹，主參議。以掾主曹事。　虞道納：人名。本書與《南史》各一見，其事不詳。　浦陽江：水名。即今浙江浦陽江。

[7]帶戟公：官名。職掌、品級不詳。　石綝：人名。本書僅此一見，其事不詳。　廣武將軍：官名。五武將軍之一。四品。陸允：人名。本書僅此一見，其事不詳。

[8]柯亭：地名。在今浙江諸暨市北。

[9]寧朔將軍：官名。爲北方地區軍事長官。四品。　孫倫：人名。本書僅此一見，其事不詳。　錢塘：縣名。治所在今浙江杭州市。

[10]琦：中華本校勘記云："'琦'字上或'琦'字下當有奪文。"

[11]法步帥：人名。本書僅此一見，其事不詳。

[12]殿中員外將軍：官名。正員之外添授的殿中將軍，隸左右衛。朝會宴饗及乘輿出入，直侍左右。爲侍衛武職，不典兵。　徐卓：人名。後没入北魏，謀率南人南歸，事泄被殺。

[13]右將軍：官名。軍府名號，用作加官。三品。　丘顯：人名。本書僅此一見，其事不詳。

[14]沈嗣之：人名。本書僅此一見，其事不詳。

[15]江夷：人名。濟陽考城人。本書卷五三有傳。

[16]彭城：郡名。治所在今江蘇徐州市。　壽陽：縣名。治所在今安徽壽縣。　青州：僑州名。南朝宋治所在今江蘇連雲港市雲臺山一帶。

　　叔度名與高祖同，故以字行。初爲太宰琅邪王參軍，[1]高祖車騎參軍事，司徒左西屬，中軍諮議參軍，署中兵，[2]加建威將軍。從伐鮮卑，盡其誠力。盧循攻查浦，[3]叔度力戰有功。循南走，高祖版行廣州刺史，仍除都督交廣二州諸軍事、建威將軍、領平越中郎將、廣州刺史。[4]桓玄族人開山聚衆，謀掩廣州。事覺，叔度悉平之。義熙八年，盧循餘黨劉敬道窘迫，[5]詣交州歸降。交州刺史杜慧度以事言統府，[6]叔度以敬道等路窮請命，事非款誠，報使誅之。慧度不加防録，敬道招集亡命，攻破九真，[7]殺太守杜章民，[8]慧度討平之。叔度輒貶慧度號爲奮揚將軍，[9]惡不先上，爲有司所糾，詔原之。

　　[1]太宰：官名。居上公之首，與太傅、太保並掌朝政，爲宰相之任。東晉南朝用作贈官，名義尊榮，無職掌。一品。　參軍：

官名。《南史》卷二八《褚裕之傳》作"行參軍"。

[2]署：官制用語。代理、暫任或試充某官職。 中兵：官名。中兵參軍之省稱，掌中兵曹事務，兼備參謀咨詢。

[3]查浦：地名。在今江蘇南京市清涼山南。

[4]都督交廣二州諸軍事：官名。《南史·褚裕之傳》作"督交廣二州諸軍事"。交，州名。治所在今越南北寧省仙遊縣東。平越中郎將：官名。主管南越事務。設府置僚佐。

[5]劉敬道：人名。本書僅此一見，其事不詳。

[6]杜慧度：人名。《南史》卷一作"杜惠度"，卷七〇本傳作"杜慧度"。京兆（今陝西西安市）人，自曾祖徙居交趾。本書卷九二有傳。

[7]九真：郡名。治所在今越南清化省清化北馬江南岸。

[8]杜章民：人名。本書僅此一見，其事不詳。

[9]奮揚將軍：官名。查本書《百官志》無此官職，可能屬雜號將軍或有誤。

高祖征劉毅，叔度遣三千人過嶠，[1]荊州平乃還。在任四年，廣營賄貨，家財豐積，坐免官，禁錮終身。[2]還至都，凡諸舊及有一面之款，無不厚加贈遺。尋除太尉諮議參軍、相國右司馬。[3]高祖受命，爲右衛將軍。高祖以其名家，而能竭盡心力，甚嘉之，乃下詔曰："夫賞不遺勤，則勞臣增勸；爵必疇庸，故在功咸達。叔度南北征討，常管戎要，西夏不虞，[4]誠著嶺表，[5]可封番禺縣男，[6]食邑四百戶。"尋加散騎常侍。永初三年，[7]出爲使持節、監雍梁南北秦四州荊州之南陽竟陵順陽義陽新野隨六郡諸軍事、征虜將軍、雍州刺史，[8]領寧蠻校尉、襄陽義成太守。[9]在任每以清簡致稱。景平二年，卒，時年四十四。

[1]嶠：地名。今址不詳。

[2]禁錮：禁止擔任官職，非有詔令特許不得解除。

[3]相國：官名。位尊於丞相，職權品秩略同，非尋常人臣之職。

[4]西夏：地區名。此指長江中游荊州一帶。

[5]嶺表：地區名。即五嶺以南地區。

[6]番禺縣男：男爵名。開國縣男之省稱。番禺縣，治所在今廣東廣州市。

[7]永初：宋武帝劉裕年號（420—422）。　三年：《南史》各本作“四年”。然下云“在任三年”，自永初三年（422）至景平二年（424）卒，適爲三年，應以“三年”爲是。

[8]使持節：官名。重要軍事長官出征或出鎮時，加使持節，可誅殺二千石以下官員。　監雍梁南北秦四州荊州之南陽竟陵順陽義陽新野隨六郡諸軍事：各本並脱“荊州”二字，錢大昕《考異》云：是時南陽六郡，皆屬荊州，此於四州下脱去“荊州”二字。據補。監諸軍事，官名。簡稱監軍，地方軍政長官，位在都督諸軍事下，督諸軍事上，職掌略同。南北秦，僑州名。均僑治於今陝西漢中市東。南陽，郡名。治所在今河南南陽市。竟陵，郡名。治所在今湖北鍾祥市。順陽，郡名。治所在今河南淅川縣南。義陽，郡名。治所在今河南信陽市。新野，郡名。治所在今河南新野縣。隨郡，治所在今湖北隨州市。

[9]寧蠻校尉：官名。掌管雍州（今湖北襄陽市襄城區）的少數民族事務。領兵設府。或由將軍、刺史兼任。四品。　襄陽：郡名。治所在今湖北襄陽市襄城區。　義成：郡。治所在今湖北丹江口市均縣鎮北。

　　子恬之嗣，官至南琅邪太守。[1]恬之卒，子昭嗣。昭卒，子瑄嗣。齊受禪，國除。叔度第二子寂之，著作佐郎，早卒。子曖，尚太祖第六女琅邪貞長公主，[2]太宰參軍，亦早卒。

　　[1]南琅邪：郡名。治所在今江蘇句容市西北。
　　[2]琅邪貞長公主：本書與《南史》均一見，其事不詳。

　　秀之子湛之字休玄，[1]尚高祖第七女始安哀公主，[2]拜駙馬都尉、著作郎。[3]哀公主薨，復尚高祖第五女吳郡宣公主。[4]諸尚公主者，並用世胄，不必皆有才能。湛之謹實有意幹，故爲太祖所知。歷顯位，揚武將軍、南彭城沛二郡太守，[5]太子中庶子，[6]司徒左長史，侍中，左衛將軍，左民尚書，丹陽尹。元凶弒逆，以爲吏部尚書，復出爲輔國將軍、丹陽尹，統石頭戍事。[7]世祖入伐，劭自攻新亭壘，[8]使湛之率水師俱進。湛之因攜二息淵、澄輕船南奔。淵有一男始生，爲劭所殺。世祖即位，以爲尚書右僕射。孝建元年，爲中書令、丹陽尹。坐南郡王義宣諸子逃藏郡堺，[9]建康令王興之、江寧令沈道源下獄，[10]湛之免官禁錮。其年，復爲散騎常侍、左衛將軍，俄遷侍中，左衛如故。以久疾，拜散騎常侍、光祿大夫，[11]加金章紫綬。頃之，復爲丹陽尹，光祿如故。尋爲尚書左僕射。[12]以南奔賜爵都鄉侯。[13]大明四年卒，時年五十。追贈侍中、特進、驃騎將軍，[14]給鼓吹一部，左僕射如故。謚曰敬侯。[15]

[1]秀之子湛之字休玄：丁福林《校議》據《南史》卷二八《褚裕之傳》、《南齊書》卷二三《褚淵傳》考證，湛之爲秀之之子，此處原云"秀之弟"誤。今從改。

[2]始安哀公主：本書一見，《南齊書》二見，均衹記爵號，餘事不詳。

[3]駙馬都尉：官名。東晉南朝隸集書省，無實職，尚公主者多加此號。　著作郎：官名。著作省長官，掌國史及起居注的修撰。六品。

[4]吳郡宣公主：本書及《南齊書》各二見，均衹記爵號，餘事不詳。

[5]揚武將軍：官名。五武將軍之一。四品。　南彭城：僑郡名。治所在京口，隸南徐州。　南沛郡：僑郡名。治所在京口，即今江蘇鎮江市京口區。隸南徐州。

[6]太子中庶子：官名。太子侍從，與中舍人共掌文翰。五品。

[7]石頭：地名。即石頭城。在今江蘇南京市西清涼山。

[8]新亭壘：軍壘名。在今江蘇南京市南。地近江濱，依山築城壘。

[9]南郡王：王爵名。王國在今湖北荆州市荆州區。　義宣：人名。即劉義宣。宋武帝劉裕子。本書卷六八有傳。

[10]建康：縣名。治所在今江蘇南京市。　王興之：人名。《南史》卷二四作"王興之"，琅邪臨沂人，王準之子。曾任征虜主簿。　江寧：縣名。治所在今江蘇南京市江寧區。　沈道源：人名。本書僅此一見，其事不詳。

[11]光祿大夫：官名。屬光祿勳，無具體職掌。三品。加金章紫綬者稱金紫光祿大夫。

[12]尚書左僕射：官名。尚書省次官，居右僕射之上。主持尚書省日常政務，領殿中、主客二郎曹。三品。

[13]都鄉侯：侯爵名。封地位於都鄉（靠近城郊之鄉）者，位次於縣侯。後多無封地。

[14]特進：官名。多爲加官名號。用以安置閑退大臣。二品。
[15]敬：按《謚法》：“夙夜警戒曰敬。”

　　子淵庶生，宣公主以淵有才，表爲嫡嗣。[1]淵，昇明末爲司空。

[1]嫡嗣：嫡子。古以正妻所生之子爲嫡子，其餘爲庶子。

　　史臣曰：高祖雖累葉江南，楚言未變，[1]雅道風流，無聞焉爾。凡此諸子，並前代名家，莫不望塵請職，負羈先路，[2]將由庇民之道邪。

[1]楚言：楚地方言。楚，地名。劉邦祖籍彭城，漢爲楚國地。
[2]負羈：語出《左傳》僖公二十四年：“臣負羈紲，從君巡於天下。”後遂爲隨從和執賤役的套語，意爲手執馬絡頭。　先路：先行。《三國志》卷一二《魏書·崔琰傳》：“未聞王師仁聲先路。”

宋書　卷五三

列傳第十三

張茂度 子永　庾登之 弟炳之　謝方明　江夷

　　張茂度，吳郡吳人，[1] 張良後也。[2] 名與高祖諱同，[3] 故稱字。良七世孫爲長沙太守，[4] 始遷於吳。高祖嘉，[5] 曾祖澄，[6] 晉光禄大夫，[7] 祖彭祖，[8] 廣州刺史。[9] 父敞，[10] 侍中，尚書，吳國內史。[11]

　　[1]吳郡：治所在今江蘇蘇州市。　　吳：縣名。治所在今江蘇蘇州市。

　　[2]張良：人名。字子房，秦漢之際人。出身於韓國（今河南新鄭市）貴族，爲漢高祖劉邦主要謀士。《史記》卷五五有世家，《漢書》卷四〇有傳。

　　[3]名與高祖諱同：張茂度名裕，與高祖同名。高祖，宋武帝劉裕廟號。中華本校勘記云：“高祖”各本作“高帝”，今改正。

　　[4]長沙：郡名。治所在今湖南長沙市。七世孫遷居吳郡者，張姓譜牒言爲張述。

　　[5]嘉：人名。即張嘉。其事不詳。

[6]澄：人名。即張澄。晉成帝時任侍中

[7]光禄大夫：官名。屬光禄勳，無具體職掌。三品。

[8]彭祖：人名。即張彭祖。本書及《南史》各一見，其事
不詳。

[9]廣州：治所在今廣東廣州市。

[10]敞：人名。即張敞。曾爲桓玄尚書、廷尉卿。後投宋武帝
劉裕，任吳郡太守。事見本書卷四六《張邵傳》。

[11]侍中：官名。門下之侍中省長官。侍衛皇帝左右，管理門
下衆事，與門下其他官員同掌拾遺補缺，顧問應對。或加予高級官
員，令其出入殿省，入宫議政。三品。　　尚書：官名。分掌尚書省
諸曹。三品。　　内史：官名。掌管王國民政。五品。

　　茂度郡上計吏，[1]主簿，[2]功曹，[3]州命從事史，[4]並
不就。除琅邪王衛軍參軍，[5]員外散騎侍郎，[6]尚書度支
郎，[7]父憂不拜。[8]服闋，[9]爲何無忌鎮南參軍。[10]頃之，
出補晉安太守。[11]盧循爲寇，[12]覆没江州，[13]茂度及建
安太守孫蚪之並受其符書，[14]供其調役。[15]循走，俱坐
免官。復以爲始興相，[16]郡經賊寇，廨宇焚燒，民物凋
散，百不存一。茂度創立城寺，弔死撫傷，收集離散，
民户漸復。在郡一周，徵爲太尉參軍，[17]尋轉主簿、揚
州治中從事史。[18]高祖西伐劉毅，[19]茂度居守，留州事
悉委之。軍還，遷中書侍郎。[20]出爲司馬休之平西司
馬、河南太守。[21]高祖將討休之，茂度聞知，乘輕船逃
下，逢高祖於中路，以爲録事參軍，[22]太守如故。江陵
平，[23]驃騎將軍道憐爲荆州，[24]茂度仍爲諮議參軍，[25]
太守如故。還爲揚州別駕從事史。[26]高祖北伐關、
洛，[27]復任留州事。出爲使持節、督廣交二州諸軍事、

建武將軍、平越中郎將、廣州刺史。[28]綏靜百越,[29]嶺外安之。[30]以疾求還,復爲道憐司馬。丁繼母憂,服闋,除廷尉,[31]轉尚書吏部郎。[32]

[1]郡上計吏:官名。簡稱郡計。地方政府派赴中央呈遞計簿的官員。

[2]主簿:官名。諸府、州郡縣皆置,典領文書簿籍,經辦事務。

[3]功曹:官名。又稱功曹史。職掌吏事或主選舉。

[4]從事史:官名。簡稱從事。州部屬吏,爲州部長官自辟。

[5]琅邪王:王爵名。王國在今江蘇句容市西北。 衛軍:官名。衛將軍之簡稱。位在諸名號大將軍之上,常以權臣兼任,統兵出征。 參軍:官名。亦作"參軍事"。原掌參謀軍務,後爲府諸曹長官。品級不等。

[6]員外散騎侍郎:官名。初爲正員之外添差之散騎侍郎,後成爲定員官。屬散騎省,爲閑散之職。

[7]尚書度支郎:官名。即度支郎中。尚書省度支曹長官通稱,隸度支尚書。六品。

[8]憂:亦作"丁憂""艱"。父母亡故,應行喪服,不可外出做官。

[9]服闋:喪服期滿。

[10]何無忌:人名。晋東海郯縣(今山東郯城縣)人。《晋書》卷八五有傳。 鎮南:官名。鎮南將軍或鎮南大將軍之簡稱。四鎮將軍之一,多爲持節都督,出鎮方面。三品。持節或加"大"爲二品。

[11]補:官制用語。即遞補、委任官職。 晋安:郡名。治所在今福建福州市。

[12]盧循:人名。字于先,范陽涿(今河北涿州市)人。晋

末孫恩反晉軍領袖之一。《晉書》卷一〇〇有傳。

[13]江州：東晉時治所在尋陽（今湖北黄梅縣西南），宋徙治柴桑（今江西九江市西南）。

[14]建安：郡名。治所在今福建建甌市。 孫蚪之：人名。本書僅此一見，其事不詳。

[15]調役：以户爲單位徵收的絹綿稱調；徵發百姓勞作戍邊爲役。

[16]始興：王國名。治所在今廣東韶關市東南蓮花嶺下。相：官名。朝廷委派的王國行政長官，職掌如郡守。

[17]徵：官制用語。朝廷以禮召聘有才能者入朝爲官。 太尉：官名。列三公之首，爲名譽宰相。一品。

[18]轉：官制用語。指官吏平行調任，無升降。 揚州：治所在今江蘇南京市。 治中從事史：官名。即治中。州之佐吏，掌衆曹文書事。六品。

[19]劉毅：人名。字希樂，彭城沛（今江蘇沛縣）人。《晉書》卷八五有傳。

[20]遷：官制用語。指官吏調動職務。有積功久次循序而遷的平遷、功能特殊越級提拔的超遷和貶職降級的左遷之别。 中書侍郎：官名。隷中書省。值班西省，分任詔令之起草。五品。

[21]司馬休之：人名。字季預，晉宗室。後投奔後秦。《晉書》卷三七有附傳。 平西：平西將軍或平西大將軍之省稱。四平將軍之一，多持節都督或監某一地區軍事，或爲地方官員兼理軍務的加官。三品，加“大”爲二品。 司馬：官名。軍府高級幕僚，掌參贊軍務，管理府内武職。 河南：僑郡名。治所在今湖北襄陽市。

[22]録事參軍：官名。爲諸府録事曹長官，掌總録衆曹文簿，舉彈善惡。七品。

[23]江陵：縣名。荆州治所，在今湖北荆州市荆州區。

[24]驃騎將軍：官名。居諸名號將軍之首，僅作爲軍府名號加

授大臣，無具體職掌。二品。　道憐：人名。即劉道憐。宋武帝劉裕中弟。本書卷五一有傳。

[25]諮議參軍：官名。諸府皆置，職掌不定，位在列曹參軍之上。

[26]別駕從事史：官名。簡稱別駕。州的佐吏，秩百石，秩輕職重，事無不統。宋主吏員選舉。六品。

[27]關、洛：地區名。即關中和河洛地區。

[28]使持節：官名。重要軍事長官出征或出鎮時，加使持節，可誅殺二千石以下官員，並表示權力和尊崇。　督諸軍事：官名。地區軍政長官，位在都督或監諸軍事下。　交：州名。治所在今越南北寧省仙遊縣東。　建武將軍：官名。五武將軍之一。四品。平越中郎將：官名。主管南越事務，設府置僚，治廣州，多兼任廣州刺史。

[29]百越：民族名。指南方諸越族。也指越族所居之江浙閩粵之地。

[30]嶺外：五嶺以南。

[31]除：官制用語。即拜官授職。指除舊官就新官。　廷尉：官名。中央最高司法審判機構長官，主管詔獄，收審有罪的文武大臣。三品。

[32]尚書吏部郎：官名。尚書省吏部曹長官通稱，屬吏部尚書，主管官吏選任銓叙調動事務。六品。

　　太祖元嘉元年，[1]出爲使持節、督益寧二州梁州之巴西梓潼宕渠南漢中秦州之懷寧安固六郡諸軍事、冠軍將軍、益州刺史。[2]三年，太祖討荊州刺史謝晦，[3]詔益州遣軍襲江陵，晦已平而軍始至白帝。[4]茂度與晦素善，議者疑其出軍遲留。時茂度弟邵爲湘州刺史，[5]起兵應大駕。上以邵誠節，故不加罪，被代還京師。七年，起爲廷尉，加奉車都尉，[6] 領本州中正。[7] 入爲五兵尚書，[8] 徙太常。[9] 以脚疾出爲義興太守，[10] 加秩中二千石。[11] 上從容謂茂度曰：「勿復以西蜀介懷。」[12] 對曰："臣若不遭陛下之明，墓木拱矣。"[13]

[1]太祖：宋文帝劉義隆廟號。　元嘉：宋文帝劉義隆年號（424—453）。

[2]益：州名。治所在今四川成都市。　寧：州名。治所在今雲南曲靖市西。　梁州：治所在今陝西漢中市東。　巴西：郡名。又稱北巴西郡，治所在今四川閬中市。又有僑郡，治所在涪縣（今四川綿陽市涪城區東）。　梓潼：僑郡名。治所亦在涪縣。　宕渠：郡名。治所在今四川渠縣東北。　南漢中：僑郡名。所治今址不詳。　秦州：僑州名。治所在今陝西漢中市東。　懷寧：僑郡名。治所寄今四川成都市。　安固：僑郡名。治所寄四川營山縣東北。　冠軍將軍：官名。將軍名號。三品。

[3]荊州：治所在今湖北荊州市荊州區。　謝晦：人名。字宣明，陳郡陽夏（今河南太康縣）人。與徐羨之、傅亮謀廢立，被討伐，兵敗被殺。本書卷四四有傳。

[4]白帝：城名。在今重慶奉節縣東白帝山上。

[5]邵：人名。即張邵。字茂宗。本書卷四六有傳。　湘州：治所在今湖南長沙市。

[6]加：官制用語。原職之外，增授其他職銜或虛銜。　奉車都尉：官名。用作加官，與駙馬都尉、騎都尉並號"三都尉"，隸散騎省。

[7]領：官制用語。多爲暫攝之意，常以卑官領高職，白衣領某職者。　州中正：評定士族內部品第的官員。士人入仕須經中正品評推薦。

[8]五兵尚書：官名。曹魏始置，領中兵、外兵、騎兵、別兵、

都兵五郎曹，屬尚書省。宋時領中兵、外兵曹。三品。

[9]太常：官名。主管祭祀、朝會和喪葬禮儀，兼管文化教育。三品。

[10]義興：郡名。治所在今江蘇宜興市。

[11]秩：官吏俸祿，也指官吏職位或品級。 中二千石：官秩等級，因爲俸祿以米穀爲準，故以"石"名之。太守一般爲二千石，此爲中二千石，故言"加"，實俸高於二千石。

[12]西蜀：地區名。指蜀地（今四川一帶）。此指茂度前出兵遲留被代事。

[13]墓木拱矣：早已死去。《左傳》僖公三十二年："公使謂之曰：'爾何知？中壽，爾墓之木拱矣。'"注："合手曰拱。"

頃之，解職還家。徵爲都官尚書，[1]加散騎常侍，[2]固辭以疾。就拜光祿大夫，加金章紫綬。茂度内足於財，自絶人事，經始本縣之華山以爲居止，[3]優遊野澤，如此者七年。十八年，除會稽太守。[4]素有吏能，在郡縣，職事甚理。明年，卒官。時年六十七。謚曰恭子。[5]

[1]都官尚書：官名。尚書省都官曹長官。三品。

[2]散騎常侍：官名。侍從皇帝左右，主掌圖書文翰、文章，諫諍拾遺，收納轉呈文書奏事。三品。

[3]華山：山名。在今江蘇蘇州市區以西。

[4]會稽：郡名。治所在今浙江紹興市。

[5]恭：按《謚法》："尊賢敬讓曰恭。"

茂度同郡陸仲元者，晋太尉玩曾孫也。[1]以事用見知，歷清資，吏部郎，右衛將軍，[2]侍中，吳郡太守。

自玩洎仲元，四世爲侍中，時人方之金、張二族。[3]弟子真，元嘉十年，爲海陵太守。[4]中書舍人秋當爲太祖所信委，[5]家在海陵，父死還葬，橋路毀壞，不通喪車，縣求發民脩治，子真不許。司徒彭城王義康聞而善之，[6]召爲國子博士，[7]司徒左西掾，[8]州治中，[9]臨海、東陽太守。[10]

[1]玩：人名。即陸玩。字士瑤，吳郡吳縣人。《晋書》卷七七有附傳。

[2]右衛將軍：官名。禁衛軍重要統帥之一，屬領軍將軍，權任很重。四品。

[3]金、張二族：即西漢時的金日磾、張湯家族，歷世顯貴。見《漢書》卷六八《金日磾傳》、卷五九《張湯傳》。

[4]海陵：郡名。治所在今江蘇泰州市海陵區。

[5]中書舍人：官名。亦名通事舍人。中書省屬官。七品。秋當：人名。海陵人。各本作“狄當”，誤。中華本改正。

[6]司徒：官名。三公之一，爲名譽宰相。其府處理全國日常行政事務，考核地方官吏，督課農桑。一品。　彭城王：王爵名。王國在今江蘇徐州市。　義康：人名。即劉義康。宋武帝劉裕子。本書卷六八有傳。

[7]國子博士：官名。在太學中教授生徒儒學。

[8]司徒左西掾：官名。司徒府僚屬，掌左西曹。

[9]治中：官名。治中從事史之省稱。州佐吏，掌衆曹文書事。六品。

[10]東陽：郡名。治所在今浙江金華市。

茂度子演，太子中舍人，[1]演弟鏡，新安太守，[2]皆有盛名，並早卒。鏡弟永。

[1]太子中舍人：官名。東宮屬官。與太子中庶子共掌東宮文翰，侍從規諫太子，綜典奏事文書。位在中庶子下，洗馬上。六品。

[2]新安：郡名。治所在今浙江淳安縣西北。

永字景雲，初爲郡主簿，州從事，[1]轉司徒士曹參軍，[2]出補餘姚令，[3]入爲尚書中兵郎。[4]先是，尚書中條制繁雜，元嘉十八年，欲加治撰，徙永爲删定郎，[5]掌其任。二十二年，除建康令，[6]所居皆有稱績。又除廣陵王誕北中郎録事參軍。[7]永涉獵書史，能爲文章，善隸書，曉音律，騎射雜藝，觸類兼善，又有巧思，益爲太祖所知。紙及墨皆自營造，上每得永表啓，輒執玩咨嗟，自嘆供御者了不及也。二十三年，造華林園、玄武湖，[8]並使永監統。凡諸制置，[9]皆受則於永。徙爲江夏王義恭太尉中兵參軍、越騎校尉、振武將軍、廣陵南沛二郡太守。[10]二十八年，又除江夏王義恭驃騎中兵參軍，[11]沛郡如故。

[1]從事：官名。又稱從事史。州部屬吏，爲州部長官自辟。

[2]士曹參軍：官名。士曹長官。七品。

[3]餘姚：縣名。治所在今浙江餘姚市。

[4]尚書中兵郎：官名。尚書省中兵曹長官通稱，亦稱中兵郎中，屬五兵尚書。六品。

[5]删定郎：官名。尚書省删定曹長官的通稱，掌治撰尚書省條例。六品。

[6]建康：縣名。治所在今江蘇南京市。

[7]廣陵王：王爵名。王國在今江蘇揚州市西北蜀崗上。　誕：人名。即劉誕。字休文，宋文帝劉義隆第六子。本書卷七九有傳。　北中郎：官名。即北中郎將。四中郎將之一，多有較固定的轄區和治所。

[8]華林園：皇家園林。故址在今江蘇南京市雞鳴山南古臺城內。　玄武湖：湖泊名。在今江蘇南京市北鍾山與長江之間。

[9]置：各本並作“署”，中華本據《南史》改。

[10]江夏王：王爵名。王國在今湖北武漢市武昌區。　義恭：人名。即劉義恭。宋武帝劉裕第五子。本書卷六一有傳。　中兵參軍：官名。亦作“中兵參軍事”。諸公、軍府僚屬之一，掌中兵曹事務，兼備參謀咨詢。宋兼領直兵曹。　越騎校尉：官名。侍衛武官，不領兵。隸中領軍，以安置勳舊武臣。　振武將軍：官名。五武將軍之一，統兵。四品。　南沛：郡名。治所僑於今江蘇鎮江市京口區。

[11]驃騎：官名。驃騎將軍之簡稱。

永既有才能，所在每盡心力，太祖謂堪爲將。二十九年，以永督冀州青州之濟南樂安太原三郡諸軍事、揚威將軍、冀州刺史，[1]督王玄謨、申坦等諸將，[2]經略河南。[3]攻碻磝城，[4]累旬不能拔。其年八月七日夜，虜開門燒樓及攻車，士卒燒死及爲虜所殺甚眾，永即夜撤圍退軍，不報告諸將，眾軍驚擾，爲虜所乘，死敗塗地。永及申坦並爲統府撫軍將軍蕭思話所收，[5]繫於歷城獄。[6]太祖以屢征無功，諸將不可任，責永等。與思話詔曰：“虜既乘利，[7]方向盛冬，若脫敢送死，兄弟父子，自共當之耳。言及增憤，可以示張永、申坦。”又與江夏王義恭書曰：“早知諸將輩如此，恨不以白刃驅之，今者悔何所及。”

[1]冀州：僑州名。治所在今山東濟南市。　青州：治所在今
山東青州市。　濟南：郡名。治所在今山東濟南市歷城區。　樂
安：郡名。治所在今山東廣饒縣北。　太原：郡名。治所在今山東
濟南市長清區西南。　揚威將軍：官名。領兵之官。四品。丁福林
《校議》據本書卷七八《蕭思話傳》、《通鑑》卷一二六考證，“揚
威將軍”乃“揚武將軍”之誤。

[2]王玄謨：人名。字彥德，太原祁縣（今山西祁縣）人。本
書卷七六有傳。　申坦：人名。魏郡魏（今河北大名縣）人。本書
卷六五有附傳。

[3]河南：地區名。指中原黃河以南地區。

[4]碻磝城：城名。在今山東茌平縣西南古黃河南岸。

[5]撫軍將軍：官名。位比四鎮將軍。三品。　蕭思話：人名。
南蘭陵（今江蘇常州市武進區）人。本書卷七八有傳。

[6]歷城：縣名。治所在今山東濟南市歷城區。

[7]虜：南朝人對北方拓跋魏政權的蔑稱。

三十年，元凶弒立，[1]起永督青州徐州之東安東莞
二郡諸軍事、輔國將軍、青州刺史。[2]司空南譙王義宣
起義，[3]又板永爲督冀州青州之濟南樂安太原三郡諸軍
事、輔國將軍、冀州刺史。[4]永遣司馬崔勳之、中兵參
軍劉則二軍馳赴國難。[5]時蕭思話在彭城，義宣慮二人
不相諧緝，與思話書，勸與永坦懷。又使永從兄長史張
暢與永書曰：[6]“近有都信，具汝刑網之原，可謂雖在
縲絏，[7]而腹心無愧矣。[8]蕭公平厚，先無嫌隙，見汝翰
迹，言不相傷，何其滔滔稱人意邪。當今世故艱迫，義

旗雲起，[9]方藉群賢，共康時難。當遠慕廉、藺在公之德，[10]近效平、勃忘私之美，[11]忽此蔕芥，剋申舊情。公亦命蕭示以疏達，兼令相報，[12]共遵此旨。"事平，召爲江夏王義恭大司馬從事中郎，[13]領中兵。[14]

[1]元凶：即劉劭。字休遠，宋文帝劉義隆長子。弑文帝自立，兵敗自殺。本書卷九九有傳。

[2]徐州：治所在今江蘇徐州市。　東安：郡名。治所在今山東沂源縣東南。　東莞：郡名。治所在今山東莒縣。　輔國將軍：官名。將軍名號，宋時曾一度改稱輔師將軍。三品。中華本校勘記云："三朝本、北監本、毛本作'東安東莞二郡'，殿本、局本作'樂安東萊二郡'，又各本並脱'徐州'二字。"錢大昕《考異》云："按東安、東莞二郡屬徐州，不屬青州。當云督青州徐州之東安、東莞二郡，史脱徐州二字，以《杜驥》《顔師伯傳》證之，可知也。一本作'樂安、東萊'，兩郡元在青州管内，何須更書，此校書者以意妄改耳。"錢説甚是。

[3]司空：官名。三公之一。爲名譽宰相，多爲大臣加官，無實際職掌。一品。　南譙王：王爵名。王國在今安徽巢湖市居巢區東南。　義宣：人名。即劉義宣。宋武帝劉裕子。本書卷六八有傳。

[4]板：官制用語。指地方軍政長官自行選用官員，未經吏部正式任命，而由州、府的户曹行板文委派。

[5]崔勳之：人名。歷任青州別駕、振威將軍及鄒梁戍主、宣威將軍、樂安渤海二郡太守，後與臧質軍戰死，追賜通直郎。　劉則：人名。《南史》作"劉宣則"。其事不詳。

[6]長史：官名。諸府幕僚長。　張暢：人名。字少微，吳郡吳縣人。本書卷四六有附傳。

[7]縲紲：繫犯人的繩索，引申爲囚禁。

　[8]腹：各本並作“復”，中華本據《元龜》卷八八五改。

　[9]義旗：各本並作“義氣”，中華本據《元龜》卷八八五改。

　[10]廉、藺：即廉頗、藺相如。廉頗，戰國時趙國名將。藺相如，趙國人，位上卿。二人同爲趙國柱石。事見《史記》卷八一《廉頗藺相如列傳》。

　[11]平、勃：即陳平、周勃。陳平，秦末漢初陽武（今河南原陽縣）人，曾任漢相。周勃，秦末漢初沛縣人，曾任漢右丞相。二人定計誅殺諸呂，迎立文帝。事見《漢書》卷四〇《張陳王周傳》。

　[12]兼令相報：此言義宣亦命蕭思話報書修好。“報”各本並作“執”，中華本據《元龜》卷八八五改。

　[13]大司馬：官名。多爲大臣加官，八公之一，居三公之上，三師之下，開府置僚屬，然無具體職司。或用作贈官。一品。　從事中郎：官名。軍府屬官，或主吏，或分掌諸曹，或掌機密，或參謀議。六品。

　[14]中兵：中兵參軍簡稱。掌本府中兵曹事務，兼備參謀咨詢。

　　時使百僚獻讜言，永以爲宜立諫官，開不諱之路，講師旅，示安不忘危。世祖孝建元年，[1]臧質反，[2]遣永輔武昌王渾鎮京口。[3]其年，出爲揚州別駕從事史。明年，召入爲尚書左丞。[4]時將士休假，年開三番，[5]紛紜道路。永建議曰：“臣聞開兵從稼，前王以之兼隙，耕戰遞勞，先代以之經遠。當今化寧萬里，文同九服，[6]捐金走驥，[7]於焉自始。伏見將士休假，多蒙三番，程會既促，裝赴在早。故一歲之間，四馳遥路，或失遽春耕，[8]或違要秋登，[9]致使公替常儲，家闕舊粟，考定利害，宜加詳改。愚謂交代之限，以一年爲制，使征士之念，勞未及積，遊農之望，收功歲成。斯則王度無䇍，[10]民業斯植矣。”從之。

[1]世祖：宋孝武帝劉駿廟號。　孝建：宋孝武帝劉駿年號（454—456）。

[2]臧質：人名。字含文，東莞莒縣人。本書卷七四有傳。

[3]武昌王：王爵名。王國在今湖北鄂州市鄂城區。　渾：人名。即劉渾。字休淵，宋文帝劉義隆第十子。本書卷七九有傳。京口：縣名。治所在今江蘇鎮江市京口區。

[4]尚書左丞：官名。尚書省佐官，位次尚書，與右丞共掌尚書都省庶務，監察糾彈文武百官，號稱“監司”，職權甚重。六品。

[5]年開三番：一年三次更替休假。三番，三次更替、輪值。

[6]九服：相傳古代天子所住京都以外的地方，按遠近分爲九等，稱九服：侯服、甸服、男服、采服、衛服、蠻服、夷服、鎮服、藩服等。見《周禮·夏官·職方氏》。

[7]捐金：典出《後漢書》卷八四《樂羊子妻傳》：“乃捐金於野，而遠尋師學。”指拋棄眼前利益，而謀求更重要的事情。　走驥：由《老子》“天下有道，欲走馬以糞”衍化而來。意爲天下有道，沒有戰爭，就可讓拉戰車的馬往農田送糞。走驥與走馬同義。驥，駿馬。

[8]失遽春耜：耽誤春耕。春耜，春耕。

[9]違要秋登：影響秋收。秋登，秋收。

[10]王度無䇍：對先王的法度沒有違背。王度，張衡《東京賦》：“遵規王度，動中得趣。”《文選》薛綜注：“王度，先王的法度。”無䇍，沒有違背。

大明元年，[1]遷黃門侍郎，[2]尋領虎賁中郎將、本郡中正。[3]三年，遷廷尉。上謂之曰："卿既與釋之同姓，[4]欲使天下須無冤民。"加寧朔將軍，尚書吏部郎，司徒右長史，尋陽王子房冠軍長史。[5]四年，立明堂，[6]永以本官兼將作大匠。[7]事畢，遷太子右衛率。[8]七年，爲宣貴妃殷氏立廟，[9]復兼將作大匠。轉右衛將軍。其年，世祖南巡，自宣城候道東入，[10]使永循行水路。是歲旱，塗逕不通，上大怒，免。時上寵子新安王子鸞爲南徐州刺史，[11]割吳郡度屬徐州。[12]八年，起永爲別駕從事史。其年，召爲御史中丞。[13]前廢帝永光元年，[14]出爲吳興太守，[15]遷度支尚書。[16]

[1]大明：宋孝武帝劉駿年號（457—464）。

[2]黃門侍郎：官名。爲侍中省或門下省次官。侍從皇帝，顧問應對，出則陪乘。

[3]虎賁中郎將：官名。主宿衛，屬領軍。

[4]釋之：人名。即張釋之。字季，西漢南陽堵陽（今河南方城縣）人。官至廷尉，決獄嚴格依法，世稱持平。《漢書》卷五〇有傳。

[5]寧朔將軍：官名。爲北方地區軍政長官。四品。　司徒右長史：官名。與左長史並爲司徒府僚屬之長，位次左長史，佐司徒管理府內諸曹，主持管理州郡農桑戶籍，官吏考課。　尋陽王：王爵名。王國在今江西九江市西南。　子房：人名。即劉子房。字孝良，宋孝武帝劉駿第六子。本書卷八〇有傳。　冠軍：官名。冠軍將軍之省稱。

[6]明堂：帝王宣明政教的場所。

[7]將作大匠：官名。掌領徒隸修建宮室、宗廟、陵寢及其他土木工程。有事則設，事迄則罷，常以他官兼領。

[8]太子右衛率：官名。宿衛東宮，亦任征伐，地位頗重。
五品。

[9]宣：謚號。按《謚法》：“聖善周聞曰宣。” 貴妃：妃嬪
封號。孝武帝孝建三年（456）始置，位比相國。 殷氏：一云南
郡王劉義宣女，孝武帝密娶之，假姓殷氏，寵冠後宮。或云殷琰家
人，入義宣家，義宣敗入宮。《南史》卷一一有傳。 廟：寢廟。

[10]宣城：郡名。治所在今安徽宣州市。

[11]新安王：王爵名。王國在今浙江淳安縣西北。 子鸞：人
名。即劉子鸞，字孝羽，宋孝武帝劉駿第八子，母殷貴妃。本書卷
八〇有傳。 南徐州：治所在今江蘇鎮江市。

[12]度屬：指地區的歸屬改變。

[13]御史中丞：官名。亦稱南司。御史臺長官，掌監察、執
法，職甚重。四品。

[14]前廢帝：即劉子業。孝武帝劉駿長子。本書卷七有紀。
永光：宋前廢帝劉子業年號（465）。

[15]吳興：郡名。治所在浙江湖州市吳興區南下菰城。

[16]度支尚書：官名。尚書度支曹長官。掌軍國財政的收支會
計及漕運、物價、屯田等政令。三品。

太宗即位，[1]除吏部尚書。[2]未拜，會四方反叛，復
以爲吳興太守，加冠軍將軍，假節。[3]未拜，以將軍假
節，徙爲吳郡太守，率軍東討。又爲散騎常侍、太子詹
事。[4]未拜，遷使持節、監青冀幽并四州諸軍事、前將
軍、青冀二州刺史，[5]統諸將討徐州刺史薛安都，[6]累戰
剋捷，破薛索兒等，[7]事在《安都傳》。又遷散騎常侍、
鎮軍將軍、太子詹事，[8]權領徐州刺史。又都督徐、兗、
青、冀四州諸軍事，[9]又爲使持節、都督南兗徐二州諸

軍事、南兗州刺史，[10]常侍、將軍如故。時薛安都據彭城請降，而誠心不款，太宗遣永與沈攸之以重兵迎之，[11]加督前鋒軍事，進軍彭城。安都招引索虜之兵既至，[12]士卒離散，永狼狽引軍還，爲虜所追，大敗。復值寒雪，士卒離散，永脚指斷落，僅以身免，失其第四子。

[1]太宗：宋明帝劉彧廟號。

[2]吏部尚書：官名。爲尚書省吏部曹長官，主管官吏銓選考課獎懲。三品。

[3]假節：假以節杖。都督假節在戰争時期得殺犯軍令者，實爲地位、職權的標志之一。

[4]太子詹事：官名。東宮屬官。負輔翊教導太子之責，兼掌東宮一切事務。三品。

[5]監諸軍事：官名。簡稱監軍。地方軍政長官，位在都督諸軍事下、督諸軍事上，職掌相同。　幽：州名。蓋爲僑置，治所未詳。　并：州名。蓋爲僑置，治所未詳。　前將軍：官名。軍府名號，用作加官。三品。

[6]薛安都：人名。字休達，河東汾陰（今山西萬榮縣）人。本書卷八八有傳。

[7]薛索兒：人名。河東汾陰人，安都從子。事見本書卷八八《薛安都傳》。

[8]鎮軍將軍：官名。位比四鎮將軍。主要爲中央軍職，亦可出任地方軍政長官，兼理民政。三品。

[9]都督諸軍事：官名。地方軍政長官，領駐在州刺史，兼理民政，多帶將軍名號。分使持節、持節、假節三種，職權各有不同。　兗：州名。治所在今山東兗州市。

[10]南兗：州名。治所在今江蘇揚州市西北蜀崗上。

[11]沈攸之：人名。字仲達，吳興武康（今浙江德清縣）人。本書卷七四有傳。

[12]索虜：南朝人對北方拓跋魏政權的蔑稱。因鮮卑人頭上辮髮，故有此蔑稱。

　　三年，徙都督會稽東陽臨海永嘉新安五郡諸軍事、會稽太守，[1]將軍如故。以北討失律，固求自貶，降號左將軍。[2]永痛悼所失之子，有兼常哀，服制雖除，猶立靈座，飲食衣服，待之如生。每出行，常別具名車好馬，號曰侍從，有事輒語左右報郎君。以破薛索兒功，封孝昌縣侯。[3]食邑千户。在會稽，賓客有謝方童等，[4]坐贓下獄死，永又降號冠軍將軍。四年，遷使持節、督雍梁南北秦四州郢州之竟陵隨二郡諸軍事、右將軍、雍州刺史。[5]未拜，停爲太子詹事，加散騎常侍、本州大中正。六年，又加護軍將軍，[6]領石頭戍事，[7]給鼓吹一部。[8]七年，遷金紫光禄大夫，[9]尋復領護軍。後廢帝即位，[10]進右光禄大夫，[11]加侍中，領安成王師，[12]加親信二十人。又領本州中正，出爲吳郡太守，秩中二千石，侍中、右光禄如故。

[1]臨海：郡名。治所在今浙江臨海市東南。　永嘉：郡名。治所在今浙江溫州市。

[2]左將軍：官名。軍府名號，用作加官。三品。

[3]孝昌：縣名。治所在今湖北孝感市北。　縣侯：侯爵名。開國縣侯之省稱。三品。

[4]謝方童等：《南史》卷三一作"謝方童、阮須、何達之等"。方童生平未詳。

[5]雍：州名。僑置，治所在今湖北襄陽市襄城區。　南北秦：皆僑州名。均寄治於今陝西漢中市東。　郢州：治所在今湖北武漢市武昌區。　竟陵：郡名。治所在今湖北鍾祥市。常遷徙。　隨二郡：丁福林《校議》認爲是時隨屬雍州而不屬郢州，故“隨二郡”乃衍文也。隨，郡名。治所在今湖北隨州市。　右將軍：官名。軍府名號，用作加官。三品。

[6]護軍將軍：官名。掌督護京師以外諸軍，權任頗重。三品。

[7]石頭戍：軍壘名。在今江蘇南京市西清涼山。

[8]鼓吹：演奏樂曲的樂隊，賞賜大臣以示榮寵。

[9]金紫光禄大夫：官名。光禄大夫加賜金章紫綬者。二品。待遇與特進同。丁福林《校議》據本書卷八《明帝紀》和萬斯同《宋將相大臣年表》考證，張永任金紫光禄大夫乃泰始六年事，此云“七年”，或誤。

[10]後廢帝：即劉昱。字德融，宋明帝長子。本書卷九有紀。

[11]右光禄大夫：官名。屬光禄勳，位在金紫光禄大夫上。

[12]安成王：王爵名。王國在今江西安福縣東南。　師：官名。王國屬官，掌輔導諸王。六品。

　　元徽二年，[1]遷使持節、都督南兗徐青冀益五州諸軍事、征北將軍、南兗州刺史，[2]侍中如故。永少便驅馳，志在宣力，年雖已老，志氣未衰，優遊閑任，意甚不樂。及有此授，喜悦非常，即日命駕還都。未之鎮，值桂陽王休範作亂，[3]永率所領出屯白下。[4]休範至新亭，[5]大桁不守，[6]前鋒遂攻南掖門。[7]永遣人覘賊，既返，唱云“臺城陷矣”。[8]永衆於此潰散，永亦棄軍奔走，還先所住南苑。[9]以永舊臣不加罪，止免官削爵，永亦愧嘆發病。三年，卒，時年六十六。順帝昇明二年,[10]追贈侍中、右光禄大夫。子瓌,[11]昇明末,達官。

[1]元徽：宋後廢帝劉昱年號（473—477）。

[2]"遷使持節"至"南兗州刺史"：中華本按："益州與南兗疆境不接，不當受南兗州大府所統。本書《黃回傳》，元徽中，'改都督南兗徐兗青冀五州諸軍事、征北將軍、南兗州刺史'。是'益'字爲衍文，'徐'字下當有'兗'字。疑張永所督亦爲南兗、徐、兗、青、冀五州，與黃回同。"征北將軍，官名。四征將軍之一，多爲使持節都督，出鎮方面。三品。持節都督則二品。

[3]桂陽王：王爵名。王國在今湖南郴州市。 休範：人名。即劉休範。宋文帝劉義隆第十四子。本書卷七九有傳。

[4]白下：城名。在今江蘇南京市北金川門外，幕府山南麓。

[5]新亭：軍壘名。在今江蘇南京市南，地近江濱，依山築壘。

[6]大桁：浮橋名。在今江蘇南京市内。

[7]南掖門：城門名。建康臺城（苑城）的東南門。

[8]臺城：城名。在今江蘇南京市雞鳴山南乾河沿北。

[9]南苑：地名。在今江蘇南京市雞鳴山南。

[10]順帝：即劉準。字仲謀。《元龜》卷一八二同。《南史》、《建康實録》、《御覽》卷一二八引作"字仲謨"。明帝第三子。本書卷一〇有紀。 昇明：宋順帝劉準年號（477—479）。

[11]瓌：人名。即張瓌，人名。字祖逸。《南齊書》卷二四有傳。

永弟辯，太宗亦見任遇，歷尚書吏部郎，廣州刺史，大司農。[1]辯弟岱,[2]昇明末，吏部尚書。

[1]大司農：官名。掌倉儲園苑及供膳之庶務。三品。

[2]岱：人名。即張岱。字景山。《南齊書》卷三二有傳。

庾登之字元龍，潁川鄢陵人也。[1]曾祖冰，[2]晋司空。祖蘊，[3]廣州刺史。父廓，[4]東陽太守。

[1]潁川：郡名。治所在今河南許昌市東。　鄢陵：縣名。治所在今河南鄢陵縣西北。

[2]冰：人名。即庾冰。字季堅。《晋書》卷七三有附傳。

[3]蘊：人名。即庾蘊。庾冰第四子，官至廣州刺史，並假節。家族被桓温陷害，自殺於廣州。事見《晋書》卷七三《庾冰傳》。

[4]廓：人名。即庾廓。《晋書》卷七三《庾希傳》作“庾廓之”。中華本校勘記云：“東晉南北朝人名後之‘之’字，有時可省去。”

登之少以强濟自立。初爲晋會稽王道子太傅參軍。[1]義旗初，又爲高祖鎮軍參軍，[2]以預討桓玄功，[3]封曲江縣五等男。[4]參大司馬琅邪王軍事，[5]豫州別駕從事史，[6]大司馬主簿，司徒左西曹屬。登之雖不涉學，善於世事，王弘、謝晦、江夷之徒，皆相知友。轉太尉主簿。義熙十二年，[7]高祖北伐，登之擊節驅馳，退告劉穆之，[8]以母老求郡。于時士庶咸憚遠役，而登之二三其心，高祖大怒，除吏名。大軍發後，乃以補鎮蠻護軍、西陽太守。[9]入爲太子庶子，[10]尚書左丞。出爲新安太守。

[1]會稽王：王爵名。王國在今浙江紹興市。　道子：人名。即司馬道子。字道子，晋簡文帝司馬昱子，代謝安居朝執政。《晋書》卷六四有傳。　太傅：官名。兩晋時與太宰、太保並掌朝政，

開府置僚屬，爲宰相之任。位上公，在三司上。三品。

　　[2]鎮軍：官名。鎮軍將軍簡稱。

　　[3]桓玄：人名。字敬道，譙國龍亢人，曾廢晋安帝自立，建國號楚。《晋書》卷九九有傳。

　　[4]曲江：縣名。治所在今廣東韶關市南武水西岸。　　五等男：男爵名。男爵等級之一，不食封。

　　[5]參軍事：官名。即參軍。

　　[6]豫州：東晋義熙年間治所徙壽春，在今安徽壽縣。

　　[7]義熙：晋安帝司馬德宗年號（405—418）。

　　[8]劉穆之：人名。字道和，東莞莒縣人，移居京口。時內總朝政，外供軍旅。本書卷四二有傳。

　　[9]鎮蠻護軍：官名。職掌如將軍，地位略低。統兵，管理少數民族事務。六品。　　西陽：郡名。治所在今湖北黃岡市黃州區東南。

　　[10]太子庶子：官名。隸太子詹事，爲太子的親近侍從，職獻納規諫。五品。

　　謝晦爲撫軍將軍、荆州刺史，請爲長史、南郡太守，[1]仍爲衛軍長史，太守如故。登之與晦俱曹氏壻，名位本同。一旦爲之佐，意甚不愜。到廳牋，唯云“即日恭到”，初無感謝之言。每入觀見，備持箱囊几席之屬，一物不具不坐。晦常優容之。晦拒王師，欲使登之留守，登之不許，語在《晦傳》。晦敗，登之以無任免罪，禁錮還家。[2]

　　[1]請爲長史：丁福林《校議》據本書卷四四《謝晦傳》、《通鑑》卷一二〇考證：“請爲長史”恐“請爲司馬”之誤。　　南郡：治所在今湖北荆州市荆州區。

[2]禁錮：禁止擔任官職，非有詔令特許不得解除。

　　元嘉五年，起爲衡陽王義季征虜長史。[1]義季年少，未親政，衆事一以委之。尋加南東海太守。[2]入爲司徒右長史，尚書吏部郎，司徒左長史，[3]南東海太守。府公彭城王義康專覽政事，不欲自下厝懷，而登之性剛，每陳己意，義康甚不悦。出爲吳郡太守。州郡相臨，執意無改，因其苾任贓貨，以事免官。弟炳之時爲臨川内史，[4]登之隨弟之郡，優游自適。俄而除豫章太守，[5]便道之官。登之初至臨川，吏民咸相輕侮，豫章與臨川接境，郡又華大，儀迊光赫，士人並驚嘆焉。十八年，遷江州刺史。疾篤，徵爲中護軍，[6]未拜。二十年，卒，時年六十二。即以爲贈。

　　[1]衡陽王：王爵名。王國在今湖南株洲市西南。　義季：人名。即劉義季。宋武帝子，呂美人所生。本書卷六一有傳。　征虜：官名。征虜將軍之簡稱，爲武職，亦作爲高級文職官員的加官。三品。
　　[2]南東海：郡名。治所在今江蘇鎮江市京口區。
　　[3]司徒左長史：官名。與右長史並爲司徒府僚屬之長，左司徒長史總管府内諸曹事，位在右長史之上。六品。
　　[4]臨川：郡國名。治所在今江西撫州市臨川區西。
　　[5]豫章：郡名。治所在今江西南昌市。
　　[6]中護軍：官名。掌都護京師以外地方諸軍。三品。

　　子沖遠，[1]太宗鎮姑孰，[2]爲衛軍長史，卒於豫章太守，追贈侍中。

[1]沖遠：人名。即庾沖遠。《南史》卷三五作“仲遠”，《世說·人名譜》亦作“仲遠”，應以“仲遠”爲是。

[2]姑孰：城名。在今安徽當塗縣。

炳之字仲文，初爲秘書、太子舍人，[1]劉粹征北長史、廣平太守。[2]兄登之爲謝晦長史，炳之往省之。晦時位高權重，朝士莫不加敬，炳之獨與抗禮，時論健之。爲尚書度支郎，不拜。出補錢唐令，[3]治民有績。轉彭城王義康驃騎主簿，未就，徙爲丹陽丞。[4]炳之既未到府，疑於府公禮敬，下禮官博議。[5]中書侍郎裴松之議曰：[6]“案《春秋》桓八年，祭公逆王后于紀。[7]《公羊傳》曰：‘女在國稱女，此其稱王后何？王者無外，[8]其辭成矣。’推此而言，則炳之爲吏之道，定於受命之日矣，其辭已成，在官無外，名器既正，[9]則禮亦從之。且今宰牧之官，拜不之職，未接之民，必有其敬者，以既受王命，則成君民之義故也。吏之被勑，猶除者受拜，民不以未見闕其被禮，吏安可以未到廢其節乎？愚懷所見，宜執吏禮。”從之。遷司徒左西屬。[10]左將軍竟陵王義宣未親府板炳之爲諮議參軍，[11]衆務悉委焉。後將軍長沙王義欣鎮壽陽，[12]炳之爲長史、南梁郡太守，[13]轉鎮軍長史，太守如故。出爲臨川内史。後將軍始興王濬鎮湘州，[14]以炳之爲司馬，領長沙内史。濬不之任，除南泰山太守，[15]司馬如故。

[1]秘書：官名。秘書郎之省稱。掌整理典籍，考核舊文，删

省浮穢。爲士族子弟起家之官。六品。　太子舍人：官名。掌文章書記，隸太子詹事。七品。

[2]劉粹：人名。字道沖，沛郡蕭縣（今安徽蕭縣）人，徙居京口。本書卷四五有傳。　征北：官名。征北將軍之省稱。丁福林《校議》據本書卷五《文帝紀》、卷四五《劉粹傳》、卷四三《傅亮傳》考證，“征北長史”爲“征虜長史”之誤。　廣平：郡名。治所在今河南鄧州市東南。

[3]錢唐：縣名。治所在今浙江杭州市。

[4]丹陽：郡名。治所在今江蘇南京市。　丞：官名。即府丞。府尹輔佐，協助府尹治理本郡政事。八品。

[5]禮官：主司禮儀官員之通稱。

[6]中書侍郎：官名。中書省次官。值班西省，分任詔令之起草。職少官清，爲諸王起家官，或主持省務。五品。　裴松之：人名。字世期，河東聞喜縣（今山西聞喜縣）人。本書卷六四有傳。

[7]祭公：公爵名。曾爲周天子三公者。周公後代，封國在今河南鄭州市東北。

[8]王者無外：《公羊傳》隱公元年：“奔則曷爲不言奔？王者無外，言奔則有外之辭也。”意即：“王者以天下爲家，無絶義。”亦即“溥天之下，莫非王土；率土之濱，莫非王臣”。

[9]名器：貴族表示等級的稱號和車服儀制。《左傳》成公二年：“唯器與名，不可以假人。”

[10]司徒左西屬：官名。司徒府僚屬，參掌左西曹。

[11]竟陵王：王爵名。王國在今湖北鍾祥市。　未親府：中華本按，“疑‘未親’下脱‘政’字，‘府’字屬下句”。爲是。

[12]後將軍：官名。軍府名號，略高於一般雜號將軍，用作加官。三品。　長沙王：王爵名。王國在今湖南長沙市。　義欣：人名。即劉義欣。宋武帝中弟劉道憐子。本書卷五一有傳。　壽陽：縣名。治所在今安徽壽縣。

[13]南梁郡：治所在今安徽壽縣。

[14]始興王：王爵名。王國在今廣東韶關市東南蓮花嶺下。濬：人名。即劉濬。字休明。宋文帝劉義隆次子。本書卷九九有傳。

[15]南泰山：僑郡名。寄治今江蘇鎮江市丹徒區。中華本校勘記云：《南史》作"南梁太守"。

于時領軍將軍劉湛協附大將軍彭城王義康，[1]而與僕射殷景仁有隙，[2]凡朝士遊殷氏者，不得入劉氏之門，獨炳之遊二人之間，密盡忠於朝廷。景仁稱疾不朝見者歷年，太祖常令炳之銜命去來，湛不疑也。義康出藩，湛伏誅，以炳之爲尚書吏部郎，與右衛將軍沈演之俱參機密。[3]頃之，轉侍中，本州大中正。遷吏部尚書，領義陽王師。[4]內外歸附，勢傾朝野。

[1]領軍將軍：官名。掌禁衛軍及京都諸軍。三品。　劉湛：人名。字弘仁，南陽涅陽（今河南鄧州市東）人。本書卷六九有傳。　大將軍：官名。高級軍政官員，常專擅軍政事務，不常授，或以爲贈官。一品。

[2]僕射：官名。尚書僕射之省稱。尚書省次官，主持尚書省日常政務。三品。

[3]沈演之：人名。字臺真，吳興武康人。本書卷六三有傳。

[4]義陽王：王爵名。王國在今河南信陽市北。此義陽王爲劉昶。

炳之爲人強急而不耐煩，賓客干訴非理者，忿詈形於辭色。素無術學，不爲眾望所推。性好潔，士大夫造之者，去未出戶，輒令人拭席洗牀。時陳郡殷沖亦好

净，[1]小史非净浴新衣，[2]不得近左右。士大夫小不整
潔，每容接之。炳之好潔反是，[3]沖每以此譏焉。領選
既不緝衆論，又頗通貨賄。炳之請急還家，吏部令史錢
泰、主客令史周伯齊出炳之宅諮事。[4]泰能彈琵琶，伯
齊善歌，炳之因留停宿。尚書舊制，令史諮事，不得宿
停外，雖有八座命，[5]亦不許。爲有司所奏。上於炳之
素厚，將恕之，召問尚書右僕射何尚之，[6]尚之具陳炳
之得失。又密奏曰：“夫爲國爲家，何嘗不謹用前典，
今苟欲通一人，慮非哲王御世之長術。炳之所行，非曖
昧而已，臣所聞既非一旦，又往往眼見，事如丘山，彰
彰若此，遂縱而不糾，不知復何以爲治。晋武不曰明
主，[7]斷鬲令事，[8]遂能奮發，華廙見待不輕，[9]廢錮累
年，後起，止作城門校尉耳。[10]若言炳之有誠於國，未
知的是何事？政當云與殷景仁不失其舊，與劉湛亦復不
疏。且景仁當時事意，豈復可蔑，朝士兩邊相推，亦復
何限，縱有微誠，復何足掩其惡。今賈充勳烈，[11]晋之
重臣，雖事業不勝，不聞有大罪，諸臣進説，便遠出
之。陛下聖叡，反更遲遲於此。炳之身上之釁，既自藉
藉，交結朋黨，構扇是非，實足亂俗傷風。諸惡紛紜，
過於范曄，[12]所少賊一事耳。伏願深加三思，試以諸聲
傳，普訪諸可顧問者。群下見陛下顧遇既重，恐不敢苦
相侵傷，顧問之日，宜布嫌責之旨。若不如此，亦當不
辯有所得失。臣悫，既有所啓，要欲盡其心，如無可
納，伏願宥其觸忤之罪。”

[1]陳郡：治所在今河南淮陽縣。　殷沖：人名。字希遠，陳

郡長平（今河南西華縣）人。本書卷五九有傳。

[2]小史：吏名。地位最低之屬吏。

[3]炳之好潔反是：局本作“炳之好潔反是”，三朝本、北監本、毛本作“炳之潔反是”，殿本作“炳之反是”。中華本從局本。

[4]吏部：官署名。居尚書列曹之首，掌官吏任免考選。　令史：官署的一種低級辦事員吏。然尚書諸曹之令史頗有實權。　錢泰：人名。本書及《南史》各一見，其事不詳。　主客：官署名。即主客曹。掌少數民族蕃國朝聘接待之政令，隸尚書左僕射。　周伯齊：人名。本書及《南史》各一見，其事不詳。　出炳之宅諾事：“出”《元龜》卷四六〇同本書。《通典·職官典》作“詣”。中華本按：六朝人云“出都”，意即至都。此云“出炳之宅”，謂自省出至炳之宅。“出”字本不誤，或杜佑恐後人不解此字義，遂改作“詣”。

[5]八座：朝廷高級官員的合稱。魏晉至隋用以稱尚書令、左右僕射、諸曹尚書，共八人，皆沿稱其爲八座。八座權勢很大，凡國家大事，都須經八座會議和皇帝批准才能施行。

[6]尚書右僕射：官名。尚書省次官。主持尚書省日常政務，諸曹奏事由左、右僕射審議聯署。領祠部、儀曹二郎曹。三品。何尚之：人名。字彥德，廬江灊（今安徽霍山縣）人。本書卷六六有傳。

[7]晉武：即晉武帝司馬炎。字安世，河内（今河南温縣）人。《晉書》卷三有紀。

[8]斷鬲令事：見《晉書》卷四四《華廙傳》：“表有賜客在鬲，使廙因縣令袁毅録名，三客各代以奴。及毅以貨賕致罪，獄辭迷謬，不復顯以奴代客，直言送三奴與廙。”中書監荀勖挾私恨奏免廙官，削爵土。大鴻臚何遵奏免爲庶人，不聽襲嗣。有司以爲依律應襲封。晉武帝詔曰：“應即位而廢之，爵命皆去矣，何爲罪罰再加？且吾之責廙，以肅貪穢，本不論常法也。諸賢不能將明此意，乃更詭易禮律，不顧憲度，君命廢之，而群下復之，此爲上下

正相反也。"

　[9]華廙：人名。字長駿。東平原高唐（今山東高唐縣）人，華表之子。《晉書》卷四四有附傳。

　[10]城門校尉：官名。掌諸城門警衛。

　[11]今賈充勳烈：孫彪《考論》云："今字疑誤。"賈充，人名。字公閭，晉平陽襄陵（今山西臨汾市）人，官至驃騎大將軍、尚書令。《晉書》卷四〇有傳。

　[12]范曄：人名。字蔚宗，順陽（今河南淅川縣）人。本書卷六九有傳。

　　時炳之自理：[1]"不譖臺制，令史並言停外非嫌。"太祖以炳之信受失所，小事不足傷大臣。尚之又陳曰："炳之呼二令史出宿，令史諮都令史駱宰，[2]宰云不通，吏部曹亦咸知不可，令史具向炳之説不得停之意，炳之了不聽納。此非爲不解，直是苟相留耳。由外悉知此，[3]而誣於信受，群情豈了，陛下不假爲之辭。雖是令史，出乃遠虧朝典，又不得謂之小事。謝晦望實，非今者之疇，一事錯誤，免侍中官。[4]王珣時賢小失，[5]桓胤春蒐之謬，[6]皆白衣領職。[7]況公犯憲制者邪？不審可有同王、桓白衣例不？於任使無損，兼可得以爲肅戒。孔萬祀居左丞之局，[8]不念相當，語駱宰云：'炳之貴要，異他尚書身，政可得無言耳。'又云：'不癡不聾，不成姑公。'敢作此言，亦爲異也。"

　[1]自理：自己申訴理由。

　[2]都令史：官名。位在令史上，屬尚書省。協助左、右丞管理都省事務，監督諸曹尚書、尚書郎。　駱宰：人名。久爲都令

史，後求南江小縣。餘未詳。

[3]由外悉知此：中華本校勘記云：“‘由’，嚴可均《全宋文》改作‘內’，疑是。”

[4]一事錯誤，免侍中官：即“坐行璽封鎮西司馬、南郡太守王華大封，而誤封北海太守球，版免謝晦侍中”。事見本書卷四四《謝晦傳》。

[5]王珣：人名。字元琳，晉琅邪臨沂人。《晉書》卷六五有傳。《王珣傳》未記白衣領職事，當別有所據。

[6]桓胤：人名。字茂遠，晉譙國龍亢人。《晉書》卷七四有附傳。不記白衣領職事。

[7]白衣領職：白衣原指無官職的士人。官員因失誤削除官職，或以白衣守、領原職，係對官員的一種處罰方式。

[8]孔萬祀：人名。本書及《南史》各一見，其事不詳。　左丞：官名。尚書省佐官。位次尚書，與右丞共掌尚書都省庶務，率都令史監察稽核諸尚書曹、郎曹政務，監察糾彈文武百官，號稱“監司”。六品。

　　太祖猶優游之，使尚之更陳其意。尚之乃備言炳之愆過，曰：“尚書舊有增置幹二十人，[1]以元、凱丞郎幹之假疾病，[2]炳之常取十人私使，詢處幹闕，不得時補。[3]近得王師，猶不遣還，臣令人語之，‘先取人使，意常未安，今既有手力，不宜復留’。得臣此信，方復遣耳。大都爲人好率懷行事，有諸紜紜，不悉可曉。臣思張遼之言，關羽雖兄弟，曹公父子，豈得不言。[4]觀今人憂國實寡，臣復結舌，日月之明，或有所蔽。然不知臣者，豈不謂臣有爭競之迹，追以悵悵。臣與炳之周旋，[5]俱被恩接，不宜復生厚薄。太尉昨與臣言，説炳之有諸不可，非唯一條，遠近相崇畏，震動四海，凡短人辦得致此，更復可嘉。虞秀之門生事之，[6]累味珍肴，未嘗有乏，其外別貢，豈可具詳。炳之門中不問大小，誅求張幼緒，[7]幼緒轉無以堪命。炳之先與劉德願殊惡，[8]德願自持琵琶甚精麗，遺之，便復款然。市令盛馥進數百口材助營宅，[9]恐人知，作虛買券。[10]劉道錫驟有所輸，[11]傾南俸之半。[12]劉雍自謂得其力助，[13]事之如父，夏中送甘蔗，若新發於州。國吏運載樵荻，無輟於道。諸見人有物，鮮或不求，聞劉遵考有材，[14]便乞材，見好燭盤，便復乞之。選用不平，不可一二。太尉又云，炳之都無共事之體，凡所選舉，悉是其意，政令太尉知耳。論虞秀之作黃門，太尉不正答和，故得停。太尉近與炳之疏，欲用德願兒作州西曹，[15]炳之乃啓用爲主簿，即語德願，德願謝太尉。前後漏泄賣恩，亦復何極，縱不加罪，故宜出之。士庶忿疾之，非直項羽楚歌而已也。[16]自從裴、劉刑罰以來，諸將陳力百倍，今日事實好惡可問。若赫然發憤，顯明法憲，陛下便可閑臥紫闥，[17]無復一事也。”

[1]幹：吏名。官府中低級佐吏，主管文書。中央如尚書諸曹亦置，地位卑下。依機構職掌不同，又分稱“門幹”“直事幹”“齋幹”等。

[2]元、凱：一作“元愷”。古代才子。《左傳》文公十八年載大史克曰：“昔高陽氏有才子八人：蒼舒、隤敳、檮戭、大臨、尨降、庭堅、仲容、叔達，齊聖廣淵，明允篤誠，天下之民謂之‘八愷’。高辛氏有才子八人：伯奮、仲堪、叔獻、季仲、伯虎、仲熊、

叔豹、季貍，忠肅共懿，宣慈惠和，天下之民謂之‘八元’。”此八元、八愷被舜舉用，後人因稱皇帝的輔佐大臣爲元愷。　丞郎：尚書左右丞及六部侍郎、郎中的通稱。

[3]詢處幹闕，不得時補：中華本校勘記引孫虨《考論》云：“詢蓋當時爲尚書者名也。《北堂書鈔》歲時部引《元嘉起居注》有尚書郎樂詢。”

[4]“臣思張遼之言”至“豈得不言”：事見《三國志》卷三六《蜀書·關羽傳》：“曹公壯關羽爲人，而察其心神無久留之意，謂張遼曰：‘卿試以情問之。’既而張遼以問羽，羽嘆曰：‘吾極知曹公待我厚，然吾受劉將軍厚恩，誓以共死，不可背之。吾終不留，吾要當立效以報曹公乃去。’遼以羽言報曹公，曹公義之。”注引《傅子》曰：“遼欲白太祖，恐太祖殺羽，不白非事君之道，乃嘆曰：‘公，君父也；羽，兄弟也。’遂白之。”張遼，人名。曹魏大將，字文遠，雁門馬邑（今山西朔州市朔城區）人。《三國志》卷一七有傳。關羽，人名。字雲長，河東解（今山西臨猗縣）人，蜀漢大將。文中之曹公、太祖均指曹操。

[5]周旋：親密往來之意。

[6]虞秀之：人名。會稽餘姚（今浙江餘姚市）人。官至黃門郎。見《南齊書》卷三七《虞悰傳》。

[7]張幼緒：人名。任歷陽太守，奉命擊魯爽弟魯瑜軍。魯爽至，膽怯，引軍退還，下獄。

[8]劉德願：人名。彭城人。本書卷四五有附傳。

[9]市令：官名。主管市場交易。　盛馥：人名。本書及《南史》各一見，其事不詳。

[10]虛買券：假買賣合同。

[11]劉道錫：人名。彭城呂縣（今江蘇銅山縣東南）人。曾任廣州刺史。本書卷六五有附傳。　驟：屢次。

[12]南俸：周一良云“當時習用語”，“南俸乃任廣州刺史之俸祿及其他在當地剝削榨取之收入”。

[13]劉雍：人名。本書卷六八《南郡王義宣傳》作"劉雍之"，爲兗州刺史、輔國將軍徐遺寶長史。劉義慶反，奉命襲擊彭城，兵敗退還湖陸。

[14]劉遵考：人名。宋武帝劉裕族弟，官至右光禄大夫。本書卷五一有傳。

[15]西曹：官名。西曹書佐或西曹掾屬之省稱。西曹掌諸吏及選舉事。

[16]項羽：人名。名籍，羽爲其字。秦朝下相（今江蘇宿遷市）人。《史記》卷七有紀。 楚歌：即四面楚歌。

[17]紫闥：指帝王宫廷。闥，宫中小門。

太祖欲出炳之爲丹陽，又以問尚之，尚之答曰："臣既乏賈生應對之才，[1]又謝汲公犯顔之直，[2]至於侍坐仰酬，每不能盡。昨出伏復深思，祇有愚滯，今之事跡，異口同音，便是彰著，政未測得物之數耳。可爲蹈罪負恩，無所復少。且居官失和，未有此比。陛下遲遲舊恩，未忍窮法，爲弘之大，莫復過此。方復有尹京赫赫之授，恐悉心奉國之人，於此而息；貪狼恣意者，歲月滋甚。非但虧點王化，乃治亂所由。如臣所聞天下論議，炳之常塵累日月，未見一豪增輝。今曲阿在水南，[3]恩寵無異，而協首郡之榮，乃更成其形勢，便是老王雅也。[4]古人云："無賞罰，雖堯、舜不能爲治也。"[5]陛下豈可坐損皇家之重，迷一凡人。事若復在可否之間，亦不敢苟陳穴管。[6]今之枉直，明白灼然，而叡王令王，反更不悟，令賈誼、劉向重生，[7]豈不慷慨流涕於聖世邪。臣昔啓范曄，當時亦懼犯觸之尤，苟是愚懷所挹，政自不能不舒達，[8]所謂雖九死而不悔者也。[9]謂炳之且外出，若能修改，在職著稱，還亦不難，而可得少明國典，粗酬四海之誚。今愆釁如山，榮任不損，炳之若復有彰大之罪，誰復敢以聞述。且自非殊勳異績，亦何足塞今日之尤。歷觀古今，未有衆過藉藉，受貨數百萬，更得高官厚禄如今者也。臣每念聖化中有此事，未嘗不痛心疾首。設令臣等數人縱橫狼藉復如此，[10]不審當復云何處之。近啓賈充遠鎮，今亦何足分，外出恐是策之良者。臣知陛下不能採臣言，故是臣不能盡己之愚至耳。今蒙恩榮者不少，臣何爲獨懇懇於斯，實是尊主樂治之意。伏願試更垂察。”

[1]賈生：即賈誼。西漢洛陽（今河南洛陽市）。曾任博士，每詔會議下，諸老先生未能言，誼盡爲之對，人人各如其意所出。《史記》卷八四有傳。

[2]汲公：即汲黯。字長孺，西漢濮陽（今河南濮陽市）人。其諫，犯主之顏色。嘗對曰：“陛下內多欲而外施仁義，奈何欲效唐虞之治乎！”上怒，變色而罷朝。《漢書》卷五〇有傳。

[3]曲阿：縣名。治所在今江蘇丹陽市。

[4]王雅：人名。字茂達，晉東海郯縣人。《晉書》卷八三有傳。

[5]堯、舜：傳説古代部落聯盟首領。後世稱爲聖人。堯即陶唐氏，名放勛。舜即有虞氏，名重華。見《史記》卷一《五帝本紀》。

[6]穴管：謂通過空穴或竹管而向外窺，所見不廣。

[7]劉向：人名。字子正，西漢沛縣人。見外戚王氏擅權，數次上言，慷慨陳辭。《漢書》卷三六有附傳。

[8]政自不能不舒達：下一“不”字，各本並脱，中華本據

《南史》補。政,同"正"。

[9]雖九死而不悔:語出屈原《離騷》"雖九死其猶未悔"。示堅定的決心。

[10]狼藉:散亂不整,常喻行爲或名聲不檢。

又曰:"臣見劉伯寵大慷慨炳之所行,[1]云有人送張幼緒,幼緒語人,吾雖得一縣,負三十萬錢,庾沖遠乃當送至新林,[2]見縛束,猶未得解手。荀萬秋嘗詣炳之,[3]值一客姓夏侯,主人問:'有好牛不?'云:'無。'問:'有好馬不?'又云:'無。政有佳驢耳。'炳之便答:'甚是所欲。'客出門,遂與相聞索之。劉道錫云是炳之所舉,就道錫索嫁女具及祠器,乃當百萬數。猶謂不然。選令史章龍向臣說,[4]亦嘆其受納之過,言'實得嫁女具,銅鑪四人舉乃勝,細葛斗帳等物,不可稱數'。在尚書中,令奴酤酃酒,[5]利其百十,亦是立臺閣所無,[6]不審少簡聖聽不?恐仰傷日月之明,臣竊爲之嘆息。"

[1]劉伯寵:人名。《南史》卷三五同此,而本書卷九一《王彭傳》、卷九五《索虜傳》及《南史》卷一七本傳均作"劉伯龍",似是。劉伯龍,沛郡蕭縣人。歷位尚書左丞、盱眙武陵太守。

[2]新林:地名。即今江蘇南京市西南西善橋鎮。

[3]荀萬秋:人名。字元寶,潁川潁陰(今河南許昌市)人。本書卷六〇有附傳。

[4]選令史:官名。即尚書吏部曹令史。 章龍:人名。本書及《南史》各一見,其事不詳。

[5]酃酒:用酃湖水釀造的酒。酃湖在今湖南衡陽市東。元嘉

二十七年（450）魏主拓跋燾登瓜步山，田奇曾進此酒。

　　[6]臺閣：尚書臺（省）的別稱。

　　太祖乃可有司之奏，免炳之官。是歲，元嘉二十五年也。二十七年，卒於家。時年六十三。太祖録其宿誠，追復本官。二子季遠、弘遠。[1]

　　[1]弘遠：人名。即庾弘遠。字士操，仕齊爲江州長史。受刺史陳顯達牽連，被殺。《南史》卷三五有附傳。

　　謝方明，陳郡陽夏人，[1]尚書僕射景仁從祖弟也。[2]祖鐵，[3]永嘉太守。父沖，[4]中書侍郎。家在會稽，謝病歸，除黃門侍郎，不就。爲孫恩所殺，[5]追贈散騎常侍。

　　[1]陽夏：縣名。治所在今河南太康縣。
　　[2]景仁：人名。即謝景仁。名裕。本書卷五二有傳。
　　[3]鐵：人名。即謝鐵。字鐵石，謝哀少子。
　　[4]沖：人名。即謝沖。字秀度。
　　[5]孫恩：人名。字靈秀，東晉琅邪人，晉末反晉軍領袖。《晉書》卷一〇〇有傳。

　　方明隨伯父吳興太守邈在郡，[1]孫恩寇會稽，東土諸郡皆響應，吳興民胡桀、郜驃破東遷縣，[2]方明勸邈避之，不從，賊至被害，方明逃竄遂免。初，邈舅子長樂馮嗣之及北方學士馮翊仇玄達，[3]俱往吳興投邈，並舍之郡學，禮待甚簡。二人並忿愠，遂與恩通謀。恩嘗爲嗣之等從者，夜入郡，見邈衆，遁，不悟。本欲於吳興起兵，事趣不果，乃遷於會稽。及郜等攻郡，嗣之、玄達並豫其謀。劉牢之、謝琰等討恩，[4]恩走入海，嗣之等不得同去，方更聚合。方明結邀門生義故得百餘人，[5]掩討嗣之等，悉禽而手刃之。[6]

[1]邀：人名。即謝邀。字茂度，東晉後期人。《晉書》卷七九有附傳。

[2]胡桀、郜驃：皆人名。本書及《晉書》《南史》各一見，事皆不詳。　東遷縣：治所在今浙江湖州市南潯區東遷鎮。

[3]長樂：郡名。治所在今河北冀州市。　馮嗣之：人名。本書及《南史》各一見，其事不詳。　馮翊：郡名。治所在今陝西大荔縣。　仇玄達：人名。本書及《南史》各一見，其事不詳。

[4]劉牢之：人名。字道堅，東晉彭城人。《晉書》卷八四有傳。　謝琰：人名。字瑗度，謝安次子，東晉陳郡陽夏人。《晉書》卷七九有附傳。

[5]門生：依附門閥士族而供役使的人，有才幹者可當官爲吏。　義故：以恩義而依附的故舊人員，比奴客的地位略高，是門閥士族依附人口中的一種。

[6]禽：同“擒”。

于時荒亂之後，吉凶禮廢，[1]方明合門遇禍，資産無遺，而營舉凶事，盡其力用，數月之間，葬送並畢，平世備禮，無以加也。頃之，孫恩重没會稽，謝琰見害。恩購求方明甚急。方明於上虞載母妹奔東陽，[2]由黄蘗嶠出鄱陽，[3]附載還都，寄居國子學。[4]流離險厄，屯苦備經，而貞立之操，在約無改。元興元年，[5]桓玄剋京邑，[6]丹陽尹卞範之勢傾朝野，[7]欲以女嫁方明，使尚書吏部郎王騰譬説備至,[8]方明終不回。桓玄聞而賞之,即除著作佐郎,[9]補司徒王謐主簿。[10]

　　[1]吉凶禮:古代禮制分爲吉、嘉、賓、兵、凶,稱爲"五禮"。吉禮主要爲祭祀禮,凶禮主要爲喪葬行服禮。

　　[2]上虞:縣名。治所在今浙江上虞市百官鎮。

　　[3]黄蘗嶠:地名。可能在今江西宜豐縣黄蘗山。　鄱陽:縣名。治所在今江西鄱陽縣。

　　[4]國子學:古代的最高學府,教授王侯貴族子弟的場所。

　　[5]元興:晋安帝司馬德宗年號(402—404)。

　　[6]京邑:地名。此指首都建康。

　　[7]丹陽尹:官名。又稱"京尹"。首都建康所在郡府長官。掌首都行政諸務並管詔獄。　卞範之:人名。字敬祖,東晋濟陰冤句(今山東曹縣)人。《晋書》卷九九有傳。

　　[8]王騰:人名。本書僅此一見,其事不詳。

　　[9]著作佐郎:官名。屬著作省,掌搜集史料,供著作郎撰史,爲世家子弟起家官。

　　[10]王謐:人名。字稚遠,東晋琅邪臨沂人。《晋書》卷六五有傳。

　　從兄景仁舉爲高祖中兵主簿。[1]方明事思忠益,知無不爲。高祖謂之曰:"愧未有瓜衍之賞,[2]且當與卿共豫章國禄。"屢加賞賜。方明嚴恪,善自居遇,雖處闇室,未嘗有墮容。無他伎能,自然有雅韻。從兄混有重名,[3]唯歲節朝宗而已。丹陽尹劉穆之權重當時,朝野輻輳,不與穆之相識者,唯有混、方明、郗僧施、蔡廓四人而已,[4]穆之甚以爲恨。方明、廓後往造之,大悦,白高祖曰："謝方明可謂名家駒。直置便自是台鼎人，[5]無論復有才用。"

[1]中兵：官名。中華本引《御覽》卷六三三作"中軍"，疑是。中軍，中軍將軍之簡稱。重號將軍，位比四鎮將軍。三品。

[2]瓜衍之賞：《左傳》宣公十五年："晋侯賞桓子狄臣千室，亦賞士伯以瓜衍之縣。"後因以瓜衍之賞稱論功行賞。瓜衍，古地名。

[3]混：人名。即謝混。字叔源，謝琰子，東晋陳郡陽夏人。《晋書》卷七九有傳。

[4]郗僧施：人名。字惠脫，東晋高平金鄉（今山東金鄉縣）人。事見《晋書》卷六七《郗超傳》。　蔡廓：人名。字子度，濟陽考城（今河南民權縣）人。本書卷五七有傳。

[5]台鼎：三公、宰相的尊稱。

頃之，轉從事中郎，仍爲左將軍道憐長史，高祖命府內衆事，皆諮決之。隨府轉中軍長史，尋更加晋陵太守，[1]復爲驃騎長史、南郡相，委任如初。嘗年終，江陵縣獄囚事無輕重，[2]悉散聽歸家，使過正三日還到。罪應入重者有二十餘人，綱紀以下，[3]莫不疑懼。時晋陵郡送故主簿弘季盛、徐壽之並隨在西，[4]固諫以爲，"昔人雖有其事，或是記籍過言。且當今民情僞薄，不可以古義相許"。方明不納，一時遣之。囚及父兄皆驚喜涕泣，以爲就死無恨。至期，有重罪二人不還，方明不聽討捕。其一人醉不能歸，逮二日乃反。餘一囚十日不至，五官朱千期請見，欲白討之，[5]方明知爲囚事，使左右謝五官不須入，囚自當反。囚邃巡墟里，不能自歸，鄉村責讓之，率領將送，遂竟無逃亡者。遠近咸嘆服焉。遭母憂，去職。服闋，爲宋臺尚書吏部郎。

[1]晉陵：郡名。治所在今江蘇常州市。

[2]江陵縣：治所在今湖北荆州市荆州區。

[3]綱紀：官名。州郡縣右曹大吏的別稱。多指主簿、功曹、別駕等。

[4]送故主簿：官名。掌送離任長官至其他任所或至京師。多由長官親信擔任。　弘季盛：人名。其事不詳。中華本校勘記云“《南史》卷一九作‘弘季咸’”。　徐壽之：人名。曾爲劉義宣諮議參軍，被殺。

[5]五官：官名。五官中郎將、五官掾等省稱。此指五官掾。諸府郡國皆置，主諸曹事，爲重要屬吏之一。　朱千期：人名。其事不詳。《南史》卷一九作“朱干期”。

　　高祖受命，遷侍中。永初三年，[1]出爲丹陽尹，有能名。轉會稽太守。江東民戶殷盛，[2]風俗峻刻，强弱相陵，姦吏蜂起，符書一下，[3]文攝相續。又罪及比伍，動相連坐，一人犯吏，則一村廢業，邑里驚擾，狗吠達旦。方明深達治體，不拘文法，闊略苛細，務存綱領。州臺符攝，即時宣下，緩民期會，展其辦舉；郡縣監司，[4]不得妄出，貴族豪士，莫敢犯禁，除比伍之坐，判久繫之獄。前後征伐，每兵運不充，悉發僑士庶，事既寧息，皆使還本。而屬所刻害，或即以補吏。守宰不明，與奪乖舛，人事不至，[5]必被抑塞。方明簡汰精當，各慎所宜，雖服役十載，亦一朝從理，東土至今稱詠之。性尤愛惜，未嘗有所是非，承代前人，不易其政。

有必宜改者，則以漸移變，使無迹可尋。元嘉三年，卒官，年四十七。

［1］永初：宋武帝劉裕年號（420—422）。

［2］江東：地區名。一名江左。長江在今安徽蕪湖、江蘇南京之間作西南、東北流向，習慣上自此以下稱江東。

［3］符書：政府公文。

［4］監司：官名或官署名的統稱。

［5］人事：交際應酬之事，也指送禮。《後漢書》卷六一《黃琬傳》：“時權富子弟，多以人事得舉。”

子惠連，幼而聰敏，年十歲，能屬文，族兄靈運深相知賞，[1]事在《靈運傳》。本州辟主簿，不就。惠連先愛會稽郡吏杜德靈，[2]及居父憂，贈以五言詩十餘首，文行於世。坐被徙廢塞，不豫榮伍。尚書僕射殷景仁愛其才，[3]因言次白太祖：“臣小兒時，便見世中有此文，而論者云是謝惠連，其實非也。”太祖曰：“若如此，便應通之。”元嘉七年，方爲司徒彭城王義康法曹參軍。[4]是時義康治東府城，[5]城塹中得古冢，爲之改葬，使惠連爲祭文，[6]留信待成，其文甚美。又爲《雪賦》，亦以高麗見奇。文章並傳於世。十年，卒，時年二十七。[7]既早亡，且輕薄多尤累，故官位不顯。無子。

［1］靈運：人名。即謝靈運。陳郡陽夏人。本書卷六七有傳。

［2］杜德靈：人名。宋宗室劉義宗門生，有姿色。惠連贈詩《乘流遵歸渚》諸篇。

［3］殷景仁：人名。陳郡長平人。本書卷六三有傳。

[4]法曹參軍：官名。法曹長官。七品。

[5]東府城：城名。一名東城。在今江蘇南京市通濟門附近，臨秦淮河。

[6]使惠連爲祭文：即《祭古冢文》。《文選》、《御覽》卷五二六均收有此文。

[7]二十七：各本並作“三十七”。中華本據《文選·雪賦》注引本書改。按惠連父謝方明任會稽郡太守在景平末，以元嘉三年（426）卒官。又《謝靈運傳》載元嘉初何長瑜在會稽教惠連讀書，則惠連是時當不出二十歲。至元嘉十年，惠連卒，時年當二十七歲，故稱“早亡”。

弟惠宣，竟陵王誕司徒從事中郎，[1]臨川內史。[2]

[1]司徒從事中郎：官名。丁福林《校議》據本書卷六《孝武帝紀》、《通鑑》卷一二八考證，“司徒從事中郎”乃“司空從事中郎”之誤。

[2]臨川內史：官名。《南齊書》卷四七、《南史》卷一九、卷二一均作“臨川太守”。

江夷字茂遠，濟陽考城人也。[1]祖霦，[2]晋護軍將軍。父歖，[3]驃騎諮議參軍。

[1]濟陽：郡名。治所在今河南蘭考縣東北堌鎮。　考城：縣名。治所在今河南民權縣東北。

[2]霦：人名。即江霦。字思玄，陳留圉（今河南杞縣圉鎮）人。《晋書》卷五六有傳。但“霦”作“彪”，應以“彪”爲是。

[3]歖：人名。即江歖。東晋人，曾任建武將軍，琅邪內史。

夷少自藻厲，爲後進之美。州辟主簿，不就。桓玄
篡位，以爲豫章王文學。[1]義旗建，高祖板爲鎮軍行參
軍，[2]尋參大司馬琅邪王軍事，[3]轉以公事免。[4]頃之，復
補主簿。豫討桓玄功，封南郡州陵縣五等侯。[5]孟昶建威
府司馬，[6]中書侍郎，中軍太尉從事中郎，征西大將軍道
規長史、南郡太守，[7]尋轉太尉諮議參軍，領録事，[8]遷
長史，入爲侍中，大司馬，[9]從府公北伐，[10]拜洛陽園
陵，[11]進至潼關。[12]還領寧遠將軍、琅邪内史、本州大中
正。[13]高祖命大司馬府、琅邪國事，[14]一以委焉。

[1]豫章王：王爵名。王國在今江西南昌市。　文學：官名。
以明經者爲之，掌地方教育。

[2]行參軍：官名。晉初制度，中央除拜者爲參軍，諸府自辟
者爲行參軍。晉末以後，行參軍中央亦可除拜，唯品階低於參軍。
無固定職掌。

[3]參：各本並作“行”，因上文“行參軍”而訛，中華本
改正。

[4]轉：中華本校勘記云，“轉”字疑是衍文。

[5]州陵縣：治所在今湖北洪湖市東北。　五等侯：侯爵名。
侯爵等級之一，不食邑。

[6]孟昶：人名。平昌（今山東諸城市）人，與劉裕共謀起兵
討桓玄，初任州主簿，桓玄敗後，因功任丹陽尹。劉裕北伐南燕，
任留府事，盧循乘機由廣州出兵北伐，圍攻建康，形勢危急，孟昶
驚恐自殺。　建威：官名。建威將軍之簡稱，爲五威將軍之一。
四品。

[7]征西大將軍：官名。將軍名號，多授統兵出鎮在外、都督
數州諸軍事者。在武職中地位最高，居四征將軍之上。二品。　道

規：人名。即劉道規。字道則，宋武帝劉裕少弟。本書卷五一有傳。

[8]録事：官名。掌管文書、勾稽缺失。又爲官署名，僚屬諸曹之一。

[9]入爲侍中，大司馬：中華本校勘記云：“當是爲大司馬之僚佐長史或司馬之屬，史此處有缺文。時琅邪王爲大司馬。”

[10]北伐：各本並作“北辟”，中華本改正。　府公：謂琅邪王，司馬德文（晋恭帝）時劉裕奉以北伐。

[11]洛陽：縣名。治所在今河南洛陽市東漢魏故城。

[12]潼關：關隘名。在今陝西潼關縣東北黄河南岸。

[13]寧遠將軍：官名。將軍名號。五品。　琅邪：王國名。治所在今江蘇句容市西北。

[14]高祖命大司馬府、琅邪國事：“命”字上各本並有“受”字，中華本據《南史》删。孫彪《考論》云：“如高祖受命，則琅邪國早廢矣。且下方見宋臺初建，此當去受字。”

宋臺初建，爲五兵尚書。高祖受命，轉掌度支。[1]出爲義興太守，加秩中二千石，以疾去職。尋拜吏部尚書，爲吴郡太守。營陽王於吴縣見害，[2]夷臨哭盡禮。又以兄疾去官。復爲丹陽尹，吏部尚書，加散騎常侍，遷右僕射。夷美風儀，善舉止，歷任以和簡著稱。出爲湘州刺史，加散騎常侍，未之職，病卒，時年四十八。遺命薄斂蔬奠，務存儉約。追贈前將軍，本官如故。子湛，[3]别有傳。

[1]度支：官署名。尚書省諸曹之一。掌軍國財賦的收支會計及事役漕運物價屯田之政令。或爲諸郎曹之一，掌會計軍國財用。

［2］營陽王：王爵名。即宋少帝劉義符。小字車兵，宋武帝劉裕長子，即帝位二年被廢黜爲營陽王，旋被殺。本書卷四有紀。

［3］湛：人名。即江湛。字徽淵，官至吏部尚書，爲劉劭所殺。本書卷七一有傳。

史臣曰：爲國之道，食不如信，立人之要，先質後文。士君子當以體正爲基，蹈義爲本，然後飾以藝能，文以禮樂，苟或難備，不若文不足而質有餘也。是以小心翼翼，可祗事於上帝，嗇夫喋喋，終不離於虎圈。[1]江夷、謝方明、謝弘微、王惠、王球，[2]學義之美，未足以成名，而貞心雅體，廷臣所罕及。《詩》云“溫溫恭人，惟德之基”，[3]信矣。

［1］嗇夫喋喋，終不離於虎圈：事見《漢書》卷五〇《張釋之傳》。釋之爲謁者僕射，從行。漢文帝上登虎圈，問上林尉禽獸簿，十餘問，尉左右視，盡不能對。虎圈嗇夫從旁代尉對上所問禽獸簿甚悉，欲以觀其能口對響應亡窮者。文帝詔釋之拜嗇夫爲上林令。釋之曰：“夫絳侯、東陽侯稱爲長者，此兩人言事曾不能出口，豈效此嗇夫喋喋利口捷給哉！……今陛下以嗇夫口辯而超遷之，臣恐天下隨風靡，爭口辯，亡其實。且下之化上，疾於景響，舉錯不可不察也。”文帝曰：“善。”乃止，不拜嗇夫。

［2］謝弘微：人名。陳郡陽夏人。本書卷五八有傳。　王惠：人名。字令明，琅邪臨沂人。本書卷五八有傳。　王球：人名。字倩玉，琅邪臨沂人。本書卷五八有傳。

［3］溫溫恭人，惟德之基：見《詩·大雅·抑》：“荏染柔木，言緡之絲。溫溫恭人，維德之基。”鄭《箋》云：“柔忍之木荏染然，人則被之弦以爲弓。寬柔之人溫溫然，則能爲德之基。止言內有其性，乃可以有爲德也。”

宋書　卷五四

列傳第十四

孔季恭　羊玄保　沈曇慶

孔靖字季恭，會稽山陰人也。[1]名與高祖祖諱同，[2]故稱字。祖愉，[3]晋車騎將軍。[4]父誾，[5]散騎常侍。[6]

[1]會稽：郡名。治所在今浙江紹興市。　山陰：縣名。治所在今浙江紹興市。

[2]名與高祖祖諱同：名和劉裕的祖父劉靖相同。高祖，宋武帝劉裕廟號。

[3]愉：人名。即孔愉。字敬康。《晋書》卷七八有傳。

[4]車騎將軍：官名。位次驃騎將軍，在諸名號大將軍上，多作爲軍府名號以加授大臣及重要州郡長官，無具體職掌。二品。

[5]誾（yín）：人名。即孔誾。孔愉之長子，襲父爵餘不亭侯，官至建安太守。事見《晋書·孔愉傳》。

[6]散騎常侍：官名。侍從皇帝，主掌圖書文翰、文章、撰述及諫静拾遺。三品。按：散騎常侍在東晋爲散騎省長官，得參預機密，職任比侍中，考之《晋書》，孔誾没有擔任過此類要職。

季恭始察郡孝廉，[1]功曹史，[2]著作佐郎，[3]太子舍人，[4]鎮軍司馬，[5]司徒左西掾。[6]未拜，遭母憂。隆安五年，[7]於喪中被起建威將軍、山陰令，[8]不就。高祖東征孫恩，[9]屢至會稽，季恭曲意禮接，贍給甚厚。高祖後討孫恩，[10]時桓玄篡形已著，[11]欲於山陰建義討之。季恭以爲山陰去京邑路遠，[12]且玄未居極位，不如待其篡逆事彰，釁成惡稔，徐於京口圖之，[13]不憂不剋。高祖亦謂爲然。虞嘯父爲征東將軍、會稽內史，[14]季恭初求爲府司馬，不得。及帝定桓玄，以季恭爲內史，使齎封板拜授，[15]正與季恭相值，季恭便回舟夜還。[16]至即叩扉告嘯父，并令掃拂別齋，即便入郡。嘯父本爲桓玄所授，聞玄敗，震懼，開門請罪。季恭慰勉，使且安所住，明旦乃移。季恭到任，務存治實，敕止浮華，[17]翦罰遊惰，由是寇盜衰止，境內肅清。

[1]孝廉：選舉官吏的科目。在漢代是孝者、廉吏兩個科目，爲仕進者主要途徑之一，魏晉以後合爲一科。東晉以來，大郡歲舉二人，一般郡國歲舉一人，但地位不及秀才和國子生，且選舉權歸州郡中正，依九品官人法，所舉皆爲門閥士族子弟，並無須策試。

[2]功曹史：官名。總管郡內衆務，統理諸曹，並掌群吏遷升黜免之權，秩雖百石，地位尊顯。

[3]著作佐郎：官名。協助著作郎修撰國史及起居注。晉制，著作佐郎初到任，必先撰名人傳一篇。六品。

[4]太子舍人：官名。東宮屬官，掌文章書記。七品。

[5]鎮軍司馬：官名。鎮軍將軍府司馬，掌府內武職，並參贊軍務。

〔6〕司徒左西掾：官名。司徒府僚屬，掌左西曹，多以文史之
士充之。

〔7〕隆安：晉安帝司馬德宗年號（397—401）。

〔8〕建威將軍：官名。五威將軍之一，爲領兵之官。四品。

〔9〕孫恩：人名。字靈秀，琅邪（今山東臨沂市）人，東晉末
年反晉軍領袖，後爲劉裕所鎮壓。《晉書》卷一〇〇有傳。

〔10〕高祖後討孫恩：時孫恩已死，此指討孫恩餘部。

〔11〕桓玄：人名。字敬道，小字靈寶，桓溫第六子。東晉末年
以荆州爲基地，進攻晉中央，並篡晉建楚，後爲劉裕所滅。《晉書》
卷九九有傳。

〔12〕京邑：地名。指首都建康，今江蘇南京市。

〔13〕京口：地名。又稱北府，在今江蘇鎮江市京口區。

〔14〕虞嘯父：人名。會稽餘姚（今浙江餘姚市）人，虞潭之
孫。仕晉官至尚書，桓玄任爲會稽内史，義熙初去職，卒於家。
《晉書》卷七六有附傳。　會稽内史：官名。會稽王國行政長官，
職同郡守。

〔15〕使齎封板拜授：劉裕派人捧著封板拜授官職。封板，授予
官職的詔書。

〔16〕正與季恭相值，季恭便回舟夜還：各本並脱“正與”
“回”三字，中華本據《南史》補。

〔17〕救止浮華：中華本校勘記云：“《南史》作‘釐整浮華’。”
義同。

　　徵爲右衛將軍，〔1〕加給事中，〔2〕不拜。尋除侍中，〔3〕
領本國中正，〔4〕徙琅邪王大司馬司馬。〔5〕尋出爲吳興太
守，〔6〕加冠軍。〔7〕先是，吳興頻喪太守，云項羽神爲卞山
王，〔8〕居郡聽事，二千石至，常避之。季恭居聽事，竟
無害也。遷尚書右僕射，〔9〕固讓。義熙八年，〔10〕復督五

郡諸軍、征虜、會稽内史。[11]修飾學校，督課誦習。[12]十年，復爲尚書右僕射，加散騎常侍，又讓不拜。頃之，除領軍將軍，[13]加散騎常侍，本州大中正。十二年，致仕，拜金紫光禄大夫，[14]常侍如故。是歲，高祖北伐，季恭求從，以爲太尉軍諮祭酒、[15]後將軍，[16]從平關、洛。[17]高祖爲相國，[18]又隨府遷。宋臺初建，[19]令書以爲尚書令，[20]加散騎常侍，又讓不受，乃拜侍中、特進、左光禄大夫。[21]辭事東歸，高祖餞之戲馬臺，[22]百僚咸賦詩以述其美。及受命，加開府儀同三司，[23]辭讓累年，終以不受。永初三年，[24]薨，時年七十六。追贈侍中、左光禄大夫、開府儀同三司。

[1]右衛將軍：官名。禁衛軍的主要統率之一，權任很重，多由皇帝親信擔任。四品。

[2]給事中：官名。侍從皇帝，備顧問應對，分平尚書奏事，有實權，爲中朝要職。五品。

[3]侍中：官名。侍衛皇帝，侍奉生活起居，出行則護駕，管理門下衆事，兼統宮廷内侍諸署。與門下其他官員同掌顧問應對，拾遺補闕，諫諍糾察，平議尚書奏事，有異議得駁奏。三品。

[4]本國中正：官名。即會稽國中正。是魏晋南北朝門閥制度下特設官職，有州中正、郡中正，掌鑒別州郡内之人物，並寫出評語，以爲選官時參考。此官職全由門閥士族擔任。

[5]琅邪王：王爵名。王國在今江蘇句容市。晋哀帝司馬丕即帝位前的封爵。 大司馬司馬：官名。即大司馬府的司馬。主管府内軍事。大司馬，官名。位在三公之上，三師之下，開府置僚屬，無具體職司。一品。

[6]吳興：郡名。治所在今浙江湖州市吳興區南下菰城。

［7］冠軍：官名。冠軍將軍之簡稱。將軍名號。三品。

［8］項羽：人名。即楚霸王。名籍，下相（今江蘇宿遷市）人。《史記》卷七有紀。　卞山王：傳説項羽死後任此王。卞山，在今浙江湖州市西北。

［9］尚書右僕射：官名。尚書省次官，位在左僕射下。尚書令爲宰相之任，尚書省由僕射主持工作，右僕射領祠部、儀曹。三品。此處記孔季恭遷尚書右僕射在義熙八年（412）前，誤。丁福林《校議》據《晉書》卷一〇《安帝紀》、《通鑑》卷一一六考證，孔季恭任右僕射在義熙八年二月。

［10］義熙：晋安帝司馬德宗年號（405—418）。

［11］征虜：官名。征虜將軍的簡稱。武官名號，亦可作高級文官之加官。三品。

［12］督課誦習：各本並作“計課調習”，中華本據《南史》改。

［13］領軍將軍：官名。掌禁軍及京師諸軍。三品。

［14］金紫光禄大夫：官名。光禄大夫銀章青綬，加賜金章紫綬即爲金紫光禄大夫。其禄賜、班位、冠幘、車服、佩玉及諸所賞賜，並與特進同，如爲加官，唯假章綬、禄賜，不給車服、吏卒。二品。

［15］太尉軍諮祭酒：官名。即太尉府的軍諮祭酒。位在長史之上。時劉裕任太尉。

［16］後將軍：官名。四將軍之一，爲武官名號，地位略高於一般雜號將軍，不參預朝政。三品。

［17］關、洛：地區名。指關中、洛陽。此泛指後秦政權統治區域。

［18］相國：官名。職務相當於丞相，地位高於丞相。魏晉以後，相國已非人臣之職，任者是權臣篡位之前奏。

［19］宋臺：宋王國所設中央機構。

［20］尚書令：官名。尚書省之長官。原内朝官，後出居外朝，

綜理全國政務，權如宰相。如録尚書事缺，則兼有宰相名義。三品。

[21]特進：官名。多爲加官名號，用以安置閑退大臣。朝會位在三公下。二品。　左光禄大夫：官名。作爲在朝顯職的加官，或授予年老有病致仕之官，或作爲卒後贈官以示優崇。二品。以爲加官者，唯授章綬、禄賜、班位，不别給車服、吏卒。

[22]戲馬臺：高臺名。即項羽涼馬臺。在今江蘇徐州市城區南部，爲歷代名士賦詩游樂之地，臺今尚存。

[23]開府儀同三司：官名。爲大臣的加號，意爲可以開設府署，享受與三公相同的禮儀待遇。

[24]永初：宋武帝劉裕年號（420—422）。

子山士，[1]歷顯位，侍中，會稽太守，坐小弟駕部郎道穰逼略良家子女，[2]白衣領郡。[3]元嘉二十七年，[4]卒官。

[1]子山士：中華本校勘記云："'山士'殿本作'𡶒'，各本作'𡶒'，不成字。本書《褚叔度傳》：'孔季恭子山士。'《符瑞志下》，元嘉二十年，吴興太守孔山士。《二凶傳》有吴興太守孔山士。此山士二字，誤併成𡶒。今改正。"

[2]駕部郎：官名。尚書省駕部曹長官之通稱，掌車輿畜牧。六品。　道穰：人名。即孔道穰。本書僅此一見，其事不詳。

[3]白衣領郡：免去官職後，仍主持會稽郡的工作。白衣，古代平民衣白衣，故以白衣爲平民的代稱，也代指無官職的士人。

[4]元嘉：宋文帝劉義隆年號（424—453）。

弟靈符，元嘉末，爲南譙王義宣司空長史、南郡太守，[1]尚書吏部郎。[2]世祖大明初，[3]自侍中爲輔國將軍、

郢州刺史。[4]入爲丹陽尹。[5]山陰縣土境褊狹，民多田
少，靈符表徙無貲之家於餘姚、鄞、鄮三縣界，[6]墾起
湖田。上使公卿博議，太宰江夏王義恭議曰：[7]“夫訓
農脩本，有國所同，土著之民，習翫日久，如京師無
田，不聞徙居他縣。尋山陰豪族富室，頃畝不少，貧者
肆力，非爲無處，耕起空荒，無救災歉。又緣湖居民，
魚鴨爲業，及有居肆，理無樂徙。”尚書令柳元景、右
僕射劉秀之、尚書王瓚之、顧凱之、顏師伯、嗣湘東王
彧議曰：[8]“富戶溫房，無假遷業，窮身寒室，必應徙
居。茸宇疏皋，產粒無待，資公則公未易充，課私則私
卒難具。生計既完，畲功自息，[9]宜募亡叛通恤及與樂
田者，其往經創，須粗脩立，然後徙居。”侍中沈懷文、
王景文，[10]黃門侍郎劉勰、郗顒議曰：[11]“百姓雖不親
農，不無資生之路，若驅以就田，則坐相違奪。且鄮等
三縣，去治並遠，既安之民，忽徙他邑，新垣未立，舊
居已毀，去留兩困，無以自資。謂宜適任民情，從其所
樂，開宥逋亡，且令就業，若審成腴壤，然後議遷。”
太常王玄謨議曰：[12]“小民貧匱，遠就荒疇，去舊即
新，糧種俱闕，習之既難，勸之未易。謂宜微加資給，
使得肆勤，明力田之賞，申怠惰之罰。”光祿勳王昇之
議曰：[13]“遠廢之疇，方翦荊棘，率課窮乏，其事彌
難，資徙粗立，[14]徐行無晚。”上違議，從其徙民，並
成良業。

　[1]南譙王：王爵名。王國在今安徽巢湖市居巢區東南。　義
宣：人名。即劉義宣。宋武帝劉裕第六子。初封竟陵王，後改封南

譙王，又封南郡王。本書卷六八有傳。　司空長史：官名。司空府幕僚長，總管府中庶務。　南郡：治所在今湖北荆州市荆州區。

［2］尚書吏部郎：官名。尚書省吏部曹長官的通稱。主管官吏選任銓叙調動事務，對五品以下官吏之任免有建議權。如加"參掌大選"名義，則可參議高級官吏之任免。六品。

［3］世祖：宋孝武帝劉駿廟號。　大明：宋孝武帝劉駿年號（457—464）。

［4］輔國將軍：官名。將軍名號。三品。　郢州：治所在今湖北武漢市武昌區。

［5］丹陽：郡名。治所在今江蘇南京市。丹陽郡管理首都建康，故其長官稱尹，不稱太守。

［6］鄞：縣名。治所在今浙江寧波市鄞州區。　鄮：縣名。治所在今浙江寧波市東鄮山北麓。

［7］太宰：官名。上三公之一，用作贈官以安置元老勳舊大臣，名義尊榮，無職掌。一品。　江夏王：王爵名。王國在今湖北武漢市武昌區。　義恭：人名。即劉義恭。宋武帝劉裕第五子。本書卷六一有傳。

［8］柳元景：人名。字孝仁，河東解（今山西臨猗縣）人。本書卷七七有傳。　劉秀之：人名。字道寶，東莞莒（今山東莒縣）人。本書卷八一有傳。　尚書：官名。分掌尚書諸曹。三品。　王瓚之：人名。琅邪臨沂人，王敬弘之子，官至吏部尚書、金紫光禄大夫，謚曰貞子。本書卷六六有附傳。　顧凱之：人名。又作"顧覬之"，字偉仁，吳郡吳（今江蘇蘇州市）人。本書卷八一有傳。顏師伯：人名。字長淵，琅邪臨沂人。本書卷七七有傳。　嗣：繼承君位。　湘東王：王爵名。王國在今湖南衡陽市。　或：人名。即劉彧。宋文帝劉義隆第十一子，後即帝位爲宋明帝。本書卷八有紀。又孫彪《考論》云："嗣字不瞭，疑衛尉字之誤。時太宗正爲衛尉。"引此以備一說。

［9］畬（yú）功：開墾荒田的勞動。畬，開墾過三年（一說二

年）的田地。

[10]沈懷文：人名。字思明，吳興武康（今浙江德清縣）人。
本書卷八二有傳。　王景文：人名。名彧，因避宋明帝諱，以字
行。琅邪臨沂人。本書卷八五有傳。

[11]黃門侍郎：官名。給事黃門侍郎的省稱。侍中省或門下省
次官，與侍中俱掌門下衆事，位頗重要。五品。　劉歊：人名。東
莞莒人，劉穆之之孫。事見本書卷四二《劉穆之傳》。　郗顒：人
名。曾任吳興太守，餘事不詳。

[12]太常：官名。漢時位列九卿之首，管宗廟祭祀及文化教
育。宋時禮儀郊廟制度由尚書八座及議曹裁定，太常位尊職閑。三
品。　王玄謨：人名。字彦德，太原祁（今山西祁縣）人。本書卷
七六有傳。

[13]光祿勳：官名。漢爲九卿之一，掌宮殿門户宿衛，地位重
要。宋時僅掌宮殿門户名籍，職任已輕。三品。　王昇之：人名。
琅邪臨沂人，王敬弘之孫。事見本書卷六六《王敬弘傳》。

[14]徙：各本並作“徒”，中華本據《通典·食貨典》、《元
龜》卷四八六改。

　　靈符自丹陽出爲會稽太守，尋加豫章王子尚撫軍長
史。[1]靈符家本豐，產業甚廣，又於永興立墅，[2]周回三
十三里，水陸地二百六十五頃，含帶二山，又有果園九
處。爲有司所糾，詔原之，而靈符答對不實，坐以免
官。後復舊官，又爲尋陽王子房右軍長史，[3]太守如故。
慤實有材幹，不存華飾，每所蒞官，政績脩理。前廢帝
景和中，[4]犯忤近臣，爲所譖搆，遣鞭殺之。二子湛之、
淵之於都賜死。太宗即位，[5]追賜靈符金紫光祿大夫。

[1]豫章王：王爵名。王國在今江西南昌市。　子尚：人名。即劉子尚。字孝師，孝武帝第二子。本書卷八〇有傳。　撫軍長史：官名。撫軍將軍府長史，主管府内庶務，爲幕僚之長。

[2]永興立墅：在永興縣建立一所田莊、莊園。永興，地名。在今浙江杭州市蕭山區。墅，田廬、別館。

[3]尋陽王：王爵名。王國在今江西九江市西南。　子房：人名。即劉子房。字孝良，孝武帝第六子，初封尋陽王，明帝時貶爲松滋縣侯。本書卷八〇有傳。　右軍長史：官名。即右將軍府長史。主管府内庶務，爲幕僚長。

[4]前廢帝：即劉子業。孝武帝長子。本書卷七有紀。　景和：宋前廢帝劉子業年號（465）。

[5]太宗：宋明帝劉彧廟號。

　　淵之大明中爲尚書比部郎。[1]時安陸應城縣民張江陵與妻吳共罵母黃令死，[2]黃忿恨自經死，值赦。律文，子賊殺傷毆父母，梟首；罵詈，棄市；謀殺夫之父母，亦棄市。值赦，免刑補冶。[3]江陵罵母，母以之自裁，重於傷毆。若同殺科，則疑重，用毆傷及罵科，則疑輕。制唯有打母，遇赦猶梟首，無罵母致死值赦之科。淵之議曰："夫題里逆心，而仁者不入，名且惡之，況乃人事。故毆傷呪詛，法所不原，詈之致盡，則理無可宥。罰有從輕，蓋疑失善，求之文旨，非此之謂。江陵雖值赦恩，故合梟首。婦本以義，愛非天屬，黃之所恨，情不在吳，原死補冶，[4]有允正法。"詔如淵之議，吳免棄市。

　　[1]尚書比部郎：官名。尚書省比部曹長官的通稱。隸吏部尚

書，與三公曹共掌擬定、修改法制，收藏稽核律文。六品。

[2]安陸：郡名。治所在今湖北安陸市。　應城：縣名。治所在今湖北應城市。

[3]免刑補冶：免除死刑，罰爲從事冶煉鑄造的刑徒冶士。中華本校勘記云：“‘冶’各本並作‘治’，據《南史》改。”

[4]原死補冶：中華本校勘記云：“‘冶’各本及《南史》作‘治’，涵芬樓所據三朝本作‘冶’，本不誤，後影印時又從誤本改作‘治’，今改回。《通典·刑典》作‘兵’，時冶士亦得稱兵。”

羊玄保，太山南城人也。[1]祖楷，[2]尚書都官郎。[3]父綏，[4]中書侍郎。[5]

[1]太山：郡名。治所在今山東泰安市東。　南城：縣名。治所在今山東平邑縣南。

[2]楷：人名。即羊楷。本書僅此一見，《晋書》未載。《世説新語·方正》引《羊氏譜》曰：“羊楷字道茂，祖繇，車騎掾。父忱，侍中，楷仕至尚書郎，娶諸葛恢次女。”

[3]尚書都官郎：官名。尚書省都官曹長官通稱，職掌刑事，亦佐督軍旅。六品。

[4]綏：人名。即羊綏。本書僅此一見，《晋書》未載。《世説新語·方正》引《羊氏譜》曰：“綏字仲彦，太山人。父楷，尚書郎。綏仕至中書侍郎。”

[5]中書侍郎：官名。中書省次官，令、監不在時主持中書省工作，自擬詔出令權歸中書舍人後，侍郎職閑官清。五品。

玄保起家楚臺太常博士，[1]遭母憂，服閡，右將軍何無忌、[2]前將軍諸葛長民俱板爲參軍，[3]並不就。除臨安令。[4]劉穆之舉爲高祖鎮軍參軍，[5]庫部郎，[6]永世令。[7]復爲高祖太尉參軍，轉主簿，[8]丹陽丞。[9]少帝景平二年，[10]入爲尚書右丞，[11]轉左丞，[12]司徒右長史。[13]府公王弘甚知重之，[14]謂左長史庾登之、吏部尚書王准之曰：[15]卿二賢明美朗識，會悟多通，然弘懿之望，故當共推羊也。"頃之，入爲黄門侍郎。

[1]楚臺：桓玄封楚王時所建立的楚國政府機構。　太常博士：官名。太常屬官，掌引導乘輿，擬議王公以下謚號，參議朝廷禮儀典章。六品。

[2]右將軍：官名。四將軍之一，武官名號，地位略高於雜號將軍，不典禁兵，不與朝政。三品。　何無忌：人名。東海郯（今山東郯城縣）人。北府兵將領，與劉裕共同起兵討桓玄立有大功，後在討徐道覆戰爭中戰死。《晋書》卷八五有傳。

[3]前將軍：官名。四將軍之一，職務品級與右將軍同。　諸葛長民：人名。琅邪陽都（今山東沂南縣）人。初爲桓玄部下，後與劉裕共議討桓玄，因功封新淦縣公、豫州刺史。後因反劉裕，爲劉裕所殺。《晋書》卷八五有傳。　板：官制用語。即板授。指地方軍政長官自行選用，由户曹行板文委派，未經吏部正式任命者。
參軍：官名。亦稱參軍事，爲州府諸曹長官。

[4]臨安：縣名。治所在今浙江臨安市。

[5]劉穆之：人名。字道和，東莞莒人。本書卷四二有傳。
鎮軍參軍：官名。鎮軍將軍府參軍事，爲府内諸曹長官。

[6]庫部郎：官名。尚書省庫部曹長官之通稱。掌軍器製造、保管。六品。

[7]永世：縣名。治所在今江蘇溧陽市南。

[8]太尉參軍：官名。太尉府參軍事，爲府諸曹長官。　主簿：官名。典領文書簿籍及經辦事務，職權甚重。

[9]丹陽丞：官名。丹陽尹的副手，輔佐丹陽尹處理郡務。

〔10〕少帝：劉裕長子劉義符。即位後無道，爲徐羨之、傅亮等所廢。本書卷四有紀。　景平：宋少帝劉義符年號（423—424）。

〔11〕尚書右丞：官名。尚書省佐官，位次尚書，與左丞共掌尚書省庶務。率諸都令史監督稽核尚書諸曹、郎曹政務，糾察彈劾百官，又掌本省庫藏廬舍、內外庫藏穀帛，督録地方文書奏章。六品。

〔12〕左丞：官名。即尚書左丞，又稱監司。掌督察百官，管理中央機構文書奏事，與右丞共管尚書省庶務，職權甚重。六品。

〔13〕司徒右長史：官名。司徒府僚屬長，總管府內諸曹，位次左長史。即使不設司徒，仍置司徒府，管理州郡農桑户籍、官吏考課等事，仍由左、右長史主持。六品。中華本校勘記云："司徒右長史"，各本並脱"右"字，據《南史》補。按下有左長史庾登之，則此當有"右"字。

〔14〕府公：對司徒王弘的尊稱。　王弘：人名。字休元，琅邪臨沂人。本書卷四二有傳。

〔15〕左長史：官名。即司徒左長史。位在右長史之上，職掌品級與右長史同。　庾登之：人名。字元龍，潁川鄢陵（今河南鄢陵縣）人。本書卷五三有傳。　吏部尚書：官名。尚書省吏部曹長官，諸曹尚書之首，掌管文武官吏銓選考核賞罰等事。三品。　王准之：人名。字元曾，琅邪臨沂人。"准之"各本並作"淮之"，中華本據本書卷六〇《王准之傳》改正。

善弈棋，棋品第三，太祖與賭郡戲，勝，以補宣城太守。[1]先是，劉式之爲宣城，[2]立吏民亡叛制，一人不禽，符伍里吏送州作部，[3]若獲者賞位二階。玄保以爲非宜，陳之曰："臣伏尋亡叛之由，皆出於窮逼，未有足以推存而樂爲此者也。今立殊制，於事爲苦。臣聞苦節不可貞，懼致流弊。昔龔遂譬民於亂繩，[4]緩之然後可理；黃霸以寬和爲用，[5]不以嚴刻爲先。臣愚以謂單身逃役，便爲盡户。今一人不測，坐者甚多，既憚重負，各爲身計，牽挽逃竄，必致繁滋。又能禽獲叛身，類非謹惜，既無堪能，坐陵勞吏，名器虛假，所妨實多，將階級不足供賞，[6]服勤無以自勸。又尋此制，施一邦而已。若其是邪，則應與天下爲一；若其非邪，亦不宜獨行一郡。民離憂患，[7]其弊將甚。臣忝守所職，懼難遵用，致率管穴，[8]冒以陳聞。」由此此制得停。

[1]宣城：郡名。治所在今安徽宣城市宣州區。

[2]劉式之：人名。字延叔，東莞莒人，劉穆之之中子。本書卷四二有附傳。

[3]符伍：宋政權基層組織，即里伍制度。時士人、庶人同居里伍之中，而"士人在伍，謂之押符"（本書卷四二《王弘傳》），故里伍又稱符伍。士人押符，即免除士人傳送符書（公文）的義務。詳朱紹侯《劉宋的釐定符伍制度》文。　送州作部：即服勞役。州作部，州的製造兵器部門。

[4]龔遂譬民於亂繩：典出《漢書》卷八九《龔遂傳》。漢宣帝對渤海太守龔遂説："選用賢良，固欲安之也。"遂曰："臣聞治亂民猶治亂繩，不可急也；唯緩之，然後可治。"龔遂，人名。字少卿，山陽平陽（今山東鄒城市）人，漢代著名循吏，後官至水衡都尉，以善終。

[5]黃霸以寬和爲用：典出《漢書》卷八九《黃霸傳》。漢昭帝時，"遵武帝法度，以刑罰痛繩群下，繇是俗吏上嚴酷以爲能，而（黃）霸獨用寬和爲名"。宣帝時，黃霸任潁川太守，政績突出，受到詔書表揚。黃霸，人名。字次公，淮陽陽夏（今河南太康縣）人。

［6］將階級不足供賞：將官品都用上也不足供賞賜之用。階級，
官品、等級。

［7］離：同“罹”。遭受。

［8］管穴：謙詞，狹隘的見解。

　　玄保在郡一年，爲廷尉，[1]數月，遷尚書吏部郎，
御史中丞，[2]衡陽王義季右軍長史、南東海太守，[3]加輔
國將軍。入爲都官尚書、左衛將軍，加給事中。丹陽
尹，會稽太守。又徙吴郡太守，加秩中二千石。[4]太祖
以玄保廉素寡欲，故頻授名郡。爲政雖無幹績，而去後
常見思。不營財利，處家儉薄。太祖嘗曰：“人仕宦非
唯須才，然亦須運命，每有好官缺，我未嘗不先憶羊
玄保。”

　　［1］廷尉：官名。漢時爲九卿之一，魏晋以後，修訂法律及刑
獄之政仰承尚書省，“建康三官”分掌刑獄，廷尉職權則較輕。
三品。

　　［2］御史中丞：官名。御史臺長官，掌監察、執法，常受命領
兵，出督軍旅。四品。

　　［3］南東海：郡名。治所在今江蘇鎮江市京口區。

　　［4］中二千石：官吏秩俸等級，位在真二千石、二千石、比二
千石之上，相當於九卿級官職。漢制月俸一百八十斛，一歲共得二
千一百六十斛。

　　元凶弒立，[1]爲吏部尚書，領國子祭酒，[2]尋加光禄
大夫。及世祖入討，朝野多南奔，劭集群僚，横刀怒
曰：“卿等便可去矣！”衆戰懼莫敢言，玄保容色不異，

徐曰："臣以死奉朝。"劭乃解。世祖即位，以爲散騎常侍，領崇憲衛尉。[3]尋遷金紫光禄大夫。又以謹敬見知，賜賚甚厚。大明初，進位光禄大夫。[4]五年，遷散騎常侍，特進。[5]玄保自少至老，謹於祭奠，四時珍新，未得祠薦者，口不妄嘗。八年，卒，時年九十四。諡曰定子。[6]

[1]元凶：即宋文帝劉義隆的太子劉劭。字休遠，因弑父篡位得此惡名。本書卷九九有傳。

[2]國子祭酒：官名。國子學長官，掌教授生徒儒學，主管國子學，參議禮制，隸太常。

[3]崇憲衛尉：官名。即孝武帝皇太后路淑媛所居崇憲宮的衛尉，太后三卿之一，以太后宮命名，掌太后宮禁。三品。

[4]光禄大夫：官名。本書卷六《孝武帝紀》作"右光禄大夫"。

[5]遷散騎常侍，特進：《南史》卷三六《羊玄保傳》作"加散騎常侍、特進"。

[6]定：按《諡法》："大慮靜民曰定。""純行不爽曰定。"

子戎，有才氣，而輕薄少行檢。玄保嘗云："此兒必亡我家。"官至通直郎。[1]與王僧達謗議時政，[2]賜死。死後世祖引見玄保，玄保謝曰："臣無日磾之明，以此上負。"上美其言。戎二弟，太祖並賜名，曰咸，曰粲。謂玄保曰："欲令卿二子有林下正始餘風。"[3]

[1]通直郎：官名。通直散騎侍郎的簡稱，屬散騎省，職同散騎侍郎。東晉置，參平尚書奏事，兼掌侍從、諷諫，至宋地位較

輕，常授衰老之士，多爲加官。五品。

[2]王僧達：人名。琅邪臨沂人，王弘少子。本書卷七五有傳。

[3]欲令卿二子有林下正始餘風：劉義隆替羊玄保二子起名咸、
粲，即指阮咸、王粲爲名，乃竹林七賢及建安七子中人物，意欲使
羊咸、羊粲能談玄説易，恢復正始時期的名士風流。正始，三國魏
齊王芳年號（240—249）。正始時期談玄盛行，稱爲正始之風或正
始之音。

　　玄保既善棋，而何尚之亦雅好棋。[1]吳郡褚胤，[2]年
七歲，入高品。及長，冠絶當時。胤父榮期與臧質同
逆，[3]胤應從誅，何尚之請曰：“胤弈棋之妙，超古冠
今。魏犨犯令，以才獲免。[4]父戮子宥，其例甚多。特
乞與其微命，使異術不絶。”不許，時人痛惜之。

[1]何尚之：人名。字彦德，廬江灊（今安徽霍山縣）人。本
書卷六六有傳。

[2]褚胤：人名。本書僅此一見，《南史》二見，均記褚胤爲
棋藝之奇才，餘事不詳。

[3]榮期：人名。即褚榮期。本書僅此一見，其事不詳。　臧
質：人名。字含文，東莞莒人。本書卷七四有傳。

[4]魏犨犯令，以才獲免：典出《左傳》僖公二十八年。晋文
公伐曹，入曹後文公下令不許進入曹賢大夫僖負羈之宫。魏犨、顛
頡違令火燒僖負羈之宫。晋文公欲殺魏犨，“而愛其才，乃舍之”，
獨殺顛頡。

　　玄保兄子希字泰聞，少有才氣。大明初，[1]爲尚書
左丞。時揚州刺史西陽王子尚上言：[2]“山湖之禁，雖
有舊科，民俗相因，替而不奉，爇山封水，保爲家

利。[3]自頃以來，頹弛日甚，富强者兼嶺而占，貧弱者薪蘇無託，至漁採之地，亦又如兹。斯實害治之深弊，爲政所宜去絶，損益舊條，更申恒制。"[4]有司撿壬辰詔書：[5]"占山護澤，强盜律論，贓一丈以上，皆棄市。"希以"壬辰之制，其禁嚴刻，事既難遵，理與時弛。而占山封水，漸染復滋，更相因仍，便成先業，一朝頓去，易致嗟怨。今更刊革，立制五條。凡是山澤，先常燻爐種養竹木雜果爲林芿，[6]及陂湖江海魚梁鰌鮆場，常加功修作者，聽不追奪。官品第一、第二，聽占山三頃；第三、第四品，二頃五十畝；第五、第六品，二頃；第七、第八品，一頃五十畝；第九品及百姓，[7]一頃。皆依定格，條上貲簿。若先已占山，不得更占；先占闕少，依限占足。若非前條舊業，一不得禁。有犯者，水土一尺以上，並計贓，依常盜律論。停除咸康二年壬辰之科"。從之。

[1]大明初：丁福林《校議》據本書卷四二《劉瑀傳》考證，"大明初"乃"孝建初"之誤。

[2]揚州：治所在今江蘇南京市。　西陽王：王爵名。王國在今湖北黃岡市黃州區東。　子尚：人名。即劉子尚。字孝師，孝武帝第二子，初封西陽王，後封豫章王。本書卷八〇有傳。

[3]燻（xì）山封水，保爲家利：這是西陽王子尚上奏章揭露豪族、門閥、官僚兼併山澤的嚴峻形勢。他們燒山開荒，封水霸占水源，建立田莊，以保障私家利益。燻山，燒山。

[4]損益舊條，更申恒制：這是羊希打著修訂舊的法律條文、重申永恒制度的招牌，以維護豪族、門閥、官僚兼併山澤的既得利益。

[5]壬辰詔書：指東晉成帝司馬衍咸康二年（336）壬辰日（四月一日）所頒布的限制臣民占有山澤數量的詔書。內容已失傳。

[6]先常燒爐種養竹木雜果爲林芿（réng）：意爲燒山開荒種養竹林水果及長出新草原的地方。"雜果"《通典·食貨典》作"薪果"。又各本並脱"芿"字，中華本據《南史》補。又《南史》"芿"字，《通典·食貨典》及《元龜》卷四九五作"仍"。按"仍""芿"古今字，意即草不剪。謂陳根草不芟，新草又生，前後相因即仍。《列子·黃帝篇》："藉芿燔林。"

[7]百姓：此處所指非窮苦農民，乃指無官職的地主。

　　益州刺史劉瑀，[1]先爲右衛將軍，與府司馬何季穆共事不平。[2]季穆爲尚書令建平王宏所親待，[3]屢毁瑀於宏。會瑀出爲益州，奪士人妻爲妾，宏使羊希彈之，瑀坐免官，瑀恨希切齒。有門生謝元伯往來希間，[4]瑀令訪訊被免之由。希曰："此奏非我意。"瑀即日到宏門奉牋陳謝，云聞之羊希。希坐漏泄免官。

[1]益州：治所在今四川成都市。　劉瑀：人名。字茂琳，東莞莒人，劉穆之之孫。本書卷四二有附傳。

[2]何季穆：人名。廬江（今安徽舒城縣）人，曾任鎮北將軍劉景素司馬。廢帝時劉景素進攻臺城兵敗被殺，何季穆因先已遷官而幸免於難。齊受禪後劉瑀上書給齊高帝蕭道成，内稱"何季穆等，宣簡王之舊也，王提挈以升之"，説明何季穆已倒向蕭道成，並受到提拔。

[3]建平王：王爵名。王國在今重慶巫山縣北。　宏：人名。即劉宏。字休度，文帝第七子。本書卷七二有傳。

[4]門生：依附於官僚士族門下供役使的人，經座主推薦可以進入仕途。　謝元伯：人名。本書僅此一見，其事不詳。

大明末，爲始安王子真征虜司馬，[1]黄門郎，御史中丞。泰始三年，[2]出爲寧朔將軍、廣州刺史。[3]希初請女夫鎮北中兵參軍蕭惠徽爲長史，[4]帶南海太守，[5]太宗不許。又請爲東莞太守。希既到鎮，長史、南海太守陸法真喪官，[6]希又請惠徽補任。詔曰：“希卑門寒士，累世無聞，輕薄多釁，備彰歷職。徒以清刻一介，[7]擢授嶺南，干上逞欲，求訴不已，可降號橫野將軍。”[8]

[1]始安王：王爵名。王國在今廣西桂林市。　子真：人名。即劉子真。字孝貞，孝武帝十一子。本書卷八〇有傳。　征虜司馬：官名。即征虜將軍府司馬。參贊軍務，高級幕僚。

[2]泰始：宋明帝劉彧年號（465—471）。

[3]寧朔將軍：官名。原爲幽州地區軍事長官，改管廣州軍務。四品。　廣州：治所在今廣東廣州市。

[4]鎮北中兵參軍：官名。即鎮北將軍府中兵參軍事，掌軍府中兵曹事務，兼備參謀咨詢。　蕭惠徽：人名。本書僅此一見，其事不詳。

[5]南海：郡名。治所在今廣東廣州市。

[6]陸法真：人名。吳郡人，曾任劉秀之安北録事參軍，“持身至清，雅有志節。年高官下，秉操不衰”。事見本書卷九二有附傳。　喪官：卒於官。

[7]清刻一介：清嚴苛刻又藐小微不足道的人。一介，微末藐小。

[8]橫野將軍：官名。雜號將軍中地位較低者。意爲祇降將軍號，保留廣州刺史職務。

　　初，李萬周、劉嗣祖籍略廣州，[1]事在《鄧琬傳》。太宗以萬周爲步兵校尉，[2]加寧朔將軍，權行廣州事。[3]希既至，而萬周等並有異圖，希誅之。希以沛郡劉思道行晉康太守，[4]領兵伐俚。[5]思道違節度，失利，希遣收之。思道不受命，率所領攻州，希遣平越長史鄒琰於朝亭拒戰，[6]軍敗見殺。思道進攻州城，司馬鄒嗣之拒之西門，[7]戰敗又死。希踰城走，思道獲而殺之。[8]府參軍鄒曼率數十人襲思道，[9]已得入城，力不敵，又敗。東莞太守蕭惠徽率郡文武千餘人攻思道，[10]戰敗，又見殺。時龍驤將軍陳伯紹率軍伐俚，[11]還擊思道，定之。贈希輔國將軍，惠徽中書郎，[12]嗣之越騎校尉。[13]

[1]李萬周：人名。原爲廣州刺史袁曇遠部將。前廢帝政治混亂，始興郡士人劉嗣祖乘機起兵，袁曇遠命李萬周討劉嗣祖。中嗣祖反間計而攻入廣州，殺刺史袁曇遠，劫掠卸任交州刺史檀翼貲貨巨萬。明帝即任命李萬周爲步兵校尉，行廣州刺史事。萬周後被羊希所殺。　劉嗣祖：人名。始興士人，乘前廢帝政治混亂之機率衆起兵，殺知郡事五官掾譚伯初。鄧琬派將討伐，嗣祖遂與齊王世子蕭賾合兵抗擊，其後情況不明。　籍略：亦作“藉略”，搶掠劫奪。

[2]步兵校尉：官名。皇帝侍衛武官，用以安置勳舊武臣。四品。

[3]權行廣州事：代理廣州刺史。權，官制用語。代理、兼攝官職。

[4]沛郡：北朝治所在今安徽蕭縣西北。　劉思道：人名。其事盡載本卷。　晉康：郡名。治所在今廣東德慶縣。

[5]俚：族名。古代居住在廣東的少數民族，是黎族的祖先。

[6]平越長史：官名。平越將軍府的幕僚長，主管府中庶務。

　　鄒琰：人名。本書僅此一見，其事不詳。　　朝亭：亭名。一作"朝臺"，在今廣東廣州市西北。

　　[7]鄒嗣之：人名。本書僅此一見，其事不詳。

　　[8]希踰城走，思道獲而殺之：《通鑑》卷一三二所記與此相同。《建康實錄》、本書卷八《明帝紀》則云："（泰始四年三月）交州人李長仁據州城叛。妖賊攻廣州，殺刺史羊希。"應以本傳爲是。

　　[9]鄒曼：人名。本書僅此一見。

　　[10]東莞：郡名。查本書《州郡志》，廣州無東莞郡，而有東官郡，其治所在寶安縣，故知東官郡即東莞郡。

　　[11]龍驤將軍：官名。將軍名號。三品。　　陳伯紹：人名。曾任東莞太守、龍驤將軍、交州刺史、西江都護、越州刺史等職。在越州頗有政績。《南齊書·州郡志上》稱其"始立州鎮，穿山爲城門，咸服俚獠"。

　　[12]中書郎：官名。中書通事郎的簡稱。此爲死後贈官，屬榮譽頭銜。

　　[13]越騎校尉：官名。侍衛武官，用以安置勳舊武臣。四品。

　　希子崇字伯遠，尚書主客郎。[1]丁母憂，哀毀過禮。及聞廣州亂，即日便徒跣出新亭，[2]不能步涉，頓伏江渚。門義以小船致之，[3]於是進路。父葬畢，不勝哀，卒。

　　[1]尚書主客郎：官名。尚書省主客曹長官的通稱，掌少數民族蕃國朝聘接待之事。六品。

　　[2]新亭：亭名。又名中興亭。在今江蘇南京市西南。

　　[3]門義：門生及義從的合稱。是士族、官僚的依附人口，地位高於僮奴。經座主推薦可以進入仕途。

沈曇慶，吳興武康人，侍中懷文從父兄也。[1]父發，[2]員外散騎侍郎，[3]早卒。吳興太守王韶之爲之誄焉。[4]

[1]懷文：人名。即沈懷文。字思明。本書卷八二有傳。

[2]發：人名。即沈發。本書僅此一見，其事不詳。

[3]員外散騎侍郎：官名。屬散騎省，爲閑散之職，用以安置閑退官員及衰老人士。五品。

[4]王韶之：人名。字休泰，琅邪臨沂人。本書卷六〇有傳。誄文已佚。

曇慶初辟主簿，[1]州從事，[2]西曹主簿，[3]長沙王義欣後軍、鎮軍主簿。[4]遭母憂，哀毀致稱，本縣令諸葛闡之公解言上。[5]服釋，復爲主簿。義欣又請爲鎮軍記室參軍。[6]出爲餘杭令，[7]遷司徒主簿，[8]江夏王義恭太尉録事參軍，[9]尚書右丞。[10]時歲有水旱，曇慶議立常平倉以救民急，太祖納其言，而事不行。領本邑中正，少府，[11]揚州治中從事史，[12]始興王濬衛軍長史。[13]元凶弒立，世祖入討，劭遣曇慶還東募人，安東將軍隨王誕收付永興縣獄。[14]久之，被原。

[1]主簿：從下文“州從事”推斷，疑爲“郡主簿”。

[2]州從事：官名。州的屬吏，由刺史自辟的百石小吏。

[3]西曹主簿：官名。西曹掌州府諸曹吏員選舉事，主簿典領文書簿籍及經辦事務。位在別駕、治中下，書佐上。

[4]長沙王：王爵名。王國在今湖南長沙市。　義欣：人名。

即劉義欣。長沙王劉道憐長子，嗣爵。本書卷五一有附傳。　後軍、鎮軍主簿：官名。即後將軍府、鎮軍將軍府主簿。按：劉義欣先任後將軍，後升鎮軍將軍，沈曇慶隨府轉任，主管文書簿籍及經辦事務。

[5]諸葛闡之：人名。琅邪陽都人。文帝時曾任富陽縣令，禁斷夏至日五絲命縷之習。後任淮南太守，主動要求減郡內官俸，以舒國難（拓拔燾入侵）。　公解言上：公文評爲上品。解，古代下級向上級的行文。

[6]記室參軍：官名。記室曹長官，掌文書表奏。

[7]餘杭：縣名。治所在今浙江杭州市餘杭區西南餘杭鎮南苕溪南岸。

[8]司徒主簿：官名。司徒府主簿，掌府內文書簿籍及應辦事務。

[9]太尉録事參軍：官名。太尉府録事參軍事，録事曹長官，掌總録衆曹文簿，舉彈善惡，位在列曹參軍上。六品。

[10]尚書右丞：官名。丁福林《校議》引《南史》卷三七《沈慶之傳》作“尚書左丞”。

[11]少府：官名。漢列九卿，魏晉以後主要管理宮廷手工業。三品。從沈曇慶所經歷的官職來推斷，此少府不是中央政府的少府，而是州府中管理財務的官。

[12]治中從事史：官名。簡稱治中，掌州府衆曹文書事，多以六品官充任。

[13]始興王：王爵名。王國在今廣東韶關市東南蓮花嶺下。濬：人名。即劉濬，字休明，文帝次子。本書卷九九有傳。　衛軍長史：官名。衛將軍府長史，主管府內庶務。

[14]安東將軍：官名。四安將軍之一。三品。　隨王：王爵名。王國在今湖北隨州市。　誕：人名。即劉誕。字休文，文帝第六子。初封廣陵王，再封隨郡王，後封竟陵王。本書卷七九有傳。
永興縣：治所在今浙江杭州市蕭山區。

世祖踐阼，除東海王禕撫軍長史，[1]入爲尚書吏部郎，江夏王義恭大司馬長史、南東海太守，[2]左衛將軍。大明元年，督徐兗二州及梁郡諸軍事、輔國將軍、徐州刺史。[3]時殿中員外將軍裴景仁助成彭城，[4]本傖人，[5]多悉戎荒事。曇慶使撰《秦記》十卷，叙苻氏僭僞本末，其書傳於世。[6]明年，復徵爲左衛將軍，加給事中，[7]領本州大中正。三年，遷祠部尚書。[8]其年，卒。時年五十七。追贈本官。曇慶謹實清正，所莅有稱績。常謂子弟曰：“吾處世無才能，政圖作大老子耳。”世以長者稱之。

[1]東海王：王爵名。王國在今山東蒼山縣南。　禕：人名。即劉禕。字休秀，文帝第八子。初封東海王，後封廬江王。本書卷七九有傳。　撫軍長史：官名。撫軍將軍府幕僚長，掌府中庶務。

[2]大司馬長史：官名。大司馬府幕僚長，掌府中庶務。

[3]督諸軍事：官名。地方軍事長官，地位在都督或監軍事之下。　徐：州名。治所在今江蘇徐州市。　兗：州名。治所在今山東兗州市。　梁郡：治所在今安徽碭山縣。丁福林《校議》據本書卷六《孝武帝紀》、卷七八《蕭思話傳》、卷五〇《垣護之傳》考證，“梁郡”之前佚“豫州之”三字。

[4]殿中員外將軍：官名。即正員之外增設的殿中將軍，侍衛武職，不領兵。六品。　裴景仁：人名。本書僅此一見，其事不詳。

[5]傖人：南朝人對北方人的蔑稱。

[6]其書傳於世：據《隋書·經籍志二》：“《秦記》十一卷，宋殿中將軍裴景仁撰，梁雍州主簿席惠明注。”《新唐書·藝文志》

《舊唐書·經籍志》亦有記載，但至趙宋時已失傳。

[7]加：官制用語。原職之外增授其他職銜或虛銜。　給事中：官名。給事禁中，常侍皇帝左右，顧問應對，分平尚書奏事。五品。

[8]祠部尚書：官名。掌宗廟祭祀禮樂制度，領祠部、儀曹二曹郎。三品。

史臣曰：[1]江南之爲國盛矣，雖南包象浦，[2]西括邛山，[3]至於外奉貢賦，内充府實，止於荆、揚二州。自漢氏以來，民户彫耗，荆楚四戰之地，五達之郊，井邑殘亡，萬不餘一也。自義熙十一年司馬休之外奔，[4]至于元嘉末，三十有九載，兵車勿用，民不外勞，役寬務簡，氓庶繁息，至餘糧栖畝，户不夜扃，蓋東西之極盛也。既揚部分析，境極江南，考之漢域，惟丹陽、會稽而已。自晉氏遷流，迄於太元之世，[5]百許年中，無風塵之警，區域之内，晏如也。及孫恩寇亂，殲亡事極，自此以至大明之季，年踰六紀，[6]民户繁育，將曩時一矣。地廣野豐，民勤本業，一歲或稔，則數郡忘飢。會土帶海傍湖，良疇亦數十萬頃，膏腴上地，畝直一金，鄠、杜之間，[7]不能比也。荆城跨南楚之富，揚部有全吴之沃，魚鹽杞梓之利，充仞八方，絲綿布帛之饒，覆衣天下。而田家作苦，役難利薄，亘歲從務，無或一日非農，而經税横賦之資，養生送死之具，莫不咸出於此。穰歲糶賤，糶賤則稼苦；饑年糴貴，糴貴則商倍。常平之議，行於漢世。元嘉十三年，東土潦浸，民命棘矣。[8]太祖省費减用，開倉廩以振之，病而不凶，蓋此力也。大明之末，積旱成災，雖敝同往困，而救非昔主，所以病未半古，死已倍之，并命比室，口減過半。若常平之計，興於中年，遂切扶患，或不至是。若籠以平價，則官苦民優，議屈當時，蓋由於此。

[1]史臣曰：是沈約根據各卷不同內容在卷後所發表的史論，而以本卷最爲精彩。他概括地評論了自東晉特別是到宋時期江南的經濟發展情況。論中非常關心農民的疾苦及天災與人禍的關係。此段史論嚮爲史家所重視和引用。

[2]象浦：地名。在今越南廣南省維川縣南茶轎。

[3]邛山：山名。即邛崍山，在今四川滎經縣西南。

[4]義熙：各本並作“元熙”，中華本據本書《武帝紀》改正。司馬休之：人名。字季預。東晉皇族，因反對劉裕篡晉，於義熙十一年（415）失敗後投奔後秦，後又轉投北魏，死於途中。《晉書》卷三七有附傳。

[5]太元：晉孝武帝司馬曜年號（376—396）。

[6]年踰六紀：時間超過七十二年。此是虛數非實數。按：十二年爲一紀，六紀爲七十二年。孫恩於公元399年起事，至宋孝武帝大明年間（457—464），最多有六十六年，故知此六紀爲約數。

[7]鄠、杜之間：指今陝西戶縣及西安市長安區一帶地區，古時爲肥沃之地。鄠，縣名。治所在今陝西戶縣北。杜，縣名。治所在今陝西西安市長安區西。

[8]民命棘矣：民命危急了。棘，危急，艱難。《詩·小雅·出車》：“王事多難，維其棘矣。”鄭玄《箋》：“棘，急也。”丁福林《校議》據本書卷五《文帝紀》、《五行志四》、《通鑑》卷一二三考證，水災應在元嘉十二年（435）六月，此處記十三年，誤。

宋書　卷五五

列傳第十五

臧燾　徐廣　傅隆

　　臧燾字德仁，東莞莒人，[1]武敬皇后兄也。[2]少好學，善"三禮"。[3]貧約自立，操行爲鄉里所稱。晋孝武帝太元中，[4]衛將軍謝安始立國學，[5]徐、兗二州刺史謝玄舉燾爲助教。[6]

　　[1]東莞：郡名。　莒：縣名。治所均在今山東莒縣。
　　[2]武敬皇后：即宋武帝劉裕臧皇后。名愛親。本書卷四一有傳。
　　[3]三禮：《周禮》《儀禮》《禮記》三部文獻的合稱。
　　[4]晋孝武帝：皇帝謚號。即司馬曜。《晋書》卷九有紀。太元：晋孝武帝司馬曜年號（376—396）。
　　[5]衛將軍：官名。位在諸名號大將軍之上，東晋甚重其職，常以中書監、尚書令等權臣兼任。二品。　謝安：人名。字安石，陳郡陽夏（今河南太康縣）人，東晋名相，以淝水之戰名傳後世。《晋書》卷七九有傳。　國學：即國子學。國立儒學最高學府。據

《建康實錄》卷九：“（太元）十年春，尚書令謝石以學校陵遲，上疏請興復國學於太廟之南。”

[6]徐：州名。治所在今江蘇徐州市。　兗：州名。治所在今山東兗州市。　謝玄：人名。字幼度，謝安侄，亦以淝水之戰名揚天下。《晋書》卷七九有附傳。　助教：官名。國子學屬官，協助博士教授生徒。

孝武帝追崇庶祖母宣太后，[1]議者或謂宜配食中宗。[2]燾議曰：“《陽秋》之義，[3]母以子貴，[4]故仲子、成風，咸稱夫人。[5]《經》云‘考仲子之宫’，[6]若配食惠廟，則宫無緣別築。[7]前漢孝文、孝昭太后，[8]並繫子爲號，[9]祭於寢園，不配於高祖、孝武之廟。[10]後漢和帝之母曰恭懷皇后，[11]安帝祖母曰〔敬隱皇后，順帝之母曰〕恭愍皇后，[12]雖不繫子爲號，亦祭於陵寢，不配章、安二帝。[13]此則二漢雖有太后、皇后之異，至於並不配食，義同《陽秋》。唯光武追廢吕后，故以薄后配高祖廟。[14]又衛后既廢，霍光追尊李夫人爲皇后，[15]配孝武廟，此非母以子貴之例，直以高、武二廟無配故耳。夫漢立寢於陵，自是晋制所異。謂宜遠准《陽秋》考宫之義，近摹二漢不配之典，尊號既正，則罔極之情申，別建寢廟，則嚴禰之義顯，[16]繫子爲稱，兼明母貴之所由，一舉而允三義，固哲王之高致也。”議者從之。

[1]庶祖母宣太后：即晋簡文宣鄭太后。名阿春，河南滎陽人。《晋書》卷三二有傳。

[2]中宗：晋元帝司馬睿廟號。

[3]《陽秋》：書名。即《春秋》。因避晋簡文宣鄭太后阿春之

諱，改《春秋》爲《陽秋》。

[4]母以子貴：語見《春秋公羊傳》隱公元年注曰："妾子立，則母得爲夫人。"

[5]故仲子、成風，咸稱夫人：所以仲子、成風以子而貴，均得以稱夫人。仲子，魯惠公之母，原爲魯孝公妾，因生惠公，母以子貴而稱夫人。成風，魯僖公之母，原爲魯莊公之妾，因生僖公得尊爲夫人。

[6]考仲子之宮：語出《春秋》隱公五年。意爲建成仲子的宮寢。考，成也。

[7]若配食惠廟，則宮無緣別築：假如仲子配祭於惠廟，就沒有理由爲仲子另築宮寢。

[8]前漢孝文、孝昭太后：指漢文帝母高祖劉邦之薄姬、漢昭帝母武帝之鈎弋趙婕妤。《漢書》卷九七上有傳。

[9]並繫子爲號：指文帝母薄姬、昭帝母趙婕妤，雖在文帝、昭帝即位後被追尊皇太后，但都是繫其子之號，稱孝文太后、孝昭太后。

[10]不配於高祖、孝武之廟：指薄姬、趙婕妤雖被追尊爲太后，也不配祭於高祖劉邦、武帝劉徹之廟，而另建寢宮以祭祀。

[11]後漢和帝之母曰恭懷皇后：即章帝梁貴人，爲竇皇后所譖，憂鬱而死。竇太后死後，和帝追尊其母梁貴人爲皇后，並以恭懷梁皇后的名義，改葬於西陵。事見《後漢書》卷四《和帝紀》。

[12]安帝祖母曰敬隱皇后，順帝之母曰恭愍皇后：安帝祖母宋貴人，在鄧太后死後，安帝尊其祖母宋貴人爲敬隱皇后。事見《後漢書》卷五《安帝紀》。順帝之母曰恭愍皇后，即李氏，爲閻皇后所害。順帝即位尊其母李氏爲恭愍皇后，改葬於恭北陵。事見《後漢書》卷六《順帝紀》。各本並脫"敬隱皇后順帝之母曰"九字，中華本據《元龜》卷五七六補。

[13]不配章、安二帝：意爲恭懷、恭愍雖有皇后之名，而不配祭於章、安二帝廟。

[14]光武追廢呂后，故以薄后配高祖廟：事見《後漢書》卷一下《光武皇帝紀下》載，"（中元元年冬十月）甲申，使司空告祠高廟"。文繁不録。呂后，名雉，劉邦皇后。《漢書》卷三有紀。

[15]衛后既廢，霍光追尊李夫人爲皇后：事見《漢書》卷九七上《孝武李夫人傳》，文繁不録。

[16]嚴禰之義顯：祭祀父廟的真義得以顯現。禰，父廟。《公羊傳》隱公元年何休注："生稱父，死稱考，入廟稱禰。"

　　頃之，去官。以母老家貧，[1]與弟熹俱棄人事，[2]躬耕自業，約己養親者十餘載。父母喪亡，居喪六年，以毀瘠著稱。服闋，除臨沂令。[3]

　　[1]以母老家貧：丁福林《校議》據《南史》卷一八《臧燾傳》作"以父母老家貧"，此處"以"字後佚一"父"字。應據補。

　　[2]熹：人名。即臧熹。字義和，臧質之父。事見本書卷七四《臧質傳》。　人事：仕途。陶潛《歸去來兮辭》："嘗從人事。"王瑶注："人事，指仕途。"

　　[3]臨沂：縣名。治所在今山東費縣東。

　　義旗建，爲太學博士，[1]參右將軍何無忌軍事，[2]隨府轉鎮南參軍。[3]高祖鎮京口，[4]與熹書曰："頃學尚廢弛，後進頹業，衡門之內，[5]清風輟響。良由戎車屢警，禮樂中息，浮夫恣志，[6]情與事染，豈可不敷崇墳籍，[7]敦厲風尚。此境人士，子姪如林，明發搜訪，想聞令軌。[8]然荆玉含寶，[9]要俟開瑩，幽蘭懷馨，事資扇發，獨習寡悟，義著周典。[10]今經師不遠，而赴業無聞，非唯志學者鮮，或是勸誘未至邪。想復弘之。"參高祖中軍軍事，^[11]入補尚書度支郎，^[12]改掌祠部。^[13]襲封高陵亭侯。^[14]

[1]太學博士：官名。教授太學生，兼備咨詢，參議禮儀。六品。

[2]參軍事：官名。即何無忌右將軍府參軍事，爲府內諸曹長官。　何無忌：人名。東海郯（今山東郯城縣）人，與劉裕共同起兵討桓玄，屢立戰功，官至鎮南將軍，後在與徐道覆作戰中戰死。《晉書》卷八五有傳。

[3]隨府轉鎮南參軍：隨何無忌由右將軍升任鎮南將軍，而轉爲鎮南將軍府參軍事。"參軍"，各本並作"將軍"，中華本據《南史》改。

[4]京口：地名。又稱北府、京城，在今江蘇鎮江市京口區。

[5]衡門：橫木爲門，指房屋簡陋，爲窮人所居。《漢書》卷七三《韋玄成傳》："使得自安衡門之下。"師古注："橫一木於門上，貧者之所居也。"

[6]浮夫：輕浮的人。　恣：各本並作"近"，中華本據《元龜》卷一九三改。

[7]墳籍：古代典籍。

[8]令軌：良好的法度、制度。

[9]荆玉：荆山之玉，即和氏璧。此處喻指賢才。

[10]獨習寡悟，義著周典：《禮記·學記》："獨學而無友，則孤陋而寡聞。"劉裕即套用此語。周典即指《禮記》。

[11]參高祖中軍軍事：即劉裕直屬部隊的參軍事。高祖，宋武帝劉裕廟號。

[12]尚書度支郎：官名。尚書省度支曹長官的通稱，掌會計軍國財用，隸度支尚書。六品。

　　[13]祠部：官署名。尚書祠部曹的簡稱。實指臧燾改任尚書祠部郎，掌宗廟祭祀禮樂制度。隷祠部尚書。六品。

　　[14]亭侯：各本並脱“亭”字，中華本據《南史》補。張森楷云：“按燾前人初未封侯，何以云‘襲’？疑‘襲’字衍。”

　　時太廟鴟尾災，[1]燾謂著作郎徐廣曰：[2]“昔孔子在齊，聞魯廟災，曰必桓、僖也。[3]今征西、京兆四府君，[4]宜在毁落，而猶列廟饗，此其徵乎？”乃上議曰：“臣聞國之大事，在祀與戎，將營宫室，宗廟爲首。古先哲王，莫不致肅恭之誠心，盡崇嚴乎祖考，然後能流淳化於四海，通幽感於神明，固宜詳廢興於古典，循情禮以求中者也。《禮》：‘天子七廟，三昭三穆，與太祖而七。’[5]自考廟以至祖考五廟，皆月祭之，‘遠廟爲祧，有二祧，享嘗乃止。[6]去祧爲壇，去壇爲墠，有禱然後祭之’。[7]此宗廟之次、親疏之序也。鄭玄以爲祧者文王、武王之廟，[8]王肅以爲五世、六世之祖。[9]尋去祧之言，則祧非文、武之廟矣。文、武周之祖、宗，[10]何云去祧爲壇乎？明遠廟爲祧者，無服之祖也。[11]又遠廟則有享嘗之禮，[12]去祧則有壇墠之殊，明世遠者，其義彌疏也。若祧是文、武之廟，宜同月祭於太祖。[13]雖推后稷以配天，[14]由功德之所始，非尊崇之義每有差降也。又禮有以多貴者，故《傳》稱‘德厚者流光，德薄者流卑’。[15]又云：‘自上以下，降殺以兩，禮也。’[16]此則尊卑等級之典，上下殊異之文。而云天子諸侯俱祭五廟，何哉？又王祭嫡殤，[17]下及來孫，[18]而上祀之禮，不過高祖。推隆恩於下流，替誠敬於尊屬，亦非聖人制禮之意也。是以泰始建廟，從王氏議，[19]以禮父爲士，子爲天子諸侯，祭以天子諸侯，其尸服以士服。[20]故上及征西，以備六世之數，宣皇雖爲太祖，[21]尚在子孫之位。至於殷祭之日，[22]未申東向之禮，[23]所謂子雖齊聖，不先父食者矣。今京兆以上既遷，太祖始得居正。[24]議者以昭穆未足，欲屈太祖於卑坐，臣以爲非禮典之旨。所謂與太祖而七，[25]自是昭穆既足，太祖在六世之外，非爲須滿七廟，乃得居太祖也。議者又以四府君神主宜永同於殷祫，[26]臣又以爲不然。《傳》所謂'毀廟之主，陳乎太祖'，[27]謂太祖以下先君之主也。故《白虎通》云：'禘祫祭遷廟者，以其繼君之體，持其統而不絕也。'[28]豈如四府君在太祖之前乎？[29]非繼統之主，無靈命之瑞，[30]非王業之基，昔以世近而及，今則情禮已遠，而當長饗殷祫，永虛太祖之位，求之禮籍，未見其可。昔永和之初，大議斯禮，[31]于時虞喜、范宣並以淵儒碩學，[32]咸謂四府君神主，無緣永存於百世，或欲瘞之兩階，[33]或欲藏之石室，或欲爲之改築，雖所秉小異，而大歸是同。若宣皇既居群廟之上，而四主禘祫不已，則大晋殷祭，長無太祖之位矣。夫理貴有中，不必過厚，禮與世遷，豈可順而不斷。故臣子之情雖篤，而靈屬之謚彌彰，追遠之懷雖切，而遷毀之禮爲用。豈不有心於加厚，顧禮制不可踰爾。石室則藏於廟北，改築則未知所處，虞主所以依神，[34]神移則有瘞埋之禮。四主若饗祀宜廢，亦神之所不依也。准傍事例，宜同虞主之瘞埋。然經典難詳，群言紛錯，非臣卑淺所能折中。"

時學者多從纂議，竟未施行。

[1]太廟：晋皇室的祖廟。　鴟尾：太廟屋脊兩端裝飾性構件，以外形似鴟尾而得名。

[2]著作郎：官名。掌撰寫國史及起居注，亦兼管秘書省所藏典籍，爲清要之官。多由文學名士充任，爲宗室、士族起家之官。六品。　徐廣：人名。本卷有傳。

[3]孔子在齊，聞魯廟災，曰必桓、僖也：《左傳》哀公三年所記稍異，言：“孔子在陳，聞火，曰：‘其桓、僖乎！’”正義曰：“禮，諸侯親廟四焉，高祖之父，即當毁其廟。計桓之於哀，八世祖也，僖，六世祖也。親盡而廟不毁，言其宜爲天所災也。”

[4]征西、京兆四府君：即指司馬懿的高祖征西將軍司馬鈞、曾祖豫章太守司馬量、祖父潁川太守司馬雋、父京兆尹司馬防。晋武帝司馬炎即皇帝位，建立七廟，其中包括四府君及宣帝司馬懿、景帝司馬師、文帝司馬昭。到東晋安帝時，四府君均已超過七世，其廟早該毁落。這就是臧纂所議論的中心主題。

[5]天子七廟，三昭三穆，與太祖而七：語出《禮記・王制》。七廟即太祖加三昭三穆。昭穆，是宗廟神主排列的順序。其原則是左昭右穆，父昭子穆。太祖居中，其子排左邊首位爲昭，其孫排右邊首位爲穆。其孫之子排左邊第二位爲昭，其四世孫排在右邊第二位爲穆。其五世孫排在左邊第三位爲昭，其六世孫排在右邊第三位爲穆。這就是天子七廟。

[6]遠廟爲祧：語出《禮記・祭法》。孫希旦解：“蓋謂高祖之父、高祖之祖之廟也。謂之遠廟者，言其數遠而將遷也。”　二祧：即高祖之父、祖之廟。　享嘗：四時之祭，此句意爲不得月祭，但享四時之祭。

[7]去祧爲壇，去壇爲墠，有禱然後祭之：此語亦出《禮記・祭法》，但《禮記》最後一句爲“壇、墠有禱焉祭之”，與此稍異。

王引之認爲壇、墠的祭祀對象，是二祧廟所祭之祖再往上數二代之祖，故王引之曰：“去祧爲壇，則當爲祖考之皇考；去壇爲墠，當爲祖考之顯考。”

［8］鄭玄：人名。字康成，北海高密（今山東高密市）人，東漢經學大師。《後漢書》卷三五有傳。

［9］王肅：人名。字子雍，平原高唐（今山東禹城市）人，三國曹魏經學家。《三國志》卷一三有附傳。

［10］文、武周之祖、宗：各本並脱“文武”二字，中華本據《南史》補。又“祖宗”二字不能連讀，中間應加頓號。《禮記·祭法》：“周人禘嚳而郊稷。祖文王而宗武王。”禘、郊、祖、宗皆爲宗廟祭名，與祧祭不同。

［11］無服之祖也：超出五服之外，没有喪服關係之遠祖。《禮記·喪服小記》：“無服也者，喪者不祭故也。”

［12］享嘗之禮：《南史》卷一八《臧燾傳》作“享嘗之降”。

［13］月祭：古帝王每月對祖廟的祭祀。《禮記·祭法》：“王立七廟……皆月祭之。”

［14］后稷：周的男系始祖，相傳姜嫄踐天帝足迹而生后稷，故棄而不敢舉養，因名曰棄。后稷享受周人郊祭。其事見《史記》卷四《周本紀》。

［15］故《傳》稱“德厚者流光，德薄者流卑”：此兩句見《穀梁傳》僖公十五年。釋曰：“光猶遠也，卑猶近也。天子德厚，故遠及七廟，士之德薄，故近及二廟。”《傳》指《穀梁》。

［16］自上以下，降殺以兩，禮也：語出《左傳》襄公二十六年。遞減降殺以兩，以兩數遞減，如七、五、三、一遞減。

［17］又王祭嫡殤：晋祖廟祭有“陰室四殤”，即夭折的四位皇位繼承人：惠帝的愍懷太子、哀太孫臧、沖太孫尚，還有元帝世懷帝殤太子。事見《晋書·禮志上》。

［18］來孫：玄孫之子，也泛指遠房之孫。《爾雅·釋親》：“孫之子爲曾孫，曾孫之子爲玄孫，玄孫之子爲來孫。”

[19]泰始建廟，從王氏議：晋武帝建祖廟時，聽從王肅的建議。泰始，晋武帝司馬炎年號（265—274）。

[20]其尸服以士服：代死者受祭的尸穿士的服飾（爵弁服）。尸，活人代替死者受祭曰尸，一般以死者的嫡孫充任。

[21]宣皇雖爲太祖：晋武帝篡魏追尊祖父爲宣皇帝，廟號高祖。此處稱"宣皇雖爲太祖"，與《晋書》不同，當從《晋書》卷一《宣帝紀》。宣皇，即司馬炎的祖父司馬懿。

[22]殷祭：各本並作"敬祭"，中華本據《南史》改。殷祭，即袷祭。指三年一次的祖廟大祭。

[23]東向之禮：面向東方的禮儀。古者以東爲上方、尊位，東向之禮，即向尊者施敬之禮。

[24]太祖：按《晋書》卷三《文帝紀》司馬昭"追尊號曰文皇帝，廟稱太祖"。但此太祖，從上下文意看，乃指宣帝司馬懿。

[25]謂：各本並脱"謂"字，中華本據《南史》補。

[26]殷袷：天子、諸侯在太廟對遠近祖先的盛大合祭。

[27]《傳》：指《公羊傳》。　毁廟之主，陳乎太祖：此語出自《公羊傳》文公二年，惟"陳乎"作"陳于"。注謂"親過高祖，毁其廟，藏其主于大祖廟"。

[28]禘袷祭遷廟者，以其繼君之體，持其統而不絶也：帝王對祖廟大祭時，也祭遷廟，因爲他們是繼先君之遺體，以保持君統不斷絶。禘袷，三年一袷，五年一禘，都是君王對祖廟的大祭。禘袷合稱，表明古帝王對其祖先一種隆重的祭祀。

[29]乎：各本並脱"乎"字，中華本據《元龜》卷五七六補。

[30]靈命：上帝或神靈的意志。

[31]昔永和之初，大議斯禮：昔東晋穆帝初年曾隆重地討論祭祖廟之禮。見《晋書·禮志上》。永和，晋穆帝司馬聃年號（345—356）。

[32]虞喜：人名。字仲寧，會稽餘姚（今浙江餘姚市）人，東晋學者。《晋書》卷九一有傳。　范宣：人名。字宣子，陳留

（今河南開封市祥符區陳留鎮）人，東晉禮學家。《晋書》卷九一有傳。

[33]瘞（yì）之兩階：將神主牌位瘞埋於宮廷的東西臺階之間，這也是保留祭祀的一種形式。瘞，埋葬。

[34]虞主：古代虞祭（埋葬後祭祀）時所立的神主（牌位）。

遷通直郎，[1]高祖鎮軍、車騎、中軍、太尉諮議參軍。[2]高祖北伐關、洛，[3]大司馬琅邪王同行，[4]除大司馬從事中郎，總留府事。[5]義熙十四年，[6]除侍中。[7]元熙元年，[8]以脚疾去職。高祖受命，徵拜太常，[9]雖外戚貴顯，而彌自沖約，茅屋蔬飧，不改其舊，所得奉禄，與親戚共之。永初三年，[10]致仕，拜光禄大夫，加金章紫綬。[11]其年卒，時年七十。少帝追贈左光禄大夫，[12]加散騎常侍。[13]

[1]遷：官制用語。有平遷、超遷和左遷之分。　通直郎：官名。通直散騎侍郎的簡稱。因與散騎侍郎通員當值而得名。原可參平尚書奏事，侍從，諷諫，宋時地位漸低，常授衰老之士，多爲加官。五品。

[2]諮議參軍：官名。職掌不定，地位重要，位在列曹參軍上。

[3]關、洛：地域名。關中和洛陽，此處代指後秦統治區。

[4]大司馬：官名。位在三師之下，三公之上，開府置僚屬，但無具體職掌，多用贈官。一品。　琅邪王：王爵名。王國在今江蘇句容市西北。此琅邪王爲司馬德文，即以後的晋恭帝。

[5]除：官制用語。任命官職。　大司馬從事中郎：官名。其職掌依府依時各有不同，或主吏，或分掌諸曹，或掌機密，或參謀議。此後説總留府事，就是大司馬府的總管。

[6]義熙：晋安帝司馬德宗年號（405—418）。

[7]侍中：官名。侍中省長官，侍衛皇帝，出行則護駕，管理門下衆事，顧問應對，拾遺補闕，諫議糾察，平議尚書奏事，有異議得駁奏，兼統宮廷内侍諸署。三品。

[8]元熙：晋恭帝司馬德文年號（419—420）。

[9]太常：官名。漢爲九卿之首，管宗廟祭祀及文化教育。宋時禮儀郊廟制度由尚書八座和儀曹裁定，太常位尊職閑。三品。

[10]永初：宋武帝劉裕年號（420—422）。

[11]拜：官制用語。指用某種禮儀和手續授予某種官職或名義。　光禄大夫，加金章紫綬：即金紫光禄大夫。禄賜、班位、冠幘、車服、佩玉，置吏卒羽林，諸所賜給皆與特進同。爲加官者，唯假章綬，禄賜、班位，不别給車服、吏卒。二品。

[12]光禄大夫：官名。授予年老有病致仕官員，無具體職掌。三品。

[13]散騎常侍：官名。隸集書省，職以侍從左右，主掌圖書文翰、文章、撰述、諫諍拾遺，收納轉呈文書奏事。三品。

　　長子邃，護軍司馬，[1]宜都太守。[2]少子綽，太子中舍人，[3]新安太守。[4]邃長子諶之，尚書都官郎，[5]烏程令。[6]諶之弟凝之，學涉有當世才具，與司空徐湛之爲異常之交。[7]年少時與北地傅僧祐俱以通家子始爲太祖所引見，[8]時上與何尚之論鑄錢事，[9]凝之便干其語，上因回與論之。僧祐引凝之衣令止，凝之大言謂僧祐曰："明主難再遇，便應正盡所懷。"上與往復十餘反，凝之詞韻鈴序，兼有理證，上甚賞焉。歷隨王誕後軍記室録事，[10]欲以爲青州，[11]其事不果。遷尚書右丞，[12]以徐湛之黨，爲元凶所殺。[13]子黈，尚書主客郎，[14]沈攸之

征西功曹，[15]爲攸之盡節，事在《攸之傳》。凝之弟潭
之亦有美譽。太宗世，[16]歷尚書吏部郎、御史中丞。[17]
後廢帝元徽中，[18]爲左民尚書，[19]卒官。潭之弟澄之，
太子左積弩將軍。[20]元嘉二十七年，[21]領軍於盱眙，[22]
爲索虜所破，[23]見殺，追贈通直郎。綽子煥，順帝昇明
中，[24]爲武昌太守。[25]沈攸之攻郢城，[26]煥棄郡赴之，
攸之敗，伏誅。

[1]護軍司馬：官名。護軍將軍府司馬，參贊軍務，管理府內
武職，位次長史。

[2]宜都：郡名。治所在今湖北宜都市。

[3]太子中舍人：官名。東宮屬官，與太子中庶子共掌東宮文
翰，侍從規諫太子，糾正違闕，綜典奏事文書，檢奏更直名冊，位
在中庶子下。六品。

[4]新安：郡名。治所在今浙江淳安縣西北。

[5]尚書都官郎：官名。尚書都官曹長官的通稱。掌刑獄徒隸，
劾治違法案件，有戰事亦督佐軍事。六品。

[6]烏程：縣名。治所在今浙江湖州市。

[7]司空：官名。三公之一，名譽宰相，多爲大臣加官，無實
際職掌。一品。　徐湛之：人名。字孝源，東海郯人。本書卷七一
有傳。

[8]北地：郡名。治所在今陝西銅川市耀州區。　通家子：世
交子弟。　太祖：宋文帝劉義隆廟號。

[9]何尚之：人名。字彥德，廬江灊（今安徽霍山縣）人。本
書卷六六有傳。

[10]隨王：王爵名。王國在今湖北隨州市。　誕：人名。即劉
誕。文帝第六子，初封廣陵王，次封隨郡王，最後封竟陵王。本書
卷七九有傳。　後軍記室錄事：官名。後將軍府記室錄事，掌記室

文書，勾稽缺失。

　　[11] 青州：治所在今山東青州市。

　　[12] 尚書右丞：官名。尚書省佐官，位次尚書，與左丞共掌尚書省庶務。率諸都令史監督稽核尚書諸曹、郎曹政務，糾察彈劾百官，又掌本省庫藏廬舍、內外庫藏穀帛，督錄地方文書奏章。六品。

　　[13] 元凶：即文帝太子劉劭，因弒父篡位得此惡名。本書卷九九有傳。

　　[14] 尚書主客郎：官名。尚書省主客曹長官的通稱，掌少數民族蕃國朝聘接待之政令。六品。

　　[15] 沈攸之：人名。字仲達，吳興武康（今浙江德清縣）人。本書卷七四有傳。　征西功曹：官名。征西大將軍府功曹，掌人事及府中政務。

　　[16] 太宗：宋明帝劉彧廟號。

　　[17] 尚書吏部郎：官名。尚書省吏部曹長官的通稱。主管官員選任銓叙調動事務，對五品官以下的任免有建議權。如加“參政大選”名義，可以參議高級官的任免。三品。　御史中丞：官名。也稱南司，專掌監察執法，領治書侍御史、侍御史，常受命領兵，出督軍務。四品。

　　[18] 後廢帝：即劉彧太子劉昱。字德融。本書卷九有紀。　元徽：宋後廢帝劉昱年號（473—477）。

　　[19] 左民尚書：官名。五曹尚書之一，爲尚書省左民曹長官。掌修繕功作、鹽池園苑等土木工程。三品。

　　[20] 太子左積弩將軍：官名。東宮侍從武官。八品。

　　[21] 元嘉：宋文帝劉義隆年號（424—453）。

　　[22] 盱眙：地名。在今江蘇盱眙縣。

　　[23] 索虜：南朝人對北魏鮮卑人的蔑稱。因鮮卑人頭上有辮髮，故稱索虜或索頭虜。

　　[24] 順帝：皇帝諡號。即宋最後一位皇帝劉準，被迫將宋的江

山讓與蕭道成。本書卷一○有紀。　昇明：宋順帝劉準年號
（477—479）。

　　[25]武昌：郡名。治所在今湖北鄂州市鄂城區。

　　[26]郢城：地名。在今湖北荆州市荆州區紀南城。

　　傅僧祐，祖父弘仁，高祖外弟也。以中表歷顯官，
征虜將軍、南譙太守，[1]太常卿。子邵，員外散騎侍郎，
妻燾女也，生僧祐，有吏才，再爲山陰令，[2]甚有能名，
末世令長莫及。亦以徐湛之黨，爲元凶所殺。

　　[1]征虜將軍：官名。武官，亦可作爲高級文官的加官。三品。
南譙：郡名。治所在今安徽巢湖市居巢區東南。

　　[2]山陰：縣名。治所在今浙江紹興市。

　　徐廣字野民，東莞姑幕人也。[1]父藻，[2]都水使
者。[3]兄邈，[4]太子前衛率。[5]

　　[1]東莞：郡名。治所在今山東莒縣。　姑幕：縣名。治所在
今山東諸城市西北。

　　[2]藻：人名。即徐藻。在晋任太常博士，禮學家。《晋書‧
禮志中》、卷三二《康獻褚皇后傳》、《通典‧禮典》、《元龜》卷五
七五都有他論禮的記載。

　　[3]都水使者：官名。管理河渠陂池灌溉。四品。

　　[4]邈：人名。即徐邈。永嘉之亂渡江居京口，博學多聞得謝
安賞識，補中書舍人，後爲太子師。《晋書》卷九一有傳。

　　[5]太子前衛率：官名。太子四衛率之一，率領一軍宿衛東宮，
亦任征伐，地位頗重。

　　家世好學，至廣尤精，百家數術，無不研覽。謝玄爲州，^[1]辟廣從事西曹。^[2]又譙王司馬恬鎮北參軍。^[3]晋孝武帝以廣博學，除爲秘書郎，^[4]校書秘閣，增置職僚。轉員外散騎侍郎，領校書如故。隆安中，^[5]尚書令王珣舉爲祠部郎。^[6]

　　[1]謝玄爲州：中華本據《晋書》卷八二《徐廣傳》考證，謝玄時爲兗州刺史。

　　[2]辟：官制用語。皇帝選官曰徵辟、辟召。公府、大將軍及州郡用人稱辟除。　從事西曹：官名。即西曹從事，位次主簿，由州刺史辟除。西曹掌府吏選用事。

　　[3]譙王：王爵名。王國在今安徽亳州市譙城區。　司馬恬：人名。字元愉，東晋孝武帝時官至鎮北將軍、兗青二州刺史。《晋書》卷三七有附傳。　鎮北參軍：官名。鎮北將軍府參軍，爲府内衆曹之長。

　　[4]秘書郎：官名。整理圖書典籍，爲世族起家之官。六品。

　　[5]隆安：晋安帝司馬德宗年號（397—401）。

　　[6]尚書令：官名。尚書省長官，出居外朝，綜理全國政務，成爲高級政務長官，參議大政。三品。　王珣：人名。字元琳，琅邪臨沂人，晋孝武帝重臣。《晋書》卷六五有附傳。　祠部郎：官名。尚書省祠部曹長官之通稱。掌宗廟祭祀禮樂制度。六品。

　　李太后薨，^[1]廣議服曰：^[2]“太皇太后名位允正，體同皇極，^[3]理制備盡，情禮彌申。《陽秋》之義，母以子貴，既稱夫人，禮服從正，故成風顯夫人之號，文公服三年之喪。^[4]子於父之所生，體尊義重。且禮祖不厭孫，^[5]固宜遂服無屈。而緣情立制，若嫌明文不存，則疑斯從重。謂應同於爲祖母後，齊衰三年。"[6]時從其議。[7]

[1]李太后：即晉孝武文李太后。名陵容，出身微賤，本爲簡文帝宮人，因生孝武帝，母以子貴，尊爲太后。《晉書》卷三二有傳。

[2]議服：議論喪服制度。

[3]皇極：皇帝。《史記》卷一一一《衛將軍驃騎列傳》司馬貞述贊，"姊配皇極，身尚平陽"。

[4]故成風顯夫人之號，文公服三年之喪：中華本校勘記云："'文公'各本及《元龜》五七六作'僖公'，舊本《宋書·禮志》（新校本已訂正）《南史》及《晉書·禮志》作'昭公'，《通典·禮典》作'文公'。錢大昕《廿二史考異》：'昭公，《徐廣傳》作僖公。然成風之薨，不在僖公之世。且安帝於李后爲祖母，非僖公於成風之比。竊謂當是文公之誤也。'按錢説是，今據《通典》改。"

[5]禮：各本並脱"禮"字，中華本據本書《禮志二》、《南史》補。

[6]齊（zī）衰（cuī）：喪服名。五服之一，喪服用粗麻布。以其緝邊縫齊，故名。服期有三年的，爲繼母、祖母。還有一年、五月的，隨親疏關係不同而定。

[7]時：各本並作"服"，屬上句，中華本據《南史》改正。

時會稽王世子元顯錄尚書，[1]欲使百僚致敬，臺内使廣立議，[2]由是内外並執下官禮，廣常爲愧恨焉。元顯引爲中軍參軍，遷領軍長史。[3]桓玄輔政，[4]以爲大將軍文學祭酒。[5]

[1]會稽王：王爵名。王國在今浙江紹興市。此會稽王是司馬

道子。　世子：王公的嫡長子或其他能繼承王公位的兒子。　元顯：人名。即司馬元顯。會稽王司馬道子的嫡長子。後因道子好長夜之飲，不管政事，大權遂爲元顯所奪。桓玄攻入建康，元顯被殺。《晋書》卷六四有附傳。　錄尚書：官名。即錄尚書事。由公卿權重者居此職，綜理政事，成爲眞宰相。

［2］臺內：中央政治機構之內。臺，指中央政治機構。

［3］領軍長史：官名。領軍將軍府幕僚長，管理府中庶務。

［4］桓玄：人名。字敬道，譙國龍亢（今安徽懷遠縣）人。桓溫第六子，襲爵南郡公。後以荆州爲基地舉兵反對元顯父子，攻入建康，自封楚王。後簒晋建楚，爲劉裕所滅。《晋書》卷九九有傳。

［5］大將軍：官名。高級軍政官員，專攬軍政大權，不常授。一品。　文學祭酒：官名。掌教授生徒，皆由文學之士充任。

　　義熙初，高祖使撰《車服儀注》，[1] 乃除鎮軍諮議參軍，領記室。封樂成縣五等侯。[2] 轉員外散騎常侍，領著作郎。二年，尚書奏曰：“臣聞左史述言，右官書事，《乘》《志》顯於晋、鄭，[3]《陽秋》著乎魯史。自皇代有造，中興晋祀，[4] 道風帝典，煥乎史策。而太和以降，世歷三朝，[5] 玄風聖迹，倏爲疇古。[6] 臣等參詳，宜敕著作郎徐廣撰成國史。”詔曰：“先朝至德光被，未著方策，[7] 宜流風緬代，[8] 永貽將來者也。便敕撰集。”

　　［1］《車服儀注》：《舊唐書‧經籍志》注録此書爲一卷。車服，各本並作“軍服”，中華本據《晋書》《南史》兩書之《徐廣傳》、《建康實録》、《元龜》卷五六四改。

　　［2］樂成縣五等侯：據周一良《札記》考證，“封五等爵諸人，多是劉裕起兵討伐桓玄、由京口進軍建康時立功者。當時劉裕鎮壓

孫恩起義之後，在統治中初立威信，實力尚未强大，故其部下祇能暫獲虚號"。史有記封邑户者，"疑後世史家粉飾之詞"。樂成縣，治所在今河北獻縣東南。

[3]《乘》《志》顯於晉、鄭：《孟子·離婁下》："晉之《乘》、楚之《檮杌》、魯之《春秋》，一也。"是晉的史書稱爲《乘》。《周禮·春官·小史》："小史掌邦國之志。"鄭司農云："志謂記也，《春秋傳》所謂周志，《國語》所謂鄭書之屬是也。"是鄭國史書稱爲《志》。

[4]自皇代有造，中興晉祀：《晉書》卷八二《徐廣傳》作"自聖代有造《中興記》者"，應以《晉書》爲是。又《南史》卷三三《徐廣傳》記載，"高平郗紹亦作《晉中興書》，數以示何法盛"，後爲何法盛所竊取。此《晉中興書》可能就是《中興記》。

[5]太和以降，世歷三朝：指東晉自廢帝以後歷經簡文帝、孝武帝、安帝三朝，是東晉强盛、發展時期。　太和：晉廢帝司馬奕年號（366—371）。

[6]玄風聖迹，倏爲疇古：玄學之風，孝武帝和謝安的政績，很快就成爲歷史。

[7]方策：史册。《禮記·中庸》："文武之政，布在方策。"鄭玄注："方，版也。策，簡也。"

[8]緬代：遥遠的後代。

六年，遷散騎常侍，[1]又領徐州大中正，轉正員常侍。時有風雹爲災，廣獻書高祖曰："風雹變未必爲災，古之聖賢輒懼而修己，所以興政化而隆德教也。嘗忝服事，宿眷未忘，思竭塵露，率誠于習。明公初建義旗，匡復宗社，神武應運，信宿平夷。且恭謙儉約，虚心匪懈，來蘇之化，[2]功用若神。頃事故既多，刑德並用，戰功殷積，報叙難盡，萬機繁凑，固應難速，且小細煩密，群下多懼。又穀帛豐賤，而民情不勸，禁司互設，而劫盜多有，誠由俗弊未易整，而望深未易炳。追思義熙之始，如有不同，何者？好安願逸，萬物之大趣，習舊駭新，凡識所不免。[3]要當俯順群情，抑揚隨俗，則朝野歡泰，具瞻允康矣。言無可採，願矜其愚款之志。”又轉大司農，[4]領著作郎皆如故。十二年，《晉紀》成，凡四十六卷，[5]表上之。遷秘書監。[6]

[1]散騎常侍：《晉書》《南史》兩書之《徐廣傳》作“驍騎將軍”。按：下又云“轉正員常侍”，正員常侍即散騎常侍。故中華本校勘記云：“當從《晉書》《南史》改作‘驍騎將軍’爲是。”

[2]來蘇之化：因其來救使困苦之民得到蘇息。典出《尚書·仲虺之誥》：“徯予后，后來其蘇。”孔傳：“湯所往之民皆喜曰：‘待我君來，其可蘇息。’”

[3]凡識：凡庸的見識。

[4]大司農：官名。漢爲九卿之一，主管農業及國家財政收入。東晉以後，國家財政收入歸尚書省主管，大司農唯管倉儲園苑及供膳之庶務。三品。

[5]《晉紀》成，凡四十六卷：《晉書》卷八二《徐廣傳》同。《新唐書·藝文志》著録此書爲四十五卷。《南史》卷三三《徐廣傳》作四十二卷。

[6]秘書監：官名。秘書省長官，掌圖書經籍，兼領著作省。三品。

初，桓玄篡位，安帝出宮，廣陪列悲慟，哀動左右。及高祖受禪，恭帝遜位，[1]廣又哀感，涕泗交流。謝晦見之，[2]謂之曰：“徐公將無小過？”[3]廣收淚答曰：

"身與君不同。君佐命興王，逢千載嘉運；身世荷晋德，實眷戀故主。"因更歔欷。

[1]恭帝：東晋最後一位皇帝司馬德文，被迫將帝位讓與了劉裕。《晋書》卷一〇有紀。

[2]謝晦：人名。字宣明，陳郡陽夏人。本書卷四四有傳。

[3]將無小過：恐怕有點過分。

永初元年，詔曰："秘書監徐廣，學優行謹，歷位恭肅，可中散大夫。"[1]廣上表曰："臣年時衰耄，朝敬永闕，端居都邑，徒增替怠。臣墳墓在晋陵，[2]臣又生長京口，戀舊懷遠，每感暮心。息道玄謬荷朝恩，[3]忝宰此邑，乞相隨之官，歸終桑梓，微志獲申，殞没無恨。"許之。贈賜甚厚。性好讀書，老猶不倦。元嘉二年，卒，時年七十四。《答禮問》百餘條，用於今世。廣兄子豁，[4]在《良吏傳》。

[1]中散大夫：官名。多以養老及病患者任此職，無職事。秩六百石。

[2]晋陵：郡名。治所在今江蘇鎮江市。

[3]息：兒子。　道玄：人名。即徐道玄。本書僅此一見，其事不詳。

[4]兄：各本並脱"兄"字。錢大昕《考異》曰："按《良吏傳》，豁乃廣兄子，晋太子右衛率邈之子也。史脱兄字。"據補。

傅隆字伯祚，北地靈州人也。[1]高祖咸，[2]晋司隸校尉。[3]曾祖晞，[4]司徒屬。[5]父、祖早亡。

[1]靈州：縣名。治所在今寧夏靈武市北。

[2]咸：人名。即傅咸。字長虞，傅玄之子。《晉書》卷四七有附傳。

[3]司隸校尉：官名。漢時既監察百官，又掌司州。西晉司州轄河南、河東、河內、弘農、平陽五郡。三品。

[4]晞：人名。即傅晞。本書僅此一見，《晉書》二見，其事不詳。

[5]司徒屬：官名。司徒府屬吏，各曹的主管稱掾，副稱屬。

　　隆少孤，又無近屬，單貧有學行，不好交游。義熙初，年四十，始爲孟昶建威參軍，[1]員外散騎侍郎。坐辭兼，[2]免。復爲會稽征虜參軍。[3]家在上虞，[4]及東歸，便有終焉之志。歷佐三軍，首尾八年。除給事中。尚書僕射、丹陽尹徐羨之置建威府，以爲錄事參軍，尋轉尚書祠部郎，丹陽丞，[5]入爲尚書左丞。[6]以族弟亮爲僕射，[7]緦服不得相臨，[8]徙太子率更令，[9]廬陵王義真車騎諮議參軍。[10]出補山陰令。太祖元嘉初，除司徒右長史，[11]遷御史中丞，當官而行，甚得司直之體，[12]轉司徒左長史。[13]

[1]孟昶：人名。字彦遠，平昌（今山東諸城市西北）人。桓玄簒晉，與劉裕共同起兵討玄。安帝復位，拜丹陽尹，尋監中軍留府事。盧循進攻建康，驚懼飲藥而死。　參軍：各本並作“將軍”。張熷《舉正》曰：“將軍當從《南史》作參軍。”

[2]坐辭兼：犯語言模棱兩可或影射罪。

[3]會稽征虜參軍：駐會稽的征虜將軍府參軍事。此處點明會

稽，爲與下句“家在上虞”相呼應。

[4]上虞：縣名。治所在今浙江上虞市。

[5]丹陽丞：官名。首府丹陽尹的副貳，幫助郡尹處理郡内衆事。八品。

[6]尚書左丞：官名。各本並作“尚書左右丞”，中華本據《南史》删“右”字。

[7]亮：人名。即傅亮。字季友。本書卷四三有傳。　僕射：官名。尚書省副長官。尚書令綜理政務後，僕射主持尚書省工作。三品。

[8]總服不得相臨：爲任官迴避制度，同族人五服以内不得在同一機構内任官。總麻，喪服制中的一種，孝服用細麻布製成，服喪期爲三個月，是五服中最輕者，服喪對象爲高祖父母、曾伯叔祖父母、族伯叔父母、族兄弟及未婚族姊妹等。

[9]太子率更令：官名。主東宫值宿事，職如光禄勳。五品。

[10]廬陵王：王爵名。王國在今江西吉安市西南。　義真：人名。即劉義真。宋武帝第二子。本書卷六一有傳。　車騎諸議參軍：官名。車騎將軍府僚屬。職掌不定，地位重要，位在列曹參軍上。

[11]司徒右長史：官名。司徒府幕僚長，佐司徒處理府中衆事，總管府内諸曹，位在左長史下，管理州郡農桑户籍、官吏考課等。六品。

[12]司直：官名。原爲丞相屬官，佐丞相舉不法，有監察職能。此處代指御史中丞，喻傅隆任御史中丞，監察百官非常得體。

[13]左：各本並作“右”。中華本據《南史》改。

　　時會稽剡縣民黄初妻趙打息載妻王死亡。[1]遇赦，王有父母及息男稱、息女葉，依法徙趙二千里外。隆議之曰：“原夫禮律之興，蓋本之自然，求之情理，非從天墮，非從地出也。父子至親，分形同氣，稱之於載，即載之於趙，雖云三世，爲體猶一，未有能分之者也。稱雖創巨痛深，固無讎祖之義。若稱可以殺趙，趙當何以處載？將父子孫祖，互相殘戮，懼非先王明罰、咎繇立法之本旨也。[2] 向使石厚之子、日磾之孫，[3] 砥鋒挺鍔，不與二祖同戴天日，則石碏、秺侯何得流名百代、以爲美談者哉。舊令云，'殺人父母，徙之二千里外'。不施父子孫祖明矣。趙當避王彗功千里外耳。令亦云：'凡流徙者，同籍親近欲相隨者，聽之。'此又大通情體，因親以教愛者也。趙既流移，載爲人子，何得不從；載從而稱不行，豈名教所許？[4] 如此，稱、趙竟不可分。趙雖内愧終身，稱當沈痛没齒，孫祖之義，自不得永絕，事理固然也。"從之。

[1]剡縣：治所在今浙江嵊州市。

[2]咎繇：人名。一作"皋陶""咎陶""皋繇"，舜之賢臣，主管刑獄。《尚書·舜典》："帝曰：皋陶……汝作士，五刑有服。"

[3]石厚：人名。春秋衛上卿石碏之子，與衛公子州吁友善。州吁弒其君衛桓公，然後與石厚去陳國求援。石碏遂給陳國去信，告訴陳國州吁、石厚是弒君之亂臣，於是陳即逮捕州吁，送回衛國，殺之。石碏又派人在陳國殺了石厚，"君子曰：石碏，純臣也，惡州吁而厚與焉。大義滅親，其是之謂乎"。事見《左傳》隱公三年、隱公四年。　日磾：人名。即漢武帝托孤之臣金日磾。本匈奴休屠王太子，後降漢，深得武帝重用，封爲秺侯。日磾長子弄兒，與宫人嬉戲，日磾惡其淫亂而殺之。事見《漢書》卷六八《金日磾傳》。

[4]豈名教所許：難道是聖人的禮教所允許的嗎？傅隆以石碏、金日磾殺子例爲趙氏打殺兒媳王氏作辯護，實際没有可比性。《南

史》卷一三《宋宗室及諸王傳上》載臨川王義慶爲趙殺王氏的辯護詞：“禮有過失之宥，律無讎祖之文。況趙之縱暴，本由於酒，論心即實，事盡荒耄。豈得以荒耄之王母，等行路之深讎，宜共天同域，無虧孝道。”

又出爲義興太守，[1]在郡有能名。徵拜左民尚書，[2]坐正直受節假，對人未至，委出，[3]白衣領職。[4]尋轉太常。

[1]義興：郡名。治所在今江蘇宜興市。

[2]左民尚書：官名。尚書省左民曹長官，掌修繕功作、鹽池園苑等土木工程。三品。

[3]坐正直受節假，對人未至，委出：犯了領班值勤却接受臨時任務，接班者未到而離開崗位的過錯。正直，值勤的正當頭。對人，接班的人。委出，委而出之。

[4]白衣領職：免去官職仍負責原來的職務。是對犯過失官員的一種處分。白衣無官職的人。白衣是老百姓穿的衣服，故以白衣代指平民。

十四年，太祖以新撰《禮論》付隆使下意，[1]隆上表曰：“臣以下愚，不涉師訓，孤陋閭閻，[2]面牆靡識，[3]謬蒙詢逮，愧懼流汗。原夫禮者，三千之本，[4]人倫之至道。故用之家國，君臣以之尊，父子以之親。用之婚冠，[5]少長以之仁愛，夫妻以之義順。用之鄉人，友朋以之三益，[6]賓主以之敬讓。所謂極乎天，播乎地，窮高遠，測深厚，莫尚於禮也。其樂之五聲，[7]《易》之八象，[8]《詩》之《風》《雅》，《書》之《典》《誥》，《春秋》之微婉勸懲，無不本乎禮而後立也。[9]其源遠，其流廣，[10]其體大，其義精，[11]非夫叡哲大賢，孰能明乎此哉。況遭暴秦焚亡，百不存一。漢興，始徵召故老，搜集殘文，其體例紕繆，首尾脱落，難可詳論。幸高堂生頗識舊義，[12]諸儒各爲章句之説，既明不獨達，所見不同，或師資相傳，共枝别幹。故聞人、二戴，[13]俱事后蒼，[14]俄已分異；盧植、鄭玄，[15]偕學馬融，[16]人各名家。又後之學者，未逮曩時，而問難星繁，充斥兼兩，摛文列錦，焕爛可觀。然而五服之本或差，哀敬之制舛雜，國典未一於四海，家法參駁於縉紳，誠宜考詳遠慮，以定皇代之盛禮者也。伏惟陛下欽明玄聖，[17]同規唐、虞，疇諮四岳，[18]興言“三禮”，而伯夷未登，[19]微臣竊位，所以大懼負乘、[20]形神交惡者，無忘夙夜矣。而復猥充博採之數，與聞爰發之求，實無以仰酬聖旨萬分之一。不敢廢默，謹率管穴所見五十二事上呈。[21]蟁鄙茫浪，[22]伏用悚赧。”[23]

　　明年，致仕，拜光禄大夫。歸老在家，手不釋卷，博學多通，特精“三禮”。謹於奉公，常手抄書籍。二十八年，卒，時年八十三。

　　[1]《禮論》：書名。《隋書·經籍志》不見著録，説明劉義隆所著《禮論》到隋已失傳。　　下意：屈意徵求意見。

　　[2]孤陋閭閻：謙詞。里巷之人，孤陋寡聞，見識不廣。

　　[3]面牆靡識：謙詞。不學習，見識淺薄。《尚書·周官》：“不學墻面，莅事惟煩。”孔穎達疏：“人而不學，如面向墻，無所覩見，以此臨事，則惟煩亂不能治理。”

[4]三千之本：刑罰的根本。《尚書·吕刑》："五刑之屬三千。"後世以"三千"代指所有的刑罰。

[5]婚冠：婚禮和冠禮，也指婚冠的年齡，喻指青春年少。

[6]三益：友直、友諒，友多聞。孔子所説"益者三友"。語出《論語·季氏》。

[7]樂之五聲：即五音。《孟子·離婁上》："不以六律，不能正五音。"趙岐注："五音，宫、商、角、徵、羽。"

[8]《易》之八象：即八卦。"☰"（乾）、"☷"（坤）、"☳"（震）、"☴"（巽）、"☵"（坎）、"☲"（離）、"☶"（艮）、"☱"（兑）。因八卦象徵著天、地、雷、風、水、火、山、澤八種自然現象，故稱"八象"。相傳八卦爲伏犧所作。

[9]無不本乎禮而後立也：據中華本考證，"立也"之上《元龜》卷五七六有"成由乎禮而後"六字。

[10]其流廣：各本並脱"其"字，中華本據《元龜》卷五七六補。

[11]其：各本並作"而"，中華本據《元龜》卷五七六改。

[12]高堂生：人名。字堂伯，魯（今山東曲阜市）人，漢代禮學家。《禮》經秦焚書後，至漢"獨有《士禮》，高堂生能言之"。高堂生"頗識舊義"即指此。事見《史記》卷一二一《儒林列傳》。

[13]聞人：複姓。此指漢禮學家聞人通漢，字子方。沛（今江蘇沛縣）人。　二戴：即戴德與戴聖。叔侄。戴德，字延君。戴聖，字次君。梁（今河南商丘市睢陽區）人，也稱大小戴。漢代禮學家，是《大戴禮記》《小戴禮記》的作者。事見《漢書》卷八八《儒林傳》。

[14]后蒼：人名。字近君，東海郯人，通《詩》《禮》，爲博士，官至少府。事見《漢書·儒林傳》。

[15]盧植：人名。字子幹，涿郡涿（今河北涿州市）人，曾學經於馬融，後任博士，與蔡邕在東觀共校五經。曾出任九江、盧

江兩任太守，黃巾起義後拜北中郎將，參與鎮壓黃巾，因受宦官誣諂，而處減死罪一等。後復任尚書。董卓掌權後，因反對董卓專權，幾被殺。《後漢書》卷六四有傳。

[16] 馬融：人名。字季長，扶風茂陵（今陝西興平市）人。曾從摯恂學經。後應鄧騭聘，拜郎中，歷任武都、南郡太守。融才高博洽，爲世通儒，教養諸生以千數，一生著述頗豐。《後漢書》卷六〇上有傳。

[17] 欽明玄聖：嚴肅明察孔子的學說。玄聖，特指孔子。此處從上下文義看，應指孔子學說。

[18] 疇諮四岳：訪詢四方酋長。意爲像堯、舜那樣徵求四方酋長的意見。《尚書·堯典》"諮四岳"，與此"疇諮四岳"義同。

[19] 伯夷：人名。孤竹君之子，曾諫止武王伐紂。武王滅殷，伯夷義不食周粟，餓死於首陽山，後世稱爲賢人。《史記》卷六一有傳。

[20] 負乘：原意爲坐在車上，背著別人的財物顯耀，容易招來強盜。引申爲居非其位，才不稱職，就會招來禍患。典出《易·解卦》"六三，負且乘，致寇至"。

[21] 管穴：謙詞。狹隘的見識。

[22] 茫浪：孟浪、冒失。

[23] 竦赧：恭敬慚愧。

史臣曰：選賢於野，則治身業弘；求士於朝，則飾智風起。《六經》奧遠，方軌之正路；百家淺末，捷至之偏道。漢世登士，閭黨爲先，崇本務學，不尚浮詭，然後可以俯拾青組，[1] 顧蔑簪金。[2] 於是人厲從師之志，家競專門之術，藝重當時，所居一旦成市，黌舍暫啓，[3] 著錄或至萬人。是故仕以學成，身由義立。自魏氏膺命，主愛雕蟲，[4] 家棄章句，人重異術。又選賢進士，不本鄉閭，銓衡之寄，任歸臺閣。以一人之耳目，究山川之險情，賢否臆斷，萬不值一。由是仕憑借譽，[5]學非爲己，崇詭遇之巧速，鄙稅駕之遲難，[6]士自此委笥植經，[7]各從所務，早往晏退，以取世資。庠序黌校之士，傳經聚徒之業，自黄初至于晋末，[8]百餘年中，儒教盡矣。高祖受命，議創國學，宮車早晏，道未及行。迄于元嘉，甫獲克就，雅風盛烈，未及曩時，而濟濟焉，頗有前王之遺典。天子鸞旗警蹕，[9]清道而臨學館，儲后冕旒黼黻，[10]北面而禮先師。後生所不嘗聞，黄髮未之前覩，亦一代之盛也。臧燾、徐廣、傅隆、裴松之、何承天、雷次宗，[11]並服膺聖哲，不爲雅俗推移，立名於世，宜矣。穎川庾蔚之、雁門周野王、汝南周王子，[12]河内向琰，[13]會稽賀道養，[14]皆託志經書，見稱於後學。蔚之略解《禮記》，并注賀循《喪服》行於世云。[15]

[1]青組：青色的絲繩、絲帶。古代官員用以繫冠、服、印，此處借指官爵。

[2]籯金：一籯之金。籯，箱籠等盛物器具。《漢書》卷七三《韋賢傳》：“遺子黄金滿籯，不如一經。”

[3]黌（hóng）舍：校舍。

[4]雕蟲：喻微不足道的小巧技藝，常喻指詩文辭賦之類的技巧文字。

[5]仕憑借譽：當官憑借社會製造的聲譽，意爲沽名釣譽以求仕進。

[6]稅駕：解駕、休息，喻離開仕途的歸宿。《史記》卷八七《李斯列傳》：“物極則衰，吾未知所稅駕也。”《索隱》：“稅駕，猶

解駕，言休息也。"

[7]委笥植《經》：委棄書箱，把經書放置起來。笥，即笥笈。竹製書箱。植，同"置"。《尚書·金縢》："植璧秉珪。"孔傳："植，置也。"

[8]黄初：三國魏文帝曹丕年號（220—226）。

[9]警蹕：警戒、清道。特指皇帝出入經過的地方嚴加戒備，斷絶行人。《後漢書》卷五四《楊秉傳》："王者至尊，出入有常，警蹕而行，静室而止。"

[10]儲后：即儲君。皇太子。

[11]裴松之：人名。字世期，河東聞喜（今山西聞喜縣）人。本書卷六四有傳。　何承天：人名。東海郯人。本書卷六四有傳。雷次宗：人名。字仲倫，豫章南昌（今江西南昌市）人。本書卷九三有傳。

[12]潁川：郡名。治所在今河南許昌市。　庾蔚之：人名。孝武帝時任太常丞，歷員外郎、散騎常侍。一生著作頗豐，著有《禮記略解》《禮論鈔》《喪服要記》等。　雁門：郡名。治所在今山西代縣西南古城。　周野王：人名。文帝元嘉二十七年任博士，國子助教，曾參與海鹽公主生母蔣美人喪服制的討論。本書《禮志二》載其事。　汝南：郡名。治所在今河南汝南縣。　周王子：人名。本書僅此一見，其事不詳。

[13]河内：郡名。治所在今河南沁陽市。　向琰：人名。本書僅此一見，其事不詳。

[14]賀道養：人名。會稽山陰（今浙江紹興市）人，晉司空賀循之孫，官至太學士。著有《賀子述言》十卷，《集》十卷。

[15]賀循：人名。字彦先，會稽山陰人，晉惠帝時任太子舍人，東晉元帝時拜太子太傅，後官至光禄大夫、開府儀同三司。《晉書》卷六八有傳。　《喪服》：《隋書·經籍志》録有賀循著《喪服要記》十卷，《喪服譜》一卷。

宋書　卷五六

列傳第十六

謝瞻　孔琳之

謝瞻字宣遠，一名檐，字通遠，陳郡陽夏人，[1]衛將軍晦第三兄也。[2]年六歲，能屬文，爲《紫石英讚》《果然詩》，[3]當時才士，莫不嘆異。初爲桓偉安西參軍，[4]楚臺秘書郎。[5]瞻幼孤，叔母劉撫養有恩紀，兄弟事之，同於至親。劉弟柳爲吳郡，[6]將姊俱行，瞻不能違，解職隨從，爲柳建威長史。[7]

[1]陳郡：治所在今河南淮陽縣。　陽夏：縣名。治所在今河南太康縣。

[2]衛將軍晦第三兄也：丁福林《校議》據《南史》卷一九《謝瞻傳》考證，謝瞻爲謝晦“次兄”。衛將軍，官名。位在諸名號大將軍之上，多作爲軍府名號。以加大臣、重要州郡長官，無具體職掌，常以中書監、尚書令等權臣兼任。二品。晦，人名。即謝晦。字宣明。本書卷四四有傳。

[3]《紫石英讚》《果然詩》：已佚。

[4]桓偉：人名。字幼道，譙國龍亢（今安徽懷遠縣）人，桓溫第五子，官至安西將軍，領南蠻校尉，荊州刺史。《晉書》卷九八有附傳。　安西參軍：官名。即安西將軍府參軍事。協助治理府事。

[5]楚臺：官署名。桓玄楚王國的中樞機構。　秘書郎：官名。掌整理典籍、考核舊文、刪省浮穢，多爲世族起家之官。六品。

[6]柳：人名。即劉柳。字叔重，南陽人，官至徐、兗、江三州刺史。《晉書》卷六一有附傳。　吳郡：治所在今江蘇蘇州市。此指任吳郡太守。

[7]建威長史：官名。建威將軍府幕僚長，主管府中政務。

　　尋爲高祖鎮軍、琅邪王大司馬參軍，[1]轉主簿，[2]安成相，[3]中書侍郎，[4]宋國中書、黃門侍郎，[5]相國從事中郎。[6]弟晦時爲宋臺右衛，[7]權遇已重，於彭城還都迎家，[8]賓客輻輳，門巷填咽。時瞻在家，驚駭謂晦曰："汝名位未多，而人歸趣乃爾。吾家素以退爲業，[9]不願干豫時事，交遊不過親朋，而汝遂勢傾朝野，此豈門戶之福邪？"乃籬隔門庭，[10]曰："吾不忍見此。"及還彭城，言於高祖曰："臣本素士，父、祖位不過二千石。弟年始三十，志用凡近，榮冠臺府，位任顯密，福過災生，其應無遠。特乞降黜，以保衰門。"前後屢陳。高祖以瞻爲吳興郡，[11]又自陳請，乃爲豫章太守。晦或以朝廷密事語瞻，瞻輒向親舊陳説，以爲笑戲，以絕其言。晦遂建佐命之功，任寄隆重，瞻愈憂懼。

[1]高祖：宋武帝劉裕廟號。　鎮軍：官名。鎮軍將軍的簡稱，時劉裕任此職。此處則指謝瞻任鎮軍將軍府參軍。　琅邪王：王爵

名。王國在今江蘇句容市。晋恭帝司馬德文未即帝位前的封爵。

大司馬參軍：官名。大司馬府參軍事。

[2]轉：官制用語。官吏調任曰轉，一般指同品秩平轉。　主簿：官名。典領文書簿籍及府中經辦事務，是地位較高的僚屬。

[3]安成相：官名。安成國行政長官，職同太守。安成，郡國名。治所在今江西安福縣東南。

[4]中書侍郎：官名。中書省次官，中書監、令缺，可主持中書省工作。但自中書通事舍人掌權後，中書侍郎遂職閑官清，成爲諸王起家官。五品。

[5]宋國中書、黃門侍郎：皆官名。即宋國中書侍郎、黃門侍郎。黃門侍郎，侍中省次官，給事於宮門之內，侍從皇帝，顧問應對，出則陪乘，地位重要。五品。

[6]相國從事中郎：官名。相國府屬員。職掌不定，或主吏，或分掌諸曹，或掌機密，或參謀議，地位較高。六品。

[7]宋臺右衛：宋國右衛將軍的省稱。禁衛軍主要將領之一。四品。

[8]彭城：地名。在今江蘇徐州市。

[9]吾家素以退爲業：中華本據《南史》、《元龜》卷八四九改爲“吾家以素退爲業”，未得其真意。按：《通鑑》宋武帝永初二年作“吾家素以恬退爲業”，極是。

[10]乃籬隔門庭：中華本據《通鑑》以爲“乃”下有“以”字。

[11]吳興：郡名。治所在今浙江湖州市南下菰城。此處指任吳興太守。

　　永初二年，[1]在郡遇疾，不肯自治，幸於不永。晦聞疾奔往，瞻見之，曰：“汝爲國大臣，又總戎重，萬里遠出，必生疑謗。”時果有訴告晦反者。瞻疾篤還都，高祖以晦禁旅，不得出宿，使瞻居于晉南郡公主婿羊賁故第，[2]在領軍府東門。[3]瞻曰：“吾有先人弊廬，何爲於此！”臨終，遺晦書曰：“吾得啓體幸全，歸骨山足，亦何所多恨。弟思自勉厲，爲國爲家。”遂卒，時年三十五。[4]

[1]永初：宋武帝劉裕年號（420—422）。

[2]晉南郡公主：晉明帝女，卒後謚南郡悼公主，餘事不詳。

　羊賁：人名。晉太常羊曼子，除秘書郎。早卒。事見《晉書》卷四九《羊曼傳》。

[3]領軍府：官署名。即領軍將軍的官府。領軍將軍掌禁衛軍及京都諸軍。三品。

[4]時年三十五：丁福林《校議》據逯欽立《先秦漢魏晉南北朝詩》考證，“三十五”乃“三十九”之誤。

瞻善於文章，辭采之美，與族叔混、族弟靈運相抗。[1]靈運父瑍，[2]無才能，爲秘書郎，早年而亡。靈運好臧否人物，混患之，欲加裁折，未有方也。謂瞻曰：“非汝莫能。”乃與晦、曜、弘微等共遊戲，[3]使瞻與靈運共車。靈運登車，[4]便商較人物，瞻謂之曰：“秘書早亡，談者亦互有同異。”靈運默然，言論自此衰止。

[1]混：人名。即謝混。字叔源，小字益壽，謝琰子。《晉書》卷七九有附傳。　族弟靈運：各本並脱“族”字，中華本據《南史》補。靈運，人名。即謝靈運。本書卷六七有傳。

[2]瑍：人名。即謝瑍。生而不慧，爲秘書郎，早亡。

[3]曜：人名。即謝曜。謝述從兄，曾任義康長史，卒於官。

弘微：人名。即謝弘微。本書卷五八有傳。

[4]使瞻與靈運共車，靈運登車：各本並脱“共車靈運”四字，中華本據《南史》補。

弟曕字宣鏡，幼有殊行。年數歲，所生母郭氏，久嬰痼疾，晨昏溫清，[1]嘗藥捧膳，[2]不闕一時，勤容戚顏，未嘗暫改。恐僕役營疾懈倦，躬自執勞。母爲病畏驚，微踐過甚，[3]一家尊卑，感曕至性，咸納屨而行，屏氣而語，如此者十餘年。初爲州主簿，中軍行參軍，[4]太子舍人，[5]俄遷秘書丞。[6]自以兄居權貴，已蒙超擢，固辭不就。徐羨之請爲司空長史，[7]黃門郎。[8]元嘉三年，[9]從坐伏誅，[10]時年三十一。有詔宥其子世平，又早卒，無後。

[1]晨昏溫清（qìng）：《禮記·曲禮上》：“凡爲人子之禮，冬溫而夏清，昏定而晨省。”清，涼。《南史》卷一九《謝曕傳》“晨昏”前有“曕”字。

[2]嘗：三朝本作“河”，北監本、毛本、殿本、局本作“和”，中華本據《元龜》卷七五二改。

[3]微踐：三朝本、北監本、毛本作“微踐”，殿本、局本、《南史》作“微賤”。李慈銘《宋書札記》云：“案微踐過甚者，謂踐履甚微，恐以行步聲驚其母也。”張元濟《校勘記》：“下文云納屨而行，作踐文義較長。”

[4]中軍行參軍：官名。中軍將軍府自辟的參軍，協助治理府事。

[5]太子舍人：官名。太子屬官。掌文章書記。七品。

[6]秘書丞：官名。秘書省次官，掌圖書的管理及整理校定，

爲士族高門所專任，稱爲"天下清官""第一官"。

[7]徐羨之：人名。字宗文，東海郯（今山東郯城縣）人。本書卷四三有傳。　司空長史：官名。司空府幕僚長，掌府中政務。

[8]黄門郎：官名。黄門侍郎的省稱。侍中省或門下省次官，侍從皇帝，顧問應對，出則陪乘，位頗重要。五品。

[9]元嘉：宋文帝劉義隆年號（424—453）。

[10]從坐伏誅：此指連坐謝晦謀反案被殺。

孔琳之字彦琳，會稽山陰人。[1]祖沈，[2]晋丞相掾。[3]父廞，[4]光禄大夫。[5]

[1]會稽：郡名。治所在今浙江紹興市。　山陰：縣名。治所在今浙江紹興市。

[2]沈：人名。即孔沈。字德度，有美名，與魏顗、虞球、虞存、謝奉並爲四族之俊。本書僅此一見，《晋書》卷七八有附傳。

[3]丞相掾：官名。丞相府屬吏。分曹治事，每曹有掾一人。

[4]廞：人名。即孔廞。官至吴興太守、廷尉。"廞"各本均作"殷"，中華本據《南史》、《晋書》卷七八《孔沈傳》改。

[5]光禄大夫：官名。三公及重臣告老後可拜此官，也作爲在朝顯職的加官，亦作卒後贈官。三品。

琳之强正有志力，好文義，解音律，能彈棋，妙善草隷。郡命主簿，不就，後辟本國常侍。[1]桓玄輔政爲太尉，[2]以爲西閤祭酒。[3]桓玄時議欲廢錢用穀帛，琳之議曰："《洪範》八政，[4]以貨次食，豈不以交易之所資，[5]爲用之至要者乎。若使不以交易，百姓用力於爲錢，則是妨其爲生之業，禁之可也。今農自務穀，工自

務器，四民各肄其業，何嘗致勤於錢。故聖王制無用之
貨，以通有用之財，既無毀敗之費，又省運置之苦，此
錢所以嗣功龜貝、歷代不廢者也。穀帛爲寶，本充衣
食，今分以爲貨，則致損甚多。又勞毀於商販之手，耗
棄於割截之用，此之爲敝，著於自曩。故鍾繇曰：[6]
‘巧僞之民，競蘊濕穀以要利，制薄絹以充資。’魏世制
以嚴刑，弗能禁也。是以司馬芝以爲用錢非徒豐國，[7]
亦所以省刑。錢之不用，由於兵亂積久，自至於廢，有
由而然，漢末是也。今既用而廢之，則百姓頓亡其
財。[8]今括囊天下之穀，[9]以周天下之食，或倉庾充衍，
或糧靡斗儲，以相資通，則貧者仰富，致之之道，實假
於錢。一朝斷之，便爲棄物，是有錢無糧之民，皆坐而
饑困，此斷錢之立敝也。且據今用錢之處不爲貧，用穀
之處不爲富。又民習來久，革之必惑。語曰：‘利不百，
不易業。’況又錢便於穀邪？魏明帝時，[10]錢廢穀用，
三十年矣。[11]以不便於民，乃舉朝大議。精才達治之
士，[12]莫不以爲宜復用錢，[13]民無異情，朝無異論。彼
尚舍穀帛而用錢，足以明穀帛之弊，著於已試。世或謂
魏氏不用錢久，[14]積累巨萬，故欲行之，利公富國。斯
殆不然。昔晉文後舅犯之謀，而先成季之信，[15]以爲雖
有一時之勳，不如萬世之益。于時名賢在列，君子盈
朝，大謀天下之利害，將定經國之要術。若穀實便錢，
義不昧當時之近利，而廢永用之通業，斷可知矣。斯實
由困而思革，改而更張耳。近孝武之末，[16]天下無事，
時和年豐，百姓樂業，便自穀帛殷阜，幾乎家給人足，

驗之事實，錢又不妨民也。頃兵革屢興，荒饉荐及，飢寒未振，實此之由。公既援而拯之，大革視聽，弘敦本之教，明廣農之科，敬授民時，各順其業，遊蕩知反，務末自休，固以南畝競力，野無遺壤矣。於是以往，升平必至，何衣食之足恤。愚謂救弊之術，無取於廢錢。”

[1]本國常侍：即會稽國常侍。王國屬官，侍從王之左右，贊相禮儀，獻替諫諍。八品。

[2]桓玄：人名。字敬道，桓溫第六子，襲爵南郡公。後以荆州爲根據地舉兵討司馬元顯，總領朝政，封楚王，加九錫，篡晋建楚，爲劉裕所敗，伏誅。《晋書》卷九九有傳。　太尉：官名。三公之首，名譽宰相。一品。桓玄任此職則有實權。

[3]“桓玄”至“西閣祭酒”：各本並作“輕之尉”三字，中華本據《南史》訂補。西閣祭酒，官名。王、公、丞相、將軍府僚佐，位在東閣祭酒下，與主簿、舍人共主閣內事務。

[4]《洪範》八政：《尚書·洪範》所談八政：一曰食，二曰貨，三曰祀，四曰司空，五曰司徒，六曰司寇，七曰賓，八曰師。

[5]所：各本並脱，中華本據《南史》《通典·食貨典》補。

[6]鍾繇：人名。字元常，潁川長社（今河南長葛市）人，仕魏官至太傅，封東武亭侯。《三國志》卷一三有傳。

[7]司馬芝：人名。字子華，河内温（今河南温縣）人，仕魏官至大理、河南尹。《三國志》卷一二有傳。

[8]財：各本並同，《通典·食貨典》、《元龜》卷四九九作“利”。

[9]之：各本並脱，中華本據《通典·食貨典》、《元龜》卷四九九補。

[10]魏明帝：即曹叡。公元227年至239年在位。按《謚法》：“譖訴不行曰明。”

[11]三十年：丁福林《校議》據《南史》卷二七《孔琳之傳》、《通志》卷一三三考證皆作"四十年"。

[12]精才：各本並作"精力"，中華本據《南史》、《通典·食貨典》、《元龜》卷四九九改。

[13]爲：各本並脱，中華本據《通典·食貨典》補。

[14]或：各本並脱，中華本據《元龜》卷四九九補。

[15]昔晉文後舅犯之謀，而先成季之信：典出《韓非子·難一》。晉楚城濮之戰時，晉文公用舅犯之詐謀取勝，而雍季不同意用詐，認爲用詐失信，遺害無窮。戰後行賞，則先雍季，而後舅犯。人問其故，晉文公答："夫舅犯言，一時之權也；雍季言，萬世之利也。"《吕氏春秋·孝行覽·義賞》《淮南子·人間訓》《説苑·權謀》亦記其事，但成季均作"雍季"。《史記》卷三九《晉世家》記其事，雍季作"狐偃"，舅犯作"先軫"。晉文，即春秋五霸之一晉文公重耳。舅犯，亦作"咎犯"，晉文公之舅，即狐偃。成季，當是"雍季"之誤，即晉襄公弟公子雍。

[16]孝武：指晉孝武帝司馬曜。公元373年至396年在位。按《謚法》："慈惠愛親曰孝。""五宗安之曰孝。""克定禍亂曰武。""剛彊直理曰武。"

玄又議復肉刑，琳之以爲："唐、虞象刑，夏禹立辟，蓋淳薄既異，致化實同，寬猛相濟，惟變所適。《書》曰'刑罰世輕世重'，言隨時也。夫三代風純而事簡，[1]故罕蹈刑辟；季末俗巧而務殷，故動陷憲網。若三千行於叔世，[2]必有踊貴之尤，[3]此五帝不相循法，[4]肉刑不可悉復者也。漢文發仁惻之意，[5]傷自新之路莫由，革古創制，號稱刑厝，[6]然名輕而實重，反更傷民。故孝景嗣位，[7]輕之以緩。緩而民慢，又不禁邪，期于刑罰之中，所以見美在昔，歷代詳論而未獲厥中者也。兵荒後，罹法更多。棄市之刑，本斬右趾，漢文一謬，承而弗革，所以前賢恨恨，議之而未辯。鍾繇、陳群之意，[8]雖小有不同，而欲右趾代棄市。若從其言，則所活者衆矣。降死之生，誠爲輕法，然人情慎顯而輕昧，忽遠而驚近，是以盤盂有銘，[9]韋弦作佩。[10]況在小人，尤其所惑，或目所不覩，則忽而不戒，日陳于前，則驚心駭矚。由此言之，重之不必不傷，輕之不必不懼，而可以全其性命，蕃其産育，仁既濟物，功亦益衆。又今之所患，逋逃爲先，屢叛不革，宜令逃身靡所，[11]亦以肅戒未犯，永絶惡原。至於餘條，宜依舊制。豈曰允中，貴獻管穴。”[12]

[1]三代：夏、商、周三個朝代。

[2]三千：泛指古代刑罰。《尚書·吕刑》：“墨罰之屬千，劓罰之屬千，剕罰之屬五百，宫罰之屬三百，大辟之罰其屬二百，五刑之屬三千。” 叔世：末世。《左傳》昭公六年：“三辟之興，皆叔世也。”

[3]有：各本並作“省”，中華本據《南史》改。 踊貴：典出《左傳》昭公三年：“國之諸市，屨賤踊貴。”謂齊景公時，受刖刑者多，故假足價貴。

[4]五帝：上古傳説中的五位帝王。説法很多，一般依《世本》《史記》《大戴禮記》以黄帝、顓頊、帝嚳、堯、舜爲五帝。

[5]漢文發仁惻之意：漢文帝劉恒發惻隱之心放棄肉刑，改以徒刑代之。事見《漢書·刑法志》。

[6]刑厝：亦作“刑錯”“刑措”，謂刑罰置而不用。

[7]孝景：即漢景帝劉啓。《漢書》卷五有紀。

[8]鍾繇、陳群之意：指鍾繇、陳群主張恢復肉刑的意見。事見《三國志》卷一三《魏書·鍾繇傳》和卷二二《魏書·陳群傳》。陳群，人名。字長文，潁川許昌（今河南許昌市）人。仕魏官至鎮軍大將軍領中護軍錄尚書事，封潁陰侯。

[9]盤盂有銘：刻在盤盂上的銘文，以警戒人的行爲。潘尼《乘輿箴》："雖以堯舜湯武之盛，必有誹謗之木，敢諫之鼓，盤杅之銘，無諱之史。"杅同"盂"。《禮記·大學》載有"苟日新，日日新，又日新"的商湯盤盂之銘。

[10]韋弦：又作"韋絃"。《韓非子·觀行》："西門豹之性急，故佩韋以自緩；董安于之心緩，故佩弦以自急。"後遂以"韋弦"比喻外界的啓迪和教育，用以警戒、規勸。韋，皮繩，喻緩。弦，弓弦，喻急。

[11]宜令：各本並脫此二字。中華本據《南史》補。

[12]管穴：借指狹隘的識見。乃自謙之詞。語見《後漢書》卷四六《陳忠傳》。

玄好人附悅，而琳之不能順旨，是以不見知。遷楚臺員外散騎侍郎。[1]遭母憂，去職。服闋，除司徒左西掾，[2]以父致仕自解。時司馬休之爲會稽內史、後將軍，[3]仍以琳之爲長史。父憂，去官。服闋，補太尉主簿，尚書左丞，[4]揚州治中從事史，[5]所居著績。

[1]員外散騎侍郎：官名。散騎省屬官，爲閑散之職，用以安置閑退官員和衰老之士。

[2]司徒左西掾：官名。司徒府僚屬，掌左西曹，多以文史之士充任。

[3]司馬休之：人名。字季預，晋宗室。官至荊州刺史，爲桓玄逼逐。玄誅，復職。後反對劉裕專權，失敗奔魏，卒於道。《晋

書》卷三七有附傳。　會稽内史：官名。會稽王國行政長官，職如郡守。五品。　後將軍：官名。武官名號，略高於雜號將軍，不典禁軍，不與朝政。三品。

[4]尚書左丞：官名。尚書省佐官，位次尚書，與右丞共掌尚書省庶務，率諸都令史監督稽核諸尚書曹、郎曹政務，監察糾舉百官，號稱“監司”，職權甚重。六品。

[5]治中從事史：官名。州屬吏，掌衆曹文書。六品。

　　時責衆官獻便宜，[1]議者以爲宜修庠序，恤典刑，審官方，明黜陟，舉逸拔才，務農簡調。琳之於衆議之外，別建言曰：“夫璽印者，所以辯章官爵，立契符信。官莫大於皇帝，爵莫尊於公侯。而傳國之璽，歷代迭用，襲封之印，奕世相傳，貴在仍舊，無取改作。今世唯尉一職，獨用一印，至於内外群官，每遷悉改，討尋其義，私所未達。若謂官各異姓，與傳襲不同，則未若異代之爲殊也。若論其名器，雖有公卿之貴，未若帝王之重。若以或有誅夷之臣，忌其凶穢，則漢用秦璽，延祚四百，未聞以子嬰身戮國亡，[2]而棄之不佩。帝王公侯之尊，不疑於傳璽，人臣衆僚之卑，何嫌於即印。載籍未聞其説，推例自乖其准。而終年刻鑄，喪功消實，金銀銅炭之費，不可稱言，非所以因循舊貫易簡之道。愚謂衆官即用一印，無煩改作。若有新置官，又官多印少，文或零失，然後乃鑄，則仰裨天府，非唯小益。”

　　[1]時責：各本並脱此二字，中華本據《御覽》卷六八三引補。

　　[2]子嬰：人名。秦太子扶蘇之子。趙高殺秦二世，立子嬰，

去帝號稱秦王，先投降劉邦，後爲項羽所殺。事見《史記》卷六《秦始皇本紀》。

又曰："凶門栢裝，[1]不出禮典，起自末代，積習生常，遂成舊俗。爰自天子，達于庶人，誠行之有由，卒革必駭。然苟無關於情，而有愆禮度，存之未有所明，去之未有所失，固當式遵先典，釐革後謬，況復兼以游費，實爲民患者乎。凡人士喪儀，多出閭里，每有此須，動十數萬，損民財力，而義無所取。至於寒庶，則人思自竭，雖復室如懸磬，莫不傾産殫財，所謂葬之以禮，其若此乎。謂宜謹遵先典，一罷凶門之式，表以素扇，[2]足以示凶。"

[1]凶門：辦喪事在門外用白絹或白布結扎的門形牌坊。　栢裝：亦作"柏歷"。人死時，立木於庭中，上橫一木如門，叫重；橫木下懸鬲，即"歷"，中盛粥，謂爲死者神所依托，葬後始改用木主。魏晉以來皆用凶門柏歷以表喪事，耗費極大。

[2]素扇：白色的排扇（屏風之類的屏障）。

又曰："昔事故飢荒，米穀綿絹皆貴，其後米價登復，而絹于今一倍。綿絹既貴，蠶業者滋，雖勤屬兼倍，而貴猶不息。愚謂致此，良有其由。昔事故之前，軍器正用鎧而已，至於袍襖裲襠，必俟戰陣，實在庫藏，永無損毀。今儀從直衛及邀羅使命，或有防衛送迎，[1]悉用袍襖之屬，非唯一府，衆軍皆然。綿帛易敗，勢不支久。又畫以禦寒，夜以寢卧，曾未周年，便自敗裂。每絲縣新登，易折租以市，又諸府競收，動有千萬，[2]積貴不已，實由於斯。私服爲之艱匱，[3]官庫爲之空盡。愚謂若侍衛所須，固不可廢，其餘則依舊用鎧。小小使命送迎之屬，止宜給仗，不煩鎧襖。用之既簡，則其價自降。”

[1]或：各本並脱“或”字，中華本據《元龜》卷四七一補。

[2]動：各本並作“勳”，張元濟、張森楷《校勘記》云：“勳當作動。”甚是。

[3]艱匱：各本並作“難貴”，中華本據《元龜》卷四七一改。

又曰：“夫不耻惡食，唯君子能之。肴饌尚奢，爲日久矣。今雖改張是弘，而此風未革。所甘不過一味，而陳必方丈，[1]適口之外，皆爲悦目之費。富者以之示夸，貧者爲之殫産，衆所同鄙，而莫能獨異。愚謂宜粗爲其品，使奢儉有中。若有不改，加以貶黜，則德儉之化，不日而流。”

[1]陳必方丈：形容饌食極其豐盛。《孟子·盡心下》：“食前方丈。”趙岐注：“極五味之饌食，列於前，方一丈。”

遷尚書吏部郎。[1]義熙六年，[2]高祖領平西將軍，[3]以爲長史，大司馬琅邪王從事中郎，又除高祖平北、征西長史，遷侍中。[4]宋臺初建，除宋國侍中。出爲吳興太守，公事免。

[1]遷：官制用語。有超遷（升官）、平遷（平級調轉）、左遷

（降級調轉）。　尚書吏部郎：官名。尚書省吏部曹長官的通稱。屬吏部尚書，掌官吏選任銓叙調動事務，對五品以下官吏之任免有建議權。如加"參掌大選"名義，則可參議高級官吏的任免。六品。

〔2〕義熙：晋安帝司馬德宗年號（405—418）。

〔3〕平西將軍：官名。四平將軍之一，多爲持節都督或監某一地區之軍事，有時也作爲地方官兼理軍事的加官。三品。平北將軍同此。

〔4〕侍中：官名。侍中省長官。侍從皇帝，侍奉生活起居，出行則護駕。管理門下衆事，掌顧問應對，拾遺補闕，諫諍糾察，儐相威儀，平尚書奏事，有異議得駁奏。三品。

　　永初二年，爲御史中丞，[1]明憲直法，無所屈橈。奏劾尚書令徐羡之曰：[2]"臣聞事上以奉憲爲恭，臨下以威嚴爲整。然後朝典惟明，苙衆必肅。斯道或替，則憲綱其頹。臣以今月七日，預皇太子正會。會畢車去，并猥臣停門待闕。有何人乘馬，當臣車前，收捕驅遣命去。[3]何人罵詈收捕，諮審欲録。[4]每有公事，臣常慮有紛紜，語令勿問，而何人獨罵不止，臣乃使録。何人不肯下馬，連叫大唤，有兩威儀走來，[5]擊臣收捕。尚書令省事倪宗又牽威儀手力，[6]擊臣下人。宗云：'中丞何得行凶，敢録令公人。凡是中丞收捕，威儀悉皆縛取。'臣勅下人一不得鬭，凶勢輒張，[7]有頃乃散。又有群人就臣車側，録收捕樊馬子，[8]互行築馬子頓伏，不能還臺。臣自録非，本無對校，而宗敢乘勢凶恣，篡奪罪身。尚書令臣羡之，與臣列車，紛紜若此，或云羡之不禁，或云羡之禁而不止。縱而不禁，既乖國憲；禁而不止，又不經通。陵犯監司，凶聲彰赫，容縱宗等，曾無糾問，虧損國威，無大臣之體，不有準繩，風裁何寄。羨之內居朝右，外司輦轂，[9]位任隆重，百辟所瞻。而不能弘惜朝章，肅是風軌，致使宇下縱肆，凌暴憲司，凶赫之聲，起自京邑，所謂己有短垣，而自踰之。又宗爲篡奪之主，縱不糾問，二三虧違，宜有裁貶。請免羨之所居官，以公還第。宗等篡奪之愆，已屬掌故御史隨事檢處。”詔曰：“小人難可檢御，司空無所問，[10]餘如奏。”羨之任居朝端，不欲以犯憲示物。時羨之領揚州刺史，[11]琳之弟璩之爲治中，[12]羨之使璩之解釋琳之，停寢其事。琳之不許。璩之固陳，琳之謂曰：“我觸忤宰相，正當罪止一身爾，汝必不應從坐，何須勤勤邪！”自是百僚震肅，莫敢犯禁。高祖甚嘉之，行經蘭臺，[13]親加臨幸。又領本州大中正，[14]遷祠部尚書。[15]不治產業，家尤貧素。

　　景平元年，[16]卒，時年五十五。追贈太常。[17]

　　[1]御史中丞：官名。御史臺長官。專掌監察執法，領治書侍御史、侍御史，常受命領兵，出督軍旅。號稱監司、南司。四品。

　　[2]尚書令：官名。尚書省長官。綜理全國政務，出居外朝，成爲高級政務官，參議大政，實權有如宰相。錄尚書事缺，則兼有宰相名義。三品。

　　[3]收捕：官名。御史臺屬官，職掌收捕人犯。品級不詳。

　　[4]詣審：官名。御史臺屬官，掌拘捕審問。品級不詳。　錄：拘錄，逮捕。

　　[5]威儀：官名。職掌不詳。可能是侍從、保鏢一類人員。

　　[6]尚書令省事：官名。專爲尚書令服務的吏掾，品級與令史略同。　倪宗：人名。本書僅見本卷，其事不詳。

[7]鞆張：强横，嚚張。

[8]樊馬子：人名。本書僅此一見，其事不詳。

[9]輦轂：代指京城。意爲在皇帝輦輿之下。

[10]司空：官名。三公之一，名譽宰相。時徐羨之任司空。

[11]揚州：治所在今江蘇南京市。

[12]璩之：人名。即孔璩之。本書僅此一見，其事不詳。 治中：官名。治中從事的省稱。州屬官。

[13]蘭臺：官署名。漢制蘭臺爲宮中收藏圖書檔案之處，歸御史中丞掌管。此處蘭臺代指御史臺。

[14]領：官制用語。指已有本官而兼領、暫代他官、他職。 大中正：官名。評議州中士族品級，寫出品、狀，作爲士族任官的依據。任此官者多爲高級門閥士族。

[15]祠部尚書：官名。領尚書省祠部、儀部二曹郎。與右僕射不並置。三品。

[16]景平：宋少帝劉義符年號（423—424）。

[17]太常：官名。原掌宗廟祭祀、禮樂、賓客、車輿、天文、學校、園陵等事。後禮儀宗廟制度由尚書八座及祠部裁定，太常成爲位尊職閑之官。

　　子邈，有父風，官至揚州治中從事史。邈子覬，別有傳。覬弟道存，世祖大明中，[1]歷黃門、吏部郎，[2]臨海王子頊前軍長史、南郡太守。[3]晉安王子勛建僞號，[4]爲侍中，行雍州事，[5]事敗自殺。

[1]世祖：宋孝武帝劉駿廟號。 大明：宋孝武帝劉駿年號（457—464）。

[2]黃門吏部郎：官名。查本書《百官志》無此官。疑爲黃門郎、吏部郎之連稱。

[3]臨海王：王爵名。王國在今浙江臨海市東南章安鎮。　子頊：人名。即劉子頊。字孝列，宋孝武帝第七子。本書卷八〇有傳。　前軍長史：官名。前將軍府幕僚長，掌府中庶務。　南郡：治所在今湖北荆州市荆州區。

[4]晉安王：王爵名。王國在今福建福州市。　子勛：人名。即劉子勛。字孝德，宋孝武帝第三子。本書卷八〇有傳。　建僞號：指鄧琬擁子勛爲帝、建年號義嘉事。

[5]雍州：僑州名。治所在今湖北襄陽市襄城區。

史臣曰：民生所貴，曰食與貨。貨以通幣，食爲民天。是以九棘播於農皇，[1]十朋興於上代。[2]昔醇民未離，情嗜疏寡，奉生贍己，事有易周。一夫躬稼，則餘食委室；匹婦務織，則兼衣被體。雖懋遷之道，通用濟乏，龜貝之益，爲功蓋輕。而事有訛變，隆敝代起，昏作役苦，故穡人去而從商。商子事逸，[3]末業流而浸廣，泉貨所通，非復始造之意。於是競收罕至之珍，遠蓄未名之貨，明珠翠羽，無足而馳，絲罽文犀，飛不待翼，天下蕩蕩，咸以棄本爲事。豐衍則同多稌之資，饑凶又減田家之蓄。錢雖盈尺，既不療饑於堯年，[4]貝或如輪，信無救渴於湯世，[5]其蠹病亦已深矣。固宜一罷錢貨，專用穀帛，使民知役生之路，非此莫由。夫千匹爲貨，事難於懷璧，萬斛爲市，未易於越鄉，斯可使末伎自禁，游食知反。而年世推移，民與事習，或庫盈朽貫，而高廩未充，或家有藏鏹，[6]而良疇罕闢。若事改一朝，廢而莫用，交易所寄，旦夕無待，雖致乎要術，而非可卒行。先宜削華止僞，還淳反古，抵璧幽峰，[7]捐珠清鑿。[8]然後驅一世之民，反耕桑之路，使縑粟羨溢，同於水火。既而蕩滌圜法，銷鑄勿遺，立制垂統，永傳于後，比屋稱仁，豈伊唐世。[9]桓玄知其始而不覽其終，孔琳之覩其末而不統其本，豈慮有開塞，[10]將一往之談可然乎。

[1]九棘：藥名。《抱朴子·雜應》記有九棘散，《抱朴子·仙藥》記有顛棘。　農皇：即神農氏。傳說中的古代帝王，是中國農業創始人。《淮南子·修務訓》：“於是神農乃始教民播種五穀，相土地宜，燥濕肥墝高下，嘗百草之滋味，水泉之甘苦，令民知所辟就。當此之時，一日而遇七十毒。”

[2]十朋：貨幣。聯繫上下文義，此處之“朋”爲古代貨幣單位，即指五貝。《詩·小雅·菁菁者莪》：“既見君子，錫我百朋。”鄭箋：“古者貨貝，五貝爲朋。”《淮南子·道應訓》：“大貝百朋。”此處之“十”應爲虛指。　興於上代：興起於夏商周及其以前的時代。興，起也。

[3]商子：中華本校勘記云：“‘商子’《通典·食貨典》作‘商工’。”

[4]饑：各本並脱。中華本據《通典·食貨典》補。　堯年：唐堯的年代。

[5]渴：各本並脱。中華本據《通典·食貨典》補。　湯世：商湯之世。

[6]藏鏹：儲存的銅錢。《文選》左思《蜀都賦》：“藏鏹巨萬。”劉逵注：“鏹，錢貫也。”

[7]抵璧：擲璧。《抱朴子·安貧》：“上智不貴難得之財，故唐虞捐金而抵璧。”抵，擲，扔掉。

[8]捐珠：棄珠。與捐金、捐珮、捐珧義同，皆爲不重視貴重之物。

[9]比屋稱仁，豈伊唐世：《後漢書》卷五二《崔駰傳》盛贊唐堯時代"六合怡怡，比屋爲仁"，此處是説比屋稱仁，不抵唐堯時代。

[10]開塞：開啟和阻塞，引申爲興革取捨。《逸周書·文傳》："不明開塞禁舍者，其如天下何？"

宋書　卷五七

列傳第十七

蔡廓 子興宗

蔡廓字子度，濟陽考城人也。[1]曾祖謨，[2]晋司徒。[3]祖系，[4]撫軍長史。[5]父綝，[6]司徒左西屬。[7]

[1]濟陽：郡名。治所在今河南蘭考縣東北。　考城：縣名。治所在今河南民權縣東北。

[2]謨：人名。即蔡謨。字道明。《晋書》卷七七有傳。

[3]司徒：官名。三公之一，名譽宰相，亦可參録朝政，然僅掌事務，政務歸尚書。如加録尚書事衒，得爲真宰相。一品。

[4]系：人名。即蔡系。蔡謨少子。

[5]撫軍長史：官名。撫軍將軍府幕僚長，掌府中庶務。

[6]綝：人名。即蔡綝。《晋書》失載，本書僅此一見，其事不詳。

[7]司徒左西屬：官名。司徒府僚屬，參掌左西曹，多以“夷雅有才識”之士充任。

廓博涉群書，言行以禮。起家著作佐郎。[1]時桓玄輔晉，[2]議復肉刑，廓上議曰："夫建封立法，弘治稽化，必隨時置制，德刑兼施。貞一以閑其邪，[3]教禁以檢其慢，灑湛露以膏潤，屬嚴霜以肅威，晞風者陶和而安恬，畏庈者聞憲而警慮。雖復質文迭用，而斯道莫革。肉刑之設，肇自哲王。蓋由曩世風淳，民多惇謹，圖象既陳，則機心冥戢，[4]刑人在塗，則不逞改操，故能勝殘去殺，化隆無爲。季末澆僞，法網彌密，利巧之懷日滋，恥畏之情轉寡，終身劇役，不足止其姦，況乎黥劓，豈能反其善？徒有酸慘之聲，而無濟治之益。至於棄市之條，實非不赦之罪，事非手殺，[5]考律同歸，輕重均科，減降路塞，鍾、陳以之抗言，[6]元皇所爲留愍。[7]今英輔翼讚，道邈伊、周，[8]雖閉否之運甫開，[9]而遐遺之難未已。[10]誠宜明慎用刑，愛民弘育，申哀矜以革濫，移大辟於支體，全性命之至重，恢繁息於將來。使將斷之骨，荷更榮於三陽，[11]干時之華，監商飆而知懼。[12]威惠俱宣，感畏偕設，全生拯暴，於是乎在。"

[1]著作佐郎：官名。協助著作郎撰修國史及起居注。六品。

[2]桓玄：人名。字敬道，譙國龍亢（今安徽懷遠縣）人。桓溫第六子，襲爵南郡公。後以荊州爲根據地起兵討司馬元顯，總領朝政，封楚王，加九錫，篡晉建楚。復爲劉裕所敗，伏誅。《晉書》卷九九有傳。

[3]貞一：守正專一。《列女傳·魯寡陶嬰傳》："嬰寡，終身不改。君子謂陶嬰貞壹而思。"

[4]冥戢：默默收斂。

[5]手殺：三朝本作"王殺"，北監本、毛本、殿本、局本作"三殺"，中華本據《通典·刑典》、《元龜》卷六一五改。

[6]鍾、陳以之抗言：鍾繇、陳群的慷慨言論。關於鍾繇、陳群建議恢復肉刑的言論，見《三國志》卷一三《魏書·鍾繇傳》、卷二二《魏書·陳群傳》，文繁不録。

[7]元皇所爲留愍：爲晋元帝司馬睿所關心和憐憫。指晋元帝對恢復肉刑也持保留態度。事見《晋書·刑法志》。

[8]道邈伊、周：治道遠仿伊尹、周公。伊尹，商湯時之賢臣。周公，姬旦，周武王的賢臣。

[9]閉否之運甫開：阻隔的道路剛剛被打開。喻指桓玄尚能徵詢臣下的意見。

[10]遐遺之難未已：疏遠和遺棄下面意見的局面並未結束。

[11]三陽：中醫術語。中醫謂太陽、少陽、陽三經脉爲三陽。

[12]商飈：指秋風。

　遷司徒主簿，[1]尚書度支殿中郎，[2]通直郎，[3]高祖太尉參軍，[4]司徒屬，[5]中書、黄門郎。[6]以方鯁閑素，[7]爲高祖所知。及高祖領兖州，[8]廓爲別駕從事史，[9]委以州任。尋除中軍諮議參軍，[10]太尉從事中郎。未拜，遭母憂。性至孝，三年不櫛沐，殆不勝喪。服闋，相國府復板爲從事中郎，領記室。[11]宋臺建，[12]爲侍中。[13]建議以爲："鞫獄不宜令子孫下辭明言父祖之罪，虧教傷情，莫此爲大。自今但令家人與囚相見，無乞鞫之訴，便足以明伏罪，不須責家人下辭。"朝議咸以爲允，從之。

［1］司徒主簿：官名。司徒府僚屬，典領文書簿籍及經辦事務。

［2］尚書度支殿中郎：官名。本書《百官志》無此官職，疑即尚書度支郎和殿中郎的連稱。度支郎，度支曹長官的通稱。掌會記軍國財用，隸度支尚書。六品。殿中郎，侍衛武官。

［3］通直郎：官名。通直散騎侍郎的簡稱。參平尚書奏事，並掌諷諫、侍從。

［4］高祖：宋武帝劉裕廟號。 太尉參軍：官名。太尉府參軍事，掌參謀軍務。

［5］司徒屬：官名。即司徒府屬吏。各曹主管爲掾，次主管爲屬。

［6］中書：官名。中書侍郎的省稱。中書省次官，監、令不在，可主持中書省工作。五品。 黃門郎：官名。黃門侍郎的省稱。爲侍中省次官。侍從皇帝，顧問應對，出則陪乘。五品。

［7］方鯁：方正耿直。 閑素：安閑淳樸。

［8］兗州：治所在今山東鄆城縣西。

［9］別駕從事史：官名。州屬吏，主吏員選舉，多以六品官充任。

［10］中軍諮議參軍：官名。位在列曹參軍上，職掌不定，地位甚尊。

［11］記室：官名。主文書表報。

［12］宋臺：官署名。劉裕宋王國的中樞機構。

［13］侍中：官名。侍中省長官，侍衛皇帝，顧問應對，拾遺補闕，諫諍糾察，儐相威儀，平議尚書奏事，有異議得駁奏。三品。

世子左衛率謝靈運輒殺人，[1]御史中丞王准之坐不糾免官，[2]高祖以廓剛直，不容邪枉，補御史中丞。多所糾奏，百僚震肅。時中書令傅亮任寄隆重，[3]學冠當時，朝廷儀典，皆取定於亮，每諮廓然後施行。亮意若有不同，廓終不爲屈。時疑揚州刺史廬陵王義眞朝堂班次，亮與廓書曰：“揚州自應著刺史服耳。然謂坐起班次，應在朝堂諸官上，不應依官次坐下。足下試更尋之。《詩序》云：‘王姬下嫁於諸侯，[4]衣服禮秩，不係其夫，下王后一等。’推王姬下王后一等，則皇子居然在王公之上。陸士衡《起居注》，[5]式乾殿集，[6]諸皇子悉在三司上。[7]今抄疏如別。又海西即位赦文，[8]太宰武陵王第一，[9]撫軍將軍會稽王第二，[10]大司馬第三。[11]大司馬位既最高，又都督中外，[12]而次在二王之下，豈非下皇子邪。此文今具在也。永和中，[13]蔡公爲司徒，[14]簡文爲撫軍開府，[15]對録朝政。蔡爲正司，不應反在儀同之下，而于時位次，相王在前，[16]蔡公次之耳。諸例甚多，不能復具疏。揚州反乃居卿君之下，恐此失禮，宜改之邪。”廓答曰：“揚州位居卿君之下，常亦惟疑，然朝廷以位相次，不以本封，復無明文云皇子加殊禮。齊獻王爲驃騎，[17]孫秀來降，[18]武帝欲優異之，以秀爲驃騎，轉齊王爲鎮軍，[19]在驃騎上。若如足下言，皇子便在公右，[20]則齊王本次自尊，何改鎮軍，令在驃騎上？明知故依見位爲次也。又齊王爲司空，賈充爲太尉，[21]俱録尚書署事，常在充後。潘正叔奏《公羊》事，[22]于時三録，梁王肜爲衛將軍，[23]署在太尉隴西王泰、司徒王玄沖下。[24]近太元初，[25]賀新宮成，司馬太傅爲中軍，[26]而以齊王柔之爲賀首。[27]立安帝爲太子，[28]上禮，[29]徐邈爲郎，[30]位次亦以太傅在諸王下。又謁李太后，[31]宗正尚書符令以高密王爲首，[32]時王東亭爲僕射。[33]王、徐皆是近世識古今者。足下引式乾公王，吾謂未可爲據。其云上出式乾，召侍中彭城王植、荀組、潘岳、嵇紹、杜斌，[34]然後道足下所疏四王，在三司之上，反在黃門郎下，有何義？且四王之下則云大將軍梁王肜、車騎趙王倫，[35]然後云司徒王戎耳。[36]梁、趙二王亦是皇子，屬尊位齊，在豫章王常侍之下，[37]又復不通。蓋書家指疏時事，不必存其班次，式乾亦是私宴，異於朝堂。如今含章西堂，[38]足下在僕射下，侍中在尚書下耳。來示又云曾祖與簡文對錄，位在簡文下。吾家故事則不然，今寫如別。[39]王姬身無爵位，故可得不從夫，而以王女爲尊。皇子出任則有位，有位則依朝，復示之班序。唯引泰和赦文，差可爲言。然赦文前後，亦參差不同。太宰上公，自應在大司馬前耳。簡文雖撫軍，時已授丞相殊禮，又中外都督，故以本任爲班，不以督中外便在公右也。今護軍總方伯，[40]而位次故在持節都督下，[41]足下復思之。”

[1]世子左衛率：官名。即太子左衛率，太子屬官。領精兵萬人宿衛東宮，亦任征伐，地位頗重。五品。　謝靈運：人名。陳郡陽夏（今河南太康縣）人。本書卷六七有傳。

[2]御史中丞：官名。御史臺長官，專掌監察、執法，領治書侍御史、侍御史，常受命領兵，出督軍旅。號稱監司、南司。四品。　王准之：人名。字元曾，琅邪臨沂（今山東臨沂市）人。本書卷六〇有傳。

[3]中書令：官名。中書省長官之一，原掌納奏、擬詔、出令，後權歸中書舍人，中書令遂成爲秩高位尊的閑職，多用作重臣的加

官。三品。　傅亮：人名。字季友，北地靈州（今寧夏靈武市）人。本書卷四三有傳。

[4] 王姬：周天子的女兒。周爲姬姓，故周王之女稱王姬。

[5] 陸士衡：人名。名機，吳郡（今江蘇蘇州市）人。《晋書》卷五四有傳。　《起居注》：書名。今已失傳。

[6] 式乾殿集：晋武帝司馬炎在式乾殿召集的一次宴會。

[7] 三司：三公，即司徒、司馬、司空。

[8] 海西：即晋廢帝司馬奕，被廢後封爲海西公。《晋書》卷八有紀。

[9] 太宰：官名。三上公之首，名義尊榮，無職掌。常用以安置元老勳舊大臣。一品。　武陵王：王爵名。王國在今湖南常德市。此武陵王爲司馬晞。《晋書》卷六四有傳。

[10] 撫軍將軍：官名。位比四鎮將軍。三品。　會稽王：王爵名。王國在今浙江紹興市。此會稽王爲司馬昱，即簡文帝。《晋書》卷九有紀。

[11] 大司馬：官名。八公之一，位在三公上。開府置僚屬，但無具體職司。一品。此大司馬指桓温，字元子，譙國龍亢人。《晋書》卷九八有傳。

[12] 都督中外：官名。即都督中外諸軍事。總統禁軍、地方軍在内的内外諸軍，爲全國最高軍事統帥，不常置。桓温時任此職。

[13] 永和：晋穆帝司馬聃年號（345—356）。

[14] 蔡公爲司徒：中華本校勘記云：“‘司徒’下，各本並有‘司馬’二字，李慈銘《宋書札記》云：‘蔡公，謂蔡謨也。此司馬二字當衍。’按《晋書·蔡謨傳》，謨曾爲司徒，卒贈司空，無爲司馬事。李説是，今删。”

[15] 簡文爲撫軍開府：簡文帝司馬昱時任撫軍將軍開府儀同三司。即在禮儀方面享受與三公相同的待遇。

[16] 相王：即丞相、會稽王簡稱。時司馬昱任丞相、録尚書事。

　　[17]齊獻王：即齊王司馬攸。字大猷，封國在今山東淄博市臨淄區。《晋書》卷三八有傳。獻是其謚號。按《謚法》：“知質有聖曰獻。”“聰明叡哲曰獻。”　驃騎：官名。驃騎將軍的簡稱。

　　[18]孫秀：人名。原爲東吳前將軍夏口都督，受到吳主孫晧的猜疑。晧遣何定將兵遠獵於夏口，孫秀驚懼，遂奔晋。晋以爲驃騎將軍儀同三司，封會稽公。吳平，降爲伏波將軍。

　　[19]鎮軍：官名。鎮軍將軍的簡稱。位比四將軍，主要爲中央軍職，亦可出任地方軍事長官，並領刺史等地方官。三品。

　　[20]便：各本並作“使”。中華本據《元龜》卷五七二改。孫彪《考論》云：“使當爲便。”

　　[21]賈充：人名。字公閭，平陽襄陵（今山西臨汾市）人。《晋書》卷四〇有傳。

　　[22]潘正叔：人名。名尼，潘岳從子，滎陽中牟（今河南中牟縣）人。《晋書》卷五五有附傳。

　　[23]梁王：王爵名。王國在今河南商丘市。　肜：人名。即司馬肜。字子徽，司馬懿第八子。《晋書》卷三八有傳。　衛將軍：官名。位在諸名號大將軍之上，多作爲軍府名號以加大臣及重要州郡長官，無具體職掌，常以中書監、尚書令等權臣兼任，統兵出征。一品。

　　[24]隴西王：王爵名。王國在今甘肅隴西縣東南。　泰：人名。即司馬泰。字子舒，司馬懿之弟。後改封高密王。《晋書》卷三七有傳。　王玄沖：人名。名渾，太原晋陽（今山西太原市）人。《晋書》卷四二有傳。

　　[25]太元：晋孝武帝司馬曜年號（376—396）。

　　[26]司馬太傅：即司馬道子。先封琅邪王，後封會稽王，官至丞相，總攬朝政。太傅爲其加官。位上公，在三司上，加録尚書事，則行宰相職權。一品。《晋書》卷六四有傳。　中軍：官名。中軍將軍的簡稱。爲將軍名號，不領宿衛禁軍，可出任持節都督，鎮守一方。三品。

[27]柔之：人名。即司馬柔之，南頓王司馬宗之子，繼嗣齊王礦，官至侍中，後爲桓玄所殺。　賀首：祝賀新宮，名列首位。

[28]安帝：即司馬德宗。《晋書》卷一〇有紀。

[29]上禮：中華本校勘記云：“‘上’各本並作‘止’，據《元龜》五七二改。”

[30]徐邈：人名。東莞姑幕（今山東諸城市）人，時任祠部郎，後官至驍騎將軍。《晋書》卷八一有傳。

[31]李太后：名陵容。晋孝武帝之母。《晋書》卷三二有傳。

[32]宗正尚書符令：本書《百官志》無此官職，疑是三個官署的泛稱。宗正管皇室事務，尚書爲下達政令的機構，符令管皇室符璽，屬御史臺。謁李太后屬禮儀性的拜見，故由此三個機構協商安排謁見順序。　高密王：即司馬泰。

[33]王東亭：即東亭侯王珣。字元琳，王導之孫。《晋書》卷六五有傳。

[34]召侍中：各本並作“古傳中”。孫彪《考論》云：“古傳中疑是召侍中之訛。《晋書·彭城王植傳》，爲侍中、尚書，當是時。”按：孫説是，今改正。　彭城王：王爵名。王國在今江蘇徐州市。　植：人名。即司馬植。晋宗室諸王之一。其事散見於《晋書》卷四、五、七、三六、五九等處。　荀組：人名。字大章，潁川潁陰（今河南許昌市）人，官至太尉領太子太保。《晋書》卷三九有傳。　潘岳：人名。字安仁，滎陽中牟人。《晋書》卷五五有傳。　嵇紹：人名。字延祖，嵇康之子。《晋書》卷八九有傳。杜斌：人名。晋時一代名士，曾與嵇紹、潘岳爲友，曾依托賈謐，後爲趙王倫所殺。

[35]趙王：王爵名。王國在今河北高邑縣西南。　倫：人名。即司馬倫。字子彝，司馬懿第九子，八王之亂的禍首。廢賈后、惠帝而自立，後爲齊王冏所敗，伏誅。《晋書》卷五九有傳。

[36]王戎：人名。字濬沖，琅邪臨沂人。《晋書》卷四三有傳。

[37]豫章王：王爵名。王國在今江西南昌市。此豫章王即晉懷帝司馬熾，太熙元年封豫章王。《晉書》卷五有紀。　常侍：應爲散騎常侍，司馬熾封豫章王後曾任此職。

[38]含章西堂：含章殿的西堂，此指在西堂舉行的宴會。《御覽》卷一七五引山謙之《丹陽記》："皇后正殿曰顯陽，東曰含章，西曰徽音。"據此西堂宴可能是皇后舉辦的内宫宴會。

[39]今寫如別：意爲名單順序寫在另一張紙上。據此蔡廓所用的是其家舊有的檔案資料。

[40]護軍：官名。護軍將軍的簡稱。掌督護京師以外諸軍，權任頗重，諸將軍皆敬之。三品。　總方伯：與督護京師以外諸軍義同。

[41]持節都督：官名。此指持節都督中外諸軍事，即全國軍事統帥。如果是一般持節都督，其地位不會高於護軍將軍。

　　遷司徒左長史，[1]出爲豫章太守，徵爲吏部尚書。[2]廓因北地傅隆問亮：[3]"選事若悉以見付，不論；不然，不能拜也。"亮以語録尚書徐羨之，羨之曰："黃門郎以下，悉以委蔡，吾徒不復厝懷；自此以上，故宜共參同異。"廓曰："我不能爲徐干木署紙尾也。"遂不拜。干木，羨之小字也。選案黃紙，録尚書與吏部尚書連名，故廓云"署紙尾"也。羨之亦以廓正直，不欲使居權要，徙爲祠部尚書。[4]

[1]司徒左長史：官名。與右長史並爲司徒府僚屬之長，總管府内諸曹，位在右長史上。並管理州郡農桑户籍，考課官吏。六品。

[2]吏部尚書：官名。尚書省吏部曹長官，位在列曹尚書之上，

掌官吏任免考選。三品。

[3]北地：郡名。治所在今陝西銅川市耀州區。　傅隆：人名。字伯祚，北地靈州（今寧夏靈武市）人。本書卷五五有傳。

[4]祠部尚書：官名。尚書省祠部曹長官，領祠部、儀部二曹郎，與右僕射不並置。無祠部尚書，由右僕射兼領。三品。

太祖入奉大統，[1]尚書令傅亮率百僚奉迎，廓亦俱行。至尋陽，[2]遇疾，不堪前。亮將進路，詣廓別，廓謂曰：“營陽在吳，[3]宜厚加供奉。營陽不幸，卿諸人有弒主之名，欲立於世，將可得邪？”亮已與羨之議害少帝，乃馳信止之，信至，已不及。羨之大怒曰：“與人共計議，云何裁轉背，便賣惡於人。”及太祖即位，謝晦將之荆州，[4]與廓別，屛人問曰：“吾其免乎？”廓曰：“卿受先帝顧命，[5]任以社稷，廢昏立明，義無不可。但殺人二昆，[6]而以之北面，[7]挾震主之威，據上流之重，以古推今，自免爲難也。”

[1]太祖：宋文帝劉義隆廟號。　大統：皇帝之位。

[2]尋陽：地名。在今江西九江市。

[3]營陽：王爵名。王國在今湖南道縣東。少帝劉義符被廢後封爲營陽王。　吳：郡名。治所在今江蘇蘇州市。

[4]謝晦：人名。字宣明，陳郡陽夏人。本書卷四四有傳。

[5]先帝：指宋武帝劉裕。

[6]殺人二昆：殺人家兩弟兄。指殺廬陵王劉義真和少帝劉義符。事見本書卷四《少帝紀》。

[7]之：各本並脫，中華本據《南史》、《通鑑》宋文帝元嘉元年、《元龜》卷四六五補。

　　廓年位並輕，而爲時流所推重，每至歲時，皆束帶到門。奉兄軌如父，[1]家事小大，皆諮而後行。公禄賞賜，一皆入軌，有所資須，悉就典者請焉。從高祖在彭城，[2]妻郗氏書求夏服，[3]廓答書曰：“知須夏服，計給事自應相供，[4]無容別寄。”時軌爲給事中。元嘉二年，廓卒，時年四十七。高祖嘗云：“羊徽、蔡廓可平世三公。”[5]少子興宗。

　　[1]軌：人名。即蔡軌。本書僅此一見，其事不詳。
　　[2]彭城：地名。在今江蘇徐州市。
　　[3]郗氏：蔡廓妻。本書僅此一見，其事不詳。
　　[4]給事：官名。即給事中。隸集書省，或爲正官，或爲加官，位在通直散騎侍郎下，員外散騎侍郎上。五品。此處之“給事”，指給事中蔡軌。
　　[5]羊徽：人名。字敬猷，泰山南城（今山東平邑縣南）人。本書卷六二有附傳。

　　興宗年十歲失父，哀毀有異凡童。廓罷豫章郡還，起二宅。先成東宅，與軌，廓亡而館宇未立，軌罷長沙郡還，[1]送錢五十萬以補宅直。興宗年十歲，[2]白母曰：“一家由來豐儉必共，今日宅價不宜受也。”母悦而從焉。軌有愧色，謂其子淡曰：[3]“我年六十，行事不及十歲小兒。”尋喪母。

　　[1]長沙：郡名。治所在今湖南長沙市。
　　[2]年十歲：《南史》卷二九《蔡廓傳》、《通志》卷一四四作“年十一”。

[3]淡：人名。即蔡淡。本書僅此一見，其事不詳。

　　少好學，以業尚素立見稱。初爲彭城王義康司徒行參軍，[1]太子舍人，[2]南平穆王冠軍參軍，武昌太守。[3]又爲太子洗馬，[4]義陽王友，[5]中書侍郎。中書令建平王宏、侍中王僧綽並與興宗厚善。[6]元凶弑立，[7]僧綽被誅，凶威方盛，親故莫敢往，興宗獨臨哭盡哀。出爲司空何尚之長史，[8]又遷太子中庶子。[9]

　　[1]彭城王：王爵名。王國在今江蘇徐州市。　義康：人名。即劉義康。宋武帝劉裕第四子。本書卷六八有傳。　司徒行參軍：官名。司徒府僚屬，地位低於參軍。

　　[2]太子舍人：官名。太子屬官，掌文章書記。七品。

　　[3]南平穆王：即劉鑠。本書卷七二有傳。謚穆，南平王的謚號。按《謚法》：「布德執義曰穆。」南平王國在今湖北公安縣。冠軍參軍：官名。冠軍將軍府參軍事，爲諸曹長官。　武昌：郡名。治所在今湖北鄂州市鄂城區。

　　[4]太子洗馬：官名。太子屬官。掌圖籍、經書，太子出行則前導威儀。七品。

　　[5]義陽王友：官名。義陽王國屬官，掌陪侍規諷。六品。義陽王指劉昶，王國在今河南信陽市南。

　　[6]建平王：王爵名。王國在今重慶巫山縣。　宏：人名。即劉宏。本書卷七二有傳。　王僧綽：人名。琅邪臨沂人，王曇首之子。本書卷七一有傳。

　　[7]元凶：罪魁禍首。指宋文帝太子劉劭，因弑父奪位而有此惡名。本書卷九九有傳。

　　[8]何尚之：人名。字彥德，廬江灊（今安徽霍山縣）人。本書卷六六有傳。

[9]太子中庶子：官名。與中舍人共掌文翰。五品。

　　世祖踐阼，[1]還先職，遷臨海太守，[2]徵爲黃門郎，太子中庶子，轉游擊將軍，[3]俄遷尚書吏部郎。[4]時尚書何偃疾患，[5]上謂興宗曰：“卿詳練清濁，[6]今以選事相付，便可開門當之，無所讓也。”轉司徒左長史，復爲中庶子，領前軍將軍，[7]遷侍中。每正言得失，無所顧憚，由是失旨。竟陵王誕據廣陵城爲逆，[8]事平，興宗奉旨慰勞。州別駕范義與興宗素善，[9]在城內同誅。興宗至廣陵，躬自收殯，致喪還豫章舊墓。上聞之，甚不悅。盧陵內史周朗以正言得罪，[10]鎖付寧州，[11]親戚故人，無敢瞻送。[12]興宗在直，[13]請急，詣朗別。上知尤怒。坐屬疾多日，白衣領職。[14]尋左遷司空沈慶之長史，[15]行兗州事，[16]還爲廷尉卿。[17]

　　[1]世祖：宋孝武帝劉駿廟號。

　　[2]臨海：郡名。治所在今浙江臨海市。

　　[3]游擊將軍：官名。禁軍將領，與驍騎將軍分領命中虎賁，掌宿衛之任。四品。

　　[4]尚書吏部郎：官名。尚書省吏部曹長官通稱。屬吏部尚書，主管官吏選任銓叙調動事務，對五品以下官吏任免有建議權，如加“參掌大選”名義，可參議高級官吏的任免。地位高於其他曹郎。六品。

　　[5]尚書：官名。此指吏部尚書。　何偃：人名。字仲弘，何尚之中子。本書卷五九有傳。

　　[6]詳練清濁：非常熟悉人事和選官的清濁情況。清濁，是魏晋南北朝常用語。德行高潔有聲望的士大夫稱清流，品位卑污或出

身貧賤的人稱濁流。對官職，清閑高貴的官職稱清官，地位卑下事務冗繁的官職稱濁官。清官祇能由門閥士族擔任，寒人祇能做濁官。

[7]前軍將軍：官名。西晉初置，爲四軍將軍之一，領營兵千人，是護衛皇帝宮禁的禁軍將領之一。四品。南朝沿置。

[8]竟陵王：王爵名。王國在今湖北鍾祥市。　誕：人名。即劉誕。字休文，文帝第六子。本書卷七九有傳。　廣陵城：地名。在今江蘇揚州市西北蜀崗上。時爲南兗州州治所在地。

[9]別駕：州屬吏名。別駕從事、別駕從事史的簡稱。主吏員選舉，多以六品官充任。　范義：人名。字明休，濟陽考城（今河南民權縣）人。本書卷七九《竟陵王誕傳》稱其"早有世譽"。

[10]廬陵內史：官名。廬陵王國的行政長官，職如郡太守，治今江西吉水縣。　周朗：人名。字義利，汝南安城（今安徽壽縣）人。本書卷八二有傳。

[11]寧州：治所在今雲南曲靖市西。

[12]瞻送：各本並作"贍送"，中華本引《世説新語·排調》言謝安"後出爲桓宣武司馬，將發新亭，朝士咸出瞻送"例，改。

[13]在直：正在值班。

[14]白衣領職：官制用語。官吏受免職處分後仍管理原任的職務。白衣，古代平民服裝，官吏免職已是平民，仍領原職，故云。

[15]司空：官名。三公之一，名譽宰相，無具體職掌，多爲大臣加官。一品。　沈慶之：人名。字弘先，吳興武康（今浙江德清縣）人。本書卷七七有傳。　長史：官名。指司空府長史。掌府中庶務。

[16]行兗州事：即代行兗州刺史職務。行，官制用語。官缺未補，暫由他官代理。

[17]廷尉卿：官名。原爲最高司法長官，自修訂法律及刑律政令事仰承尚書省，"建康三官"分掌刑獄後，廷尉卿已無司法刑獄之實權。三品。

有解士先者，[1]告申坦昔與丞相義宣同謀。[2]時坦已死，子令孫時作山陽郡，[3]自繫廷尉。[4]興宗議曰："若坦昔爲戎首，身今尚存，累經肆眚，猶應蒙宥。令孫天屬，理相爲隱。況人亡事遠，追相誣訐，斷以禮律，義不合關。若士先審知逆謀，當時即應聞啓，苞藏積年，發因私怨，況稱風聲路傳，實無定主，而干黷欺罔，罪合極法。"又有訟民嚴道恩等二十二人，[5]事未洗正，敕以當訊，權繫尚方。[6]興宗以訟民本在求理，故不加械，即若繫尚方，於事爲苦。又司徒前劾送武康令謝沈及郡、縣尉還職司十一人，[7]坐仲良鑄錢不禽，[8]久已判結。又送郡主簿丘元敬等九人，[9]或下疾假，或去職已久，又加執啓。事悉見從。

[1]解士先：人名。本書僅此一見，其事不詳。

[2]申坦：人名。魏郡魏（今河北大名縣）人，申永之子。本書卷六五有附傳。 義宣：人名。即南郡王劉義宣。劉裕第六子。本書卷六八有傳。

[3]令孫：人名。即申令孫。本書卷六五有附傳。 作山陽郡：意爲任山陽太守。山陽，郡名。治所在今江蘇淮安市楚州區。

[4]廷尉：官署名。中央最高司法刑獄機構。

[5]嚴道恩：人名。本書僅此一見，其事不詳。

[6]尚方：官署名。是役使工徒、製作軍械的機構，也可以羈押犯人。

[7]謝沈：人名。本書卷五二《謝純傳》："純孫沈，太宗泰始初，爲巴陵王休若衛軍録事參軍、山陰令，坐事誅。" 郡、縣尉：即郡尉、縣尉。郡尉協助郡守典武職甲卒。縣尉掌一縣軍事，逐捕

盗賊。

　　[8]仲良：人名。本書僅此一見，其事不詳。

　　[9]丘元敬：人名。本書僅此一見，其事不詳。

　　出爲東陽太守，[1]遷安陸王子綏後軍長史、江夏内史，[2]行郢州事。[3]徵還，未拜，留爲左民尚書。[4]頃之，轉掌吏部。時上方盛淫宴，虐侮群臣，自江夏王義恭以下，[5]咸加穢辱，唯興宗以方直見憚，不被侵媟。尚書僕射顏師伯謂議曹郎王耽之曰：[6]“蔡尚書常免昵戲，去人實遠。”耽之曰：“蔡豫章昔在相府，亦以方嚴不狎，武帝宴私之日，未嘗相召，每至官賭，常在勝朋。蔡尚書今日可謂能負荷矣。”

　　[1]東陽：郡名。治所在今浙江金華市。

　　[2]安陸王：王爵名。王國在今湖北安陸市。　子綏：人名。即劉子綏。宋孝武帝第四子，先封安陸王，官郢州刺史，後改封江夏王，因參與晉安王子勛叛亂，被殺。

　　[3]郢州：治所在今湖北武漢市武昌區。

　　[4]左民尚書：官名。五曹尚書之一，左民曹長官。掌修繕功作、鹽池園苑等土木工程。三品。

　　[5]江夏王：王爵名。王國在今湖北武漢市武昌區。　義恭：人名。即劉義恭。劉裕第五子。本書卷六一有傳。

　　[6]尚書僕射：官名。尚書省次官。自尚書令爲宰相之任，不親庶務，則由僕射主持尚書省工作。三品。　顏師伯：人名。字長淵，琅邪臨沂人。本書卷七七有傳。　議曹郎：官名。尚書省諸曹郎之一，主參議。六品。　王耽之：人名。本書僅此一見，其事不詳。

　　大明末，[1]前廢帝即位，[2]興宗告太宰江夏王義恭，應須策文。義恭曰：“建立儲副，本爲今日，復安用此。”興宗曰：“累朝故事，莫不皆然。近永初之末，營陽王即位，亦有文策。今在尚書，可檢視也。”不從。興宗時親奉璽綬，嗣主容色自若，了無哀貌。興宗出謂親故曰：“魯昭在戚而有嘉容，[3]終之以釁結大臣，昭子請死。[4]國家之禍，其在此乎。”時義恭録尚書事，受遺輔政，阿衡幼主，[5]而引身避事，政歸近習。越騎校尉戴法興、中書舍人巢尚之專制朝權，[6]威行近遠。興宗職管九流，[7]銓衡所寄，每至上朝，輒與令録以下，陳欲登賢進士之意，又箴規得失，博論朝政。義恭素性恇橈，[8]阿順法興，常慮失旨，聞興宗言，輒戰懼無計。先是大明世，奢侈無度，多所造立，賦調煩嚴，徵役過苦。至是發詔，悉皆削除，由此紫極殿南北馳道之屬，[9]皆被毀壞。自孝建以來至大明末，[10]凡諸制度，無或存者。興宗於都坐慨然謂顔師伯曰：“先帝雖非盛德主，要以道始終。三年無改，[11]古典所貴。今殯宮始徹，山陵未遠，而凡諸制度興造，不論是非，一皆刊削。雖復禪代，亦不至爾。天下有識，當以此窺人。”師伯不能用。

[1]大明：宋孝武帝劉駿年號（457—464）。

[2]前廢帝：即劉駿長子劉子業。本書卷七有紀。

[3]魯昭在戚而有嘉容：魯昭公在父喪中面有喜色。事見《左傳》襄公三十一年：“居喪而不哀，在戚而有嘉容。”

[4]昭子請死：魯昭公無道，被季孫氏、孟孫氏、叔孫氏趕出

在外，不能回國。昭公二十六年叔孫昭子（名幕，即穆叔子）"求
內其君，無病而死"。史家感嘆説："不知天棄魯乎？抑魯君有罪于
鬼神也？"事見《左傳》昭公二十六年、《史記》卷三三《魯周公
世家》。

　　[5]阿衡幼主：匡扶幼主。阿衡本爲商湯宰相，即伊尹，曾輔
佐太甲振興湯業。此處"阿衡"乃動名詞，作"匡扶"解。

　　[6]越騎校尉：官名。侍衛武官，不領兵，用以安置勳舊老臣。
四品。　戴法興：人名。會稽山陰（今浙江紹興市）人。本書卷九
四有傳。　中書舍人：官名。即中書通事舍人。本爲七品小官，因
接近皇帝，備受重用，遂由收納、轉呈文書奏章之本職，漸奪中書
侍郎草擬詔書之任。　巢尚之：人名。宋明帝的親信，後官至黄門
侍郎。本書卷九四有傳。

　　[7]職管九流：職責管理九品。時以九品取人，是泛指吏部尚
書的官吏任免權。

　　[8]恇橈：膽小怕事。

　　[9]紫極殿：皇帝居住的宫殿。宋孝武帝劉駿所建，"雕欒綺
節，珠窗網户"，極其華麗。　馳道：專供皇帝行馳車馬的道路。
在臺城內，宋孝武帝大明五年，"初立馳道，自閶闔門至于朱雀門，
又自承明門至于玄武湖"。前廢帝景和元年"復立南北兩馳道"。
（見顧炎武《歷代宅京記》卷一三。）

　　[10]孝建：宋孝武帝劉駿年號（454—456）。

　　[11]三年無改：全意應是《論語·學而》云："三年無改於父
之道，可謂孝矣。"

　　興宗每陳選事，法興、尚之等輒點定回換，僅有在
者。興宗於朝堂謂義恭及師伯曰："主上諒闇，[1]不親萬
機，而選舉密事，多被删改，復非公筆，亦不知是何天
子意。"王景文、謝莊等遷授失序，[2]興宗又欲爲美選。

時薛安都爲散騎常侍、征虜將軍、太子左率，[3]殷恆爲中庶子。[4]興宗先選安都爲左衛將軍，常侍如故；殷恆爲黃門、領校。[5]太宰嫌安都爲多，欲單爲左衛。興宗曰：“率、衛相去，唯阿之間。且已失征虜，非乃超越，復奪常侍，頓爲降貶。若謂安都晚達微人，本宜裁抑，令名器不輕，宜有貫序。謹依選體，非私安都。”義恭曰：“若宮官宜加超授者，[6]殷恆便應侍中，那得爲黃門而已。”興宗又曰：“中庶、侍中，相去實遠，且安都作率十年，殷恆中庶百日，今又領校，不爲少也。”使選令史顏褘之、薛慶先等往復論執，[7]義恭然後署案。

[1]諒闇：亦作“諒陰”。特指皇帝居喪所住的房子，泛指居喪。《禮記·喪服四制》：“《書》曰：‘高宗諒闇，三年不言。’”鄭玄注：“闇，謂廬也。”

[2]王景文：人名。名彧，琅邪臨沂人。本書卷八五有傳。謝莊：人名。字希逸，陳郡陽夏人。本書卷八五有傳。又“謝莊”各本並作“謝章”，中華本據《南史》改。

[3]薛安都：人名。河東汾陰（今山西萬榮縣）人。本書卷八八有傳。 征虜將軍：官名。武官名號，亦可作爲高級文職官員的加官。三品。

[4]殷恆：人名。陳郡長平（今河南西華縣）人，殷景仁孫。事見本書卷六三《殷景仁傳》。中華本校勘記云：“殷恆”各本並作“殷常”，據《南史》改。李慈銘《宋書札記》云：“殷常當作殷恆，趙宋諱改，應據《南史》正。”以下三出“殷常”，並改正。

[5]領校：官名。領軍校尉的簡稱。

[6]若宮官宜加超授者：各本並脫“若宮”二字，中華本據《南史》補。宮官，即宦官。

　　[7]選令史：官名。即尚書省選曹令史，掌文書案牘，頗有實權。　顏禔之：人名。中華本本書卷七七《顏師伯傳》作“顏褘之”，誤。　薛慶先：人名。本書僅兩見，其事不詳。

　　既中旨以安都爲右衛，加給事中，由是大忤義恭及法興等，出興宗吳郡太守。固辭郡，執政愈怒，又轉爲新安王子鸞撫軍司馬、輔國將軍、南東海太守，[1]行南徐州事。[2]又不拜，苦求益州。[3]義恭於是大怒，上表曰：“臣聞慎節言語，《大易》有規，銓序九流，無取裁□。若乃結黨連群，讒訴互起，街談巷議，罔顧聽聞，乃撤實憲制所宜禁經之巨蠹。[4]侍中秘書監臣或自表父疾，必求侍養，聖旨矜體，特順所陳，改授臣府元僚，兼帶軍、郡。雖臣駑劣，府任非輕，准之前人，不爲屈後。京郡本以爲禄，不計户之少多，遇軼便用，無關高下。撫軍長史莊滯府累朝，每陳危苦，内職外守，稱未堪依。唯王球昔比，[5]賜以優養，恩慈之厚，不近於薄。前新除吳郡太守興宗，前居選曹，多不平允，鴻渥含宥，恕其不閑，改任大都，寵均阿輔，仍苦請益州，雅違成命。伏尋揚州刺史子尚、吳興太守休若，[6]並國之茂戚，魯、衛攸在，[7]猶牧守東山，竭誠撫莅，而辭擇適情，起自庶族，[8]逮佐北藩，尤無欣荷。御史中丞永，[9]昔歲餘愆，從恩今授。光禄勳臣淹，[10]雖曰代臣，[11]累經降黜，後效未申，以何取進？司徒左長史孔覬，[12]前除右衛，尋徙今職，回換之宜，不爲乃少。竊外談謂或等咸爲失分，又聞興宗躬自怨懟，與尚書右僕射師伯疏，辭旨甚苦。臣雖不見，所聞不虛。臣以凡才，不應機務，謬自幸會，受任三朝，進無古人舉賢之美，退無在下獻替之績，致茲紛紜，伏增慚悚。然此源不塞，此風弗變，將虧正道，塵穢盛猷。伏願聖聽，賜垂覽察。”詔曰：“太宰表如此，省以憮然。朕恭承洪緒，思弘盛烈，而在朝倰競，[13]驅扇成風，將何以式揚先德，克隆至化。公體國情深，保釐攸託，[14]便可付外詳議。”義恭因使尚書令柳元景奏曰：[15]“臣義恭表、詔書如右。攝曹辨覈尚書袁愍孫牒：[16]‘此月十七日，詣僕射顏師伯，語次，因及尚書蔡興宗有書固辭今授，仍出疏見示。[17]乃者數紙，不意悉何所道，緣此因及朝士。當今聖世，不可使人以爲少。今牒。’數之，朝廷處之實得所，臣等亦自謂得分，常多在門，袁愍孫無或措多，而愚意欲啓更量出內之宜，芻蕘管見，願在聞徹。選令史宣傳密事，故因附上聞，亦外人言此。今薛慶先列：[18]‘今月十八日，往尚書袁愍孫論選事。愍孫云：昨詣顏僕射，出蔡尚書疏見示，言辭甚苦。又云所得亦少。主上踐阼始爾，朝士有此人不多，物議謂應美用，乃更恨少，使咨事便啓錄公。又謝莊□時未老，其疾以轉差，今居此任，復爲非宜，謂宜中書令才望爲允。又孔覬南士之美，所歷已多，近頻授即復回改，於理爲屈，門下無人，此是名選。又張永人地可論，其去歲愆戾，非爲深罪，依其望復門下一人。張淹昔忝南下，預同休戚，[19]雖屢經愆黜，事亦已久，謂應秘書監。’帶授興宗手跡數紙，文翰炳然，事證明白，不假覈辨。愍孫任居官人，職掌銓裁，若有未允，[20]則宜顯言，而私加許與，自相選署，託云物論，終成虛詭，隱末出端，還爲矛楯。臣聞九官成讓，虞風垂則，[21]誹主怨時，漢罪夙斷。[22]況義爲身發，言謗朝序，亂辟害政，[23]混穢大猷，紛紜彰謬，上延詔旨，不有霜准，[24]軌憲斯淪。請解興宗新附官，須事御，收付廷尉法獄治罪，免愍孫所居官。"詔曰："興宗首亂朝典，允當明憲，以其昔經近侍，未忍盡法，可令思愆遠封。愍孫竊評自己，委咎物議，可以子領職。"

[1]南東海：郡名。治所在今江蘇鎮江市京口區。

[2]南徐州：治所在今江蘇鎮江市京口區。

[3]益州：治所在今四川成都市。

[4]乃撤實憲制所宜禁經之巨蠹：中華本校勘記云："句有訛奪，不可解。"

[5]王球：人名。字倩玉，琅邪臨沂人。本書卷五八有傳。

[6]子尚：人名。即劉子尚。封豫章王，宋孝武帝第二子。本書卷八〇有傳。 休若：人名。即劉休若。封巴陵王，宋文帝第十九子。本書卷七二有傳。

[7]魯、衛攸在：魯國、衛國所在。言豫章王子尚、巴陵王休若處周初魯國、衛國的重要地位。

[8]而辭擇適情，起自庶族：李慈銘《宋書札記》云："當作'而興宗起自庶族，辭擇適情'，兩句互倒，又脫興宗二字耳。"按："興宗起自庶族"是與皇族相對而言。

[9]永：人名。即張永。字景雲，吳郡吳人，張茂度之子。本書卷五三有附傳。

[10]淹：人名。即張淹。張暢之子。本書卷四六有附傳。

[11]代臣：父子相繼爲臣，即靠家資門蔭而當官的人。

[12]孔覬：人名。字思遠，會稽山陰人。本書卷八四有傳。

[13]倰競：侵凌競爭。

[14]保釐：治理、保護百姓，使之安定。《尚書·畢命》：“以成周之衆，命畢公保釐東郊。”孔傳：“用成周之民衆，命畢公使安理治正成周東郊，令得所。”

[15]柳元景：人名。字孝仁，河東解（今山西臨猗縣）人。本書卷七七有傳。

[16]袁愍孫：人名。名粲，字景倩，陳郡陽夏人。本書卷八九有傳。

[17]示：各本並作“公”。李慈銘《宋書札記》：“見公當作見示。”據改。

[18]薛：各本並作“辥”，中華本據嚴輯《全宋文》改。
列：猶供詞。

[19]張淹昔忝南下，預同休戚：“昔”各本並作“替”，“同”各本並作“因”。李慈銘《宋書札記》云：“替當作昔，因當作同。”據改。

[20]允：各本並作“久”。李慈銘《宋書札記》云：“久當作允。”據改。

[21]九官成讓，虞風垂則：九官相讓之風，是舜遺留下來的準則。《漢書》卷三六《楚元王傳》：“臣聞舜命九官，濟濟相讓，和之至也。”虞舜的九官，禹作司空，棄任后稷，契司徒，咎繇作士，垂任共工，益朕虞，伯夷秩宗，夔典樂，龍納言。

[22]誹主怨時，漢罪夙斷：誹謗君主怨恨時政，這就是漢代定罪的正常依據。按：漢有誹謗罪。《漢書》卷九〇《嚴延年傳》：“坐怨望非謗政治不道棄市。”

[23]亂辟害政：敗壞法律，危害政治。

[24]霜准：嚴肅的法紀。

除興宗新昌太守，[1]郡屬交州。[2]朝廷莫不嗟駭。先是，興宗納何后寺尼智妃爲妾，[3] 姿貌甚美，有名京師。迎車已去，而師伯密遣人誘之，潛往載取，興宗迎人不覺。及興宗被徙，論者並云由師伯，師伯甚病之。法興等既不欲以徙大臣爲名，師伯又欲止息物議，由此停行。頃之，法興見殺，尚之被繫，義恭、師伯誅，復起興宗爲臨海王子頊前軍長史、輔國將軍、南郡太守，行荆州事，[4] 不行。

[1] 新昌：郡名。治所在今越南永富省安朗縣西夏雷鄉。

[2] 交州：治所在今越南北寧省仙遊縣東。

[3] 何后寺：佛寺名。寺址不詳。　智妃：女尼名。本書僅此一見，其事不詳。

[4] 臨海王：王爵名。王國在今浙江臨海市東南章安鎮。　子頊：人名。即劉子頊。字孝列，宋孝武帝第七子。本書卷八〇有傳。　前軍長史：官名。前將軍府幕僚長，掌府中庶務。　輔國將軍：官名。將軍名號，一度改稱輔師將軍。三品。　南郡：治所在今湖北荆州市荆州區紀南城。　荆州：治所在今湖北荆州市荆州區。

時前廢帝凶暴，興宗外甥袁顗爲雍州刺史，[1] 勸興宗行，曰："朝廷形勢，人所共見，在內大臣，朝夕難保。舅今出居陝西，[2] 爲八州行事，[3] 顗在襄、沔，[4] 地勝兵强，去江陵咫尺，水陸通便。若朝廷有事，可共立桓、文之功，豈與受制凶狂、禍難不測同年而語乎？今不去虎口，而守此危逼，後求復出，豈得哉？"興宗曰："吾素門平進，[5] 與主上甚疏，未容有患。宮省內外，人不自保，會應有變。若內難得弭，外釁未必可量。汝欲在外求全，我欲居内免禍，各行所見，不亦善乎。"時京城危懼，衣冠咸欲遠徙，[6]後皆流離外難，百不一存。

[1]袁顗：人名。字景章，陳郡陽夏人。本書卷八四有傳。雍州：僑置。治所在今湖北襄陽市襄城區。

[2]出居陝西：周有分陝而治的傳説，周公旦治陝以東，召公奭治陝以西，後世官員出任地方官就稱"分陝"。荆州在建康以西，故出任荆州刺史者稱爲"出居陝西"。

[3]行：各本並脱，中華本據《南史》、《通鑑》宋景和元年補。

[4]襄、沔：襄江、沔水的簡稱。此泛指雍州地區。

[5]素門：寒素門第。這是與皇族相對而言，也是謙稱，實際濟陽蔡氏在當時是高級門閥士族。

[6]衣冠：縉紳、士大夫，此處指官僚士族。

重除吏部尚書。太尉沈慶之深慮危禍，閉門不通賓客，嘗遣左右范羨詣興宗屬事。[1]興宗謂羨曰："公閉門絶客，以避悠悠請託耳，身非有求，何爲見拒。"還造慶之，慶之遣羨報命，要興宗令往。興宗因説之曰："先帝雖無功於天下，要能定平凶逆，在位十一年，以道晏駕。主上紹臨，四海清謐，即位正是舉止違衷，小小得失耳，亦謂春秋尚富，進德可期。而比者所行，人倫道盡。今所忌憚，唯在於公，百姓喁喁，無復假息之望，所冀正在公一人而已。若復坐視成敗者，非唯身禍不測，四海重責，將有所歸。公威名素著，天下所服，今舉朝遑遑，人人危怖，指麾之日，誰不景從？如其不斷，旦暮禍及。僕昔佐貴府，蒙眷異常，故敢盡言，願公思爲其計。"慶之曰："僕比日前，[2]慮不復自保，但盡忠奉國，始終以之，正當委天任命耳。加老罷私門，兵力頓闕，雖有其意，事亦無從。"興宗曰："當今懷謀思奮者，非要富貴，求功賞，各欲免死朝夕耳。殿内將帥，正聽外間消息，若一人唱首，則俯仰可定。況公威風先著，統戎累朝，諸舊部曲，布在宮省。宗越、譚金之徒，[3]出公宇下，並受生成；[4]攸之、恩仁，[5]公家口子弟耳，誰敢不從。且公門徒、義附，[6]並三吳勇士，[7]宅内奴僮，人有數百。陸攸之今入東討賊，[8]又大送鎧仗，在青溪未發。[9]攸之公之鄉人，驍勇有膽力，取其器仗，以配衣宇下，使攸之率以前驅，天下之事定矣。僕在尚書中，自當率百僚案前世故事，更簡賢明，以奉社稷。昔太甲罪不加民，[10]昌邑虐不及下，[11]伊尹、霍光猶成大事，[12]況今蒼生窘急，禍百往代乎。又朝廷諸所行造，民間皆云公悉豫之。今若沈疑不決，當有先公起事者，公亦不免附從之禍。車駕屢幸貴第，醉酣彌留，又聞屏左右獨入閤内，此萬世一時，機不可失。僕荷眷深重，[13]故吐去梯之言，[14]宜詳其禍福。"慶之曰："深感君無已。意此事大，非僕所能行，事至故當抱忠以没耳。"頃之，慶之果以見忌致禍。

[1]范羡：人名。本書僅此一見，其事不詳。

[2]比日：此二字各本並作"皆"一字，中華本據《南史》改。

[3]宗越：人名。南陽葉（今河南葉縣）人。本書卷八三有傳。"宗越"各本並作"宋越"，中華本據本書《宗越傳》訂正。

譚金：人名。荒中傖人（今湖北江陵縣以東荒谷中的北方人）。事見本書卷八三《宗越傳》。

［4］生成：養育。

［5］攸之：人名。即沈攸之。字仲達，沈慶之之侄。本書卷七四有傳。　恩仁：人名。即沈恩仁。曾參與討伐晉安王子勛及鄧琬之亂，官至鎮北參軍。本書卷八四《鄧琬傳》及《南齊書》卷一《高帝紀上》作“沈思仁”。

［6］門徒、義附：官僚士族的依附人口，可任驅使，但地位比奴僮高。門徒經主人推薦可進入仕途。

［7］三吳：地區名。謂吳郡、吳興、會稽三郡，泛指長江下游一帶。

［8］陸攸之：人名。參與討伐晉安王子勛及鄧琬之亂，時任殿中將軍。本書卷八七《殷琰傳》作“陸悠之”。

［9］青溪：溪名。在今江蘇南京市東北紫金山屈曲西南流，經南京市區入秦淮河。

［10］太甲：人名。商湯之孫，即位後縱欲無度，伊尹囚之於桐宮。居三年悔過，伊尹又讓他復位。

［11］昌邑：封邑名。代指昌邑王劉賀，漢武帝孫。漢昭帝死，霍光立之爲帝。荒淫無道，立二十七日又被霍光廢爲昌邑王。

［12］伊尹：人名。商湯之名臣。曾助湯滅夏，被湯尊爲阿衡，後又輔佐湯孫太甲，穩定了商的統治。死時百餘歲，帝沃丁葬以天子之禮。　霍光：人名。字子孟，官至大司馬大將軍，封博陸侯，是漢武帝托孤之臣，輔佐昭、宣二帝，號稱中興。《漢書》卷六八有傳。

［13］眷：各本並作“養”，中華本據《南史》訂正。

［14］去梯之言：絕對不能讓外人知道的秘語。典出《三國志》卷三五《蜀書·諸葛亮傳》。劉表長子劉琦因受後母排斥，內心憂懼，想問計於諸葛亮何以自處，亮避而不答。一天劉琦邀亮於高樓之上，去梯而後對亮說：“今日上不至天，下不至地，言出子口，

入於吾耳，可以言未？"亮答曰："君不見申生在内而危，重耳在外而安乎？"劉琦受到啓發，於是要求出爲江夏太守，果得以保全。

　　時領軍王玄謨大將有威名，[1]邑里訛言云已見誅，市道喧擾。玄謨典籤包法榮者，[2]家在東陽，興宗故郡民也，爲玄謨所信，見使至。興宗因謂曰："領軍殊當憂懼。"法榮曰："領軍比日殆不復食，[3]夜亦不眠，常言收已在門，不保俄頃。"興宗曰："領軍憂懼，當爲方略，那得坐待禍至。"初，玄謨舊部曲猶有三千人，廢帝頗疑之，徹配監者。玄謨太息深怨，啓留五百人巖山營墓，[4]事猶未畢，少帝欲獵，又悉喚還城。巖兵在中堂，[5]興宗勸以此衆舉事，曰："當今以領軍威名，率此爲朝廷唱始，事便立剋。領軍雖復失脚，自可乘輿處分。[6]禍殆不測，勿失事機。君還，可白領軍如此。"玄謨遣法榮報曰："此亦未易可行，期當不泄君言。"太宗踐祚，[7]玄謨責所親故吏郭季産、女壻韋希真等曰：[8]"當艱難時，周旋輩無一言相扣發者。"[9]季産曰："蔡尚書令包法榮所道，非不會機，但大事難行爾，季産言亦何益？"玄謨有慚色。

　　[1]領軍：官名。領軍將軍的簡稱。掌禁衛軍及京師諸軍。三品。　王玄謨：人名。字彦德，太原祁（今山西祁縣）人。本書卷七六有傳。

　　[2]典籤：官名。亦稱典籤帥或籤帥。州府王國屬吏，由皇帝派遣並直接向皇帝匯報地方情況，故品級雖不高，但實權在長史之上。　包法榮：人名。本書僅此一見，其事不詳。

　　[3]比日：各本並作"此日"，中華本據《南史》改。

　　[4]巖山：地名。在今江蘇南京市南，宋孝武帝墓在此。

　　[5]中堂：宮中庭院。

　　[6]處分：調度、指揮。

　　[7]太宗：宋明帝劉彧廟號。

　　[8]郭季産：人名。本書僅此一見，其事不詳。　韋希真：人名。官至始興太守，原爲鄧琬部下，後反琬歸服朝廷。

　　[9]周旋輩：關係密切的人們。周一良《札記》：“周旋乃親密往來之意。”

　　右衛將軍劉道隆爲帝所寵信，[1]專統禁兵。乘輿嘗夜幸著作佐郎江斅宅，[2]興宗馬車從，道隆從車後過，興宗謂曰：“劉公！比日思一閑寫。”道隆深達此旨，掐興宗手曰：“蔡公！勿多言。”帝每因朝宴，捶毆群臣，自驃騎大將軍建安王休仁以下侍中袁愍孫等，[3]咸見陵曳，唯興宗得免。

　　[1]右衛將軍：官名。禁衛軍統帥之一，權任很重，多由皇帝親信擔任。四品。　劉道隆：人名。彭城人，劉懷慎侄。本書卷四五有附傳。

　　[2]著作佐郎：官名。掌搜集史料供著作郎撰史，多用文學之士，爲世族高門子弟起家之選。六品。　江斅：人名。字叔文，濟陽考城人。《南齊書》卷四三有傳。

　　[3]驃騎大將軍：官名。居諸名號大將軍之首，開府置僚屬，不領兵，多加於權臣元老，以示尊崇。一品。　建安王：王爵名。王國在今福建建甌市南松溪南岸。　休仁：人名。即劉休仁。宋文帝第十二子，後改封始安王。本書卷七二有傳。

　　頃之，太宗定大事。是夜，廢帝橫尸在太醫閣口，[1]興宗謂尚書右僕射王景文曰：“此雖凶悖，要是天下之主，宜使喪禮粗足。若直如此，四海必將乘人。”時諸方並舉兵反，國家所保，唯丹陽、淮南數郡，[2]其間諸縣，或已應賊。東兵已至永世，[3]宮省危懼，上集群臣以謀成敗。興宗曰：“今普天圖逆，人有異志，宜鎮之以靜，[4]以至信待人。比者逆徒親戚，布在宮省，若繩之以法，則土崩立至，宜明罪不相及之義。物情既定，人有戰心，六軍精勇，器甲犀利，以待不習之兵，其勢相萬耳。願陛下勿憂。”上從之。

[1]太醫閤：太醫署門。本書卷七《前廢帝紀》稱廢帝在華林園竹林堂被殺。

[2]丹陽：郡名。治所在今江蘇南京市。　淮南：郡名。治所在今安徽當塗縣。

[3]永世：縣名。治所在今江蘇溧陽市南古縣橋。

[4]之：各本並脫“之”字，中華本據《元龜》卷四七七、《通鑑》宋泰始二年補。

加游擊將軍，未拜，遷尚書右僕射，[1]尋領衛尉，[2]又領兗州大中正。[3]太宗謂興宗曰：“諸處未定，殷琰已復同逆。頃日人情云何？事當濟不？”興宗曰：“逆之與順，臣無以辨。今商旅斷絕，而米甚豐賤，四方雲合，而人情更安，以此卜之，清蕩可必。但臣之所憂，更在事後，猶羊公言既平之後，[4]方當勞聖慮耳。”尚書褚淵以手板築興宗，[5]興宗言之不已。上曰：“如卿言。”赭圻平，[6]函送袁顗首，勑從登南掖門樓觀之，[7]興宗澘然流涕，上不悦。事平，封興宗始昌縣伯，[8]食邑五百户。固讓不許，封樂安縣伯，[9]邑三百户，國秩吏力，終以不受。

[1]尚書右僕射：中華本校勘記云：“《明帝紀》、《通鑑》宋泰始二年作‘尚書左僕射’。《南史》《建康實錄》作‘尚書右僕射’。”

[2]衛尉：官名。掌宮禁及京城防衛。三品。

[3]大中正：官名。評定州内士族品第，核實郡中正上報的品、狀，通過司徒府有推薦和罷免郡中正的權力。衹有鄉品二品的高門士族纔能任此官。

[4]羊公：即羊祜。字叔子，泰山南城人。《晋書》卷三四有傳。羊祜死前曾説“取吴不必須臣自行，但既平之後，當勞聖慮耳。”

[5]褚淵：人名。字彦回，河南陽翟（今河南禹州市）人。《南齊書》卷二三有傳。

[6]赭圻：城名。在今安徽繁昌縣西北長江南岸赭圻嶺下。

[7]南掖門樓：各本並作“高掖門樓”，中華本據《南史》改。

[8]始昌縣伯：伯爵名。封邑在今廣東四市會北。

[9]樂安縣伯：伯爵名。封邑在今浙江仙居縣。

　　時殷琰據壽陽爲逆，[1]遣輔國將軍劉勔攻圍。[2]四方既平，琰嬰城固守，上使中書爲詔譬琰。興宗曰：“天下既定，是琰思過之日，陛下宜賜手詔數行以相弘慰。今直中書爲詔，彼必疑謂非真，未是所以速清方難也。”不從。琰得詔，謂劉勔詐造，果不敢降。攻戰經時，久乃歸順。

[1]殷琰：人名。陳郡長平人。本書卷八七有傳。

[2]劉勔：人名。字伯猷，彭城人。本書卷八六有傳。

　　先徐州刺史薛安都據彭城反，後遣使歸順。泰始二年冬，[1]遣張永率軍迎之。興宗曰："安都遣使歸順，此誠不虛。今宜撫之以和，即安所莅，不過須單使及咫尺書耳。[2]若以重兵迎之，勢必疑懼，或能招引北虜，[3]爲患不測。叛臣釁重，必宜翦戮，則比者所宥，亦已弘矣。況安都外據强地，密邇邊關，考之國計，尤宜馴養。如其遂叛，將生旰食之憂。[4]彭城嶮固，兵强將勇，圍之既難，攻不可拔，疆塞之虞，二三宜慮，臣爲朝廷憂之。"時張永已行，不見從。安都聞大軍過淮，嬰城自守，要取索虜。[5]永戰大敗，又值寒雪，死者十八九，遂失淮北四州。[6]其先見如此。初，永敗問至，上在乾明殿，[7]先召司徒建安王休仁，又召興宗，謂休仁曰："吾慚蔡僕射。"以敗書示興宗，曰："我愧卿。"

　　[1]泰始二年冬：各本並作"元年"，中華本據《南史》改。按本書卷八《明帝紀》，薛安都引北魏軍在泰始二年冬。

　　[2]不過：各本並作"乃遣"，中華本據《元龜》卷四六五改。

　　[3]北虜：對北魏政權的蔑稱。

　　[4]旰食：晚食，指事務繁忙不能按時吃飯。《左傳》昭公二十年："奢聞員不來，曰：'楚君、大夫其旰食乎？'"

　　[5]索虜：南方人對北魏鮮卑人的蔑稱。因鮮卑人頭上有辮髮，故南人蔑稱其爲索虜、索頭虜。

　　[6]淮北四州：豫州、兗州、青州、冀州。

　　[7]殿：各本並作"欲"，中華本據《元龜》卷四六五改。

三年春，出爲使持節、都督郢州諸軍事、安西將軍、郢州刺史。[1]坐詣尚書切論以何始眞爲諮議參軍，[2]初不被許，後又重陳，上怒，貶號平西將軍，[3]尋又復號。初，吳興丘珍孫言論常侵興宗。[4]珍孫子景先，人才甚美，[5]興宗與之周旋。及景先爲鄱陽郡，[6]值晉安王子勛爲逆，轉在竟陵，[7]爲吳喜所殺。母老女稚，流離夏口。[8]興宗至郢州，親自臨哭，致其喪柩家累，令得東還。在任三年，遷鎮東將軍、會稽太守，[9]加散騎常侍，尋領兵置佐，加都督會稽、東陽、新安、永嘉、臨海五郡諸軍事，[10]給鼓吹一部。[11]會稽多諸豪右，不遵王憲。又幸臣近習，參半宮省，封略山湖，妨民害治。興宗皆以法繩之。會土全實，民物殷阜，王公妃主，邸舍相望，橈亂在所，大爲民患，子息滋長，[12]督責無窮。興宗悉啓罷省。又陳原諸逋負，解遣雜役，並見從。三吳舊有鄉射禮，[13]久不復修，興宗行之，禮儀甚整。先是元嘉中，羊玄保爲郡，[14]亦行鄉射。

[1]安西將軍：官名。四安將軍之一，爲出鎮某一地區的軍事長官，或作爲刺史等地方官員兼理軍務的加官，權任很重。三品。

[2]何始眞：人名。本書僅此一見，其事不詳。　諮議參軍：官名。王府、丞相府、公府、位從公府、州軍府皆置，職掌不定。

[3]平西將軍：官名。四平將軍之一，多持節都督或監某一地區的軍事，亦作爲刺史等地方官員兼理軍事的加官。三品。

[4]丘珍孫：人名。曾任周嶠冠軍府司馬。元凶劉劭篡位，周嶠不知所爲，珍孫殺周嶠，投向孝武帝。

[5]景先：人名。即丘景先。官至鄱陽内史、竟陵太守，參與晉安王子勛之亂，兵敗後變形爲沙門逃走，追禽伏誅。

[6]鄱陽：郡名。治所在今江西鄱陽縣東北。

[7]竟陵：郡名。治所在今湖北鍾祥市。

[8]夏口：城名。在今湖北武漢市黃鵠山上。

[9]鎮東將軍：官名。四鎮將軍之一，多持節都督出鎮方面。三品。如加持節都督銜，二品。

[10]新安：郡名。治所在今浙江淳安縣西北。　永嘉：郡名。治所在今浙江温州市。

[11]鼓吹：演奏樂曲的軍樂隊。

[12]子息：放貸利息。

[13]鄉射禮：民間射箭飲酒的禮儀。《周禮·地官·鄉大夫》：“退而以鄉射之禮五物詢衆庶。”孫詒讓《正義》：“退謂王受賢能之書，事畢，鄉大夫與鄉老則退，各就其鄉學之庠，而與鄉人習射，是爲鄉射之禮。”

[14]羊玄保：人名。太山南城人。本書卷五四有傳。

　　太宗崩，興宗與尚書令袁粲、右僕射褚淵、中領軍劉勔、鎮軍將軍沈攸之同被顧命。以興宗爲使持節、都督荊湘雍益梁寧南北秦八州諸軍事、征西將軍、開府儀同三司、荊州刺史，加班劍二十人，[1]常侍如故。被徵還都。時右軍將軍王道隆任參内政，[2]權重一時，躡履到前，不敢就席，良久方去，竟不呼坐。元嘉初，中書舍人秋當詣太子詹事王曇首，[3]不敢坐。其後中書舍人王弘爲太祖所愛遇，[4]上謂曰：“卿欲作士人，得就王球坐，乃當判耳。殷、劉並雜，[5]無所知也。[6]若往詣球，可稱旨就席。”球舉扇曰：“若不得爾。”弘還，依事啓聞，帝曰：“我便無如此何。”五十年中，有此三事。道隆等以興宗強正，不欲使擁兵上流，改爲中書監、左光禄大夫，[7]開府儀同三司、常侍如故。固辭不拜。

[1]班劍：有紋飾的劍。漢制朝服帶劍，晉易以木，謂之班劍。後用作儀仗，由武士佩帶。天子賜給大臣，以示尊崇。

[2]右軍將軍：官名。禁衛軍主要統帥之一，權任很重，多由皇帝親信擔任。四品。　王道隆：人名。吳興烏程（今浙江湖州市）人。本書卷九四有傳。

[3]秋當：人名。各本並作“狄當”，中華本據元大德本、毛本《南史》改。《廣韻》：“秋，又姓，宋中書舍人秋當。”據此以秋當爲是。　太子詹事：官名。太子屬官，掌東宮内外庶務。三品。　王曇首：人名。琅邪臨沂人，太保王弘之少弟。本書卷六三有傳。

[4]王弘：按：本書無此王弘，錢大昕《考異》云：“按《球傳》云中書舍人徐爰，不言興宗。”李慈銘《宋書札記》云：“《南史·王球傳》作徐爰，差爲得之。”據此王弘乃“徐爰”之訛。張忱石《南朝五史人名索引》混作“太保王弘”，誤。

[5]殷、劉並雜：殷景仁、劉湛並不是真正的士族名流。殷，即殷景仁。本書卷六三有傳。劉，即劉湛。本書卷六九有傳。關於殷、劉的社會聲望及其關係，本書卷六九《劉湛傳》有較詳細的記載。

[6]無所知也：《南史》卷二九《蔡興宗傳》作“無所益也”。文意較佳。

[7]中書監：官名。中書省長官之一，自納奏、擬詔、出令之權歸中書舍人後，成爲位高職閑的官職，多用作對重臣的加官。三品。　左光禄大夫：官名。作爲在朝顯職的加官，以示優崇。或授予年老有病者爲致仕之加官，亦常用爲卒後贈官，無職掌。其禮遇

與特進同。以爲加官者，唯授章綬、禄賜、班位而已，不別給車服、吏卒。卒後贈此位者，如已是卿官，不再重給吏卒，其餘皆給。二品。

興宗幼立風概，家行尤謹，奉宗姑，事寡嫂，養孤兄子，有聞於世。太子左率王錫妻范，[1]聰明婦人也，有才藻學見，與錫弟僧達書，[2]詰讓之曰：“昔謝太傅奉嫂王夫人如慈母，[3]今蔡興宗亦有恭和之稱。”其爲世所重如此。妻劉氏早卒，[4]一女甚幼，外甥袁覬始生彖而妻劉氏亦亡。[5]興宗姊，即覬母也，[6]一孫一姪，躬自撫養，年齒相比，欲爲婚姻，每見興宗，輒言此意。大明初，詔興宗女與南平王敬猷婚，[7]興宗以姊生平之懷，屢經陳啓，答曰：“卿諸人欲各行己意，則國家何由得婚？且姊言豈是不可違之處邪？”舊意既乖，彖亦他娶。其後彖家好不終，顗又禍敗，彖等淪廢當時，孤微理盡。敬猷遇害，興宗女無子嫠居，名門高胄，多欲結姻，明帝亦勑適謝氏，興宗並不許，以女適彖。北地傅隆與廓相善，[8]興宗脩父友敬。

[1]王錫：人名。太保王弘長子，起家員外散騎常侍，官至江夏内史。本書卷四二有附傳。 王錫妻范：即范夫人。是一位知書達禮的婦人。

[2]僧達：人名。即王僧達。太保王弘少子。本書卷七五有傳。

[3]謝太傅：即謝安。字安石，陳郡陽夏人。《晋書》卷七九有傳。 王夫人：名綏，太康王韜女，謝據妻。事見《世説新語·文學》。按：謝安有二兄，長兄謝奕，夫人陳留阮氏；二兄謝據，夫人王綏，即此王夫人。

[4]劉氏：蔡興宗妻。本書僅此一見，其事不詳。

[5]袁覬：人名。袁顗之弟，好學善屬文，有清譽於世，官至司徒從事中郎、武陵内史，早卒。 象：人名。即袁象。字偉才，小字史公，後仕齊官至侍中。《南齊書》卷四八有傳。 劉氏：袁覬妻，袁象母。本書僅此一見，其事不詳。

[6]興宗姊，即覬母也：及上文"外甥袁覬"，此兩"覬"字各本均作"顗"，錢大昕《考異》曰："此兩'顗'字當作'覬'，因前文有外甥袁顗，相涉而訛耳。覬與顗爲親兄弟，則顗母即覬母。顗、覬皆爲興宗甥，無可疑者。此後人傳寫之訛，非史家之失也。"據改。覬母，本書僅此一見，其事不詳。

[7]南平王：王爵名。王國在今湖北公安縣。 敬猷：人名。即劉敬猷。南平穆王劉鑠長子。本書卷七二有附傳。

[8]北地：郡名。治所在今陝西銅川市耀州區。 傅隆：人名。字伯祚，北地靈州（今寧夏靈武市）人。本書卷五五有傳。

泰豫元年，[1]薨，時年五十八。遺令薄葬，奏還封爵。追贈後授，子景玄固辭不受，[2]又奏還封，表疏十餘上，見許。詔曰："景玄表如此。故散騎常侍、中書監、左光禄大夫、開府儀同三司、樂安縣開國伯興宗，忠恪立朝，謀猷宣著。往屬時難，勳亮帷幄，錫珪分壤，實允通誥。而懇誠慊訴，備彰存没，廉概素情，有絜聲軌。景玄固陳先志，良以惻然。雖彝典宜全，而哀款難奪，可特申不瞑之請，永矜克讓之風。"初，興宗爲郢州，府參軍彭城顏敬以式卜曰：[3]"亥年當作公，官有大字者，不可受也。"及有開府之授，而太歲在亥，[4]果薨於光禄大夫之號焉。文集傳於世。[5]

[1]泰豫：宋明帝劉彧年號（472）。

[2]子景玄：《南史》作"子順字景玄"。中華本校勘記云："蓋景玄本名順，沈約避梁武帝父諱，單稱其字。"

[3]顏敬：人名。費縣（今山東費縣）人，官至員外散騎侍郎，著名卜者。　以式卜：用式盤占卜。式，即式盤，推算曆數或占卜工具。分天地盤。天盤爲圓形，地盤爲正方形。上面畫有北斗和二十八宿星象、方位，並刻有一百八十二個圓點，代表周天度數的三百六十五又四分之一度。

[4]太歲：古代天文學中假設的歲星。古代認爲歲星（木星）十二年一周天（實爲11.68年），因將黃道分爲十二等分，以歲星所在的部位爲歲。但歲星運行的方向是自西向東，與將黃道分十二度的方向正相反，故假設有一太歲星作爲與歲星運行相反的方向運動，以每年太歲所在的部分來紀年。數術家以太歲所在部位爲凶。

[5]文集傳於世：《隋書·經籍志》沒有著錄《蔡興宗文集》（有《蔡廓文集》），説明至唐時已失傳。

　　景玄雅有父風，爲中書郎，[1]晋陵太守，[2]太尉從事中郎。[3]昇明末卒。[4]

[1]中書郎：官名。中書侍郎的省稱。中書省次官，如監、令不在可主持工作。自納奏、擬詔、出令權歸中書舍人後，官清職閑，成爲諸王起家之選。五品。

[2]晋陵：郡名。治所在今江蘇常州市。

[3]太尉從事中郎：官名。太尉府僚屬，職掌不定，或主吏，或分掌諸曹，或掌機密，或參謀議，地位較高。

[4]昇明：宋順帝劉準年號（477—479）。

　　史臣曰：世重清談，[1]士推素論，[2]蔡廓雖業力弘正，而年位未高，一世名臣，風格皆出其下。及其固辭銓衡，恥爲志屈，豈不知選録同體，義無偏斷乎。良以主闇時難，不欲居通塞之任也。遠矣哉！

[1]清談：東漢時原義是清議，所談内容主要以對人物、時事評論爲主。魏晋之際時勢險惡，士人清談轉變爲談玄，即空談玄理，清談的重心集中在有無、本末之辯上。東晋以後，國難當頭，清談又有務實的趨勢。如謝安也清談，却關心國家大事。

[2]素論：高論。有説服力、令人信服的高談闊論。

宋書　卷五八

列傳第十八

王惠　謝弘微　王球

　　王惠字令明，琅邪臨沂人，[1]太保弘從祖弟也。[2]祖劭，[3]車騎將軍。[4]父默，[5]左光禄大夫。[6]

　　[1]琅邪：郡名。治所在今山東臨沂市。　臨沂：縣名。治所在今山東費縣東（王氏故居在今山東臨沂市）。

　　[2]太保：官名。上公之一，多用作贈官以安置元老重臣，無職掌。一品。　弘：人名。即王弘。字休元。本書卷四二有傳。

　　[3]劭：人名。即王劭。字敬倫，王導第五子。《晋書》卷六五有附傳。

　　[4]車騎將軍：官名。位次驃騎將軍，在諸名號大將軍上，多作爲軍府名號以加授大臣、重要州郡長官。無職掌。二品。開府位從公者，一品。

　　[5]默：人名。即王默。曾任吳國内史。本書、《晋書》均一見，其事不詳。

　　[6]左光禄大夫：官名。作爲在朝顯職的加官，以示優崇。或

授予年老有病者爲致仕之加官，亦常用爲卒後贈官，無職掌，其禮遇與特進同。以爲加官者，唯授章綬、祿賜、班位而已，不別給車服、吏卒；死後贈此官者，如已是卿官，不再給吏卒，其餘皆給。二品。

　　惠幼而夷簡，爲叔父司徒謐所知。[1] 恬静不交遊，未嘗有雜事。陳郡謝瞻才辯有風氣，[2] 嘗與兄弟群從造惠，談論鋒起，文史間發，惠時相酬應，言清理遠，瞻等慚而退。高祖聞其名，[3] 以問其從兄誕。[4] 誕曰："惠後來秀令，鄙宗之美也。"即以爲行太尉參軍事，[5] 府主簿，[6] 從事中郎。[7] 世子建府，[8] 以爲征虜長史，[9] 仍轉中軍長史。[10] 時會稽内史劉懷敬之郡，[11] 送者傾京師，惠亦造別，還過從弟球。[12] 球問："向何所見？"惠曰："惟覺即時逢人耳。"常臨曲水，[13] 風雨暴至，座者皆馳散，惠徐起，姿制不異常日。世子爲荆州，[14] 惠長史如故，領南郡太守，[15] 不拜。宋國初建，[16] 當置郎中令，[17] 高祖難其人，謂傅亮曰："今用郎中令，不可令減袁曜卿也。"[18] 既而曰："吾得其人矣。"乃以惠居之。遷世子詹事，[19] 轉尚書，[20] 吳興太守。[21]

　　[1] 司徒：官名。三公之一，名譽宰相，亦常參録朝政，然僅掌事務，政務歸尚書，如加録尚書事，得爲真宰相。一品。　謐：人名。即王謐。字稚遠，王劭子，過繼給王協。《晋書》卷六五有附傳。

　　[2] 謝瞻：人名。字宣遠，謝晦第三兄。本書卷五六有傳。

　　[3] 高祖：宋武帝劉裕廟號。

　　[4] 誕：人名。即王誕。字茂世。本書卷五二有傳。　其：各

本並脱，中華本據《南史》補。

　　[5]行：官制用語。官缺未補，暫由他官兼攝其事。　太尉參軍事：官名。太尉府僚屬，爲諸曹長官。

　　[6]府主簿：官名。太尉府幕僚長，掌府中庶務。

　　[7]從事中郎：官名。其職掌不定，或主吏，或掌諸曹，或掌機密，或參謀議。地位較高。

　　[8]世子：王公的嫡長子，或有權嗣位的王公之子。此世子指少帝劉義符。本書卷四有紀。　建府：開府置僚屬。時劉義符任征虜將軍，可以開府。

　　[9]征虜長史：官名。征虜將軍府幕僚長，掌府中庶務。

　　[10]中軍長史：官名。中軍將軍府幕僚長，掌府中庶務。

　　[11]會稽内史：官名。會稽王國的行政長官，職同郡太守。會稽，郡國名。治所在今浙江紹興市。　劉懷敬：人名。劉懷肅二弟。本書卷四七有附傳。

　　[12]球：人名。即王球。字倩玉。本書卷五八有傳。

　　[13]曲水：水名。在今浙江紹興市西南蘭亭山。

　　[14]荆州：治所在今湖北荆州市荆州區。

　　[15]南郡：治所在今湖北荆州市荆州區。

　　[16]宋國：封國名。此指劉裕初封的宋公國，轄十郡，即徐州的彭城、沛、蘭陵，下邳，淮陽，山陽，廣陵和兗州的高平、魯、泰山。

　　[17]郎中令：官名。王公國屬官，侍從左右，戍衛王宫，其職甚重。

　　[18]袁曜卿：人名。袁涣之字。門閥中之名士，但本書僅此一見。《世説新語・文學》注稱：“（袁）準字孝尼，陳郡陽夏人。父涣，魏郎中令。”《晋書》卷八三《袁瓌傳》作“袁焕”。

　　[19]世子詹事：官名。掌世子府内外一切事務，并負有輔翊教導世子之責。

　　[20]尚書：官名。分掌尚書省諸曹，出爲朝官，每曹一尚書。

三品。

　　［21］吳興：郡名。治所在今浙江湖州市南下菰城。

　　少帝即位，[1]以蔡廓爲吏部尚書，[2]不肯拜，乃以惠代焉。惠被召即拜，未嘗接客，人有與書求官者，得輒聚置閣上，及去職，印封如初時。談者以廓之不拜，惠之即拜，雖事異而意同也。兄鑒，[3]頗好聚斂，廣營田業。惠意甚不同，謂鑒曰：“何用田爲？”鑒怒曰：“無田何由得食！”惠又曰：“亦復何用食爲？”其標寄如此。元嘉三年，[4]卒，時年四十二。追贈太常。[5]無子。

　　［1］少帝：劉裕長子劉義符。本書卷四有紀。

　　［2］蔡廓：人名。字子度，濟陽考城（今河南民權縣）人。本書卷五七有傳。　吏部尚書：官名。尚書省吏部曹長官，位在列曹尚書之上，掌官吏任免考選。三品。

　　［3］鑒：人名。即王鑒。本書僅此一見。《晉書》卷六五《王劭傳》稱王鑒、王惠“義熙中，並歷顯職”。

　　［4］元嘉：宋文帝劉義隆年號（424—453）。

　　［5］太常：官名。原掌宗廟祭祀、禮儀、教育。自禮儀郊廟制度由尚書八座及儀曹裁定，太常成爲位尊職閑的清官。三品。

　　謝弘微，陳郡陽夏人也。[1]祖韶，[2]車騎司馬。[3]父思，[4]武昌太守。從叔峻，[5]司空琰第二子也，無後，以弘微爲嗣。弘微本名密，犯所繼內諱，故以字行。

　　［1］陽夏：縣名。治所在今河南太康縣。

　　［2］韶：人名。即謝韶。爲謝家四位“尤彥秀者”（封、胡、

竭、末）之首。封即謝韶，胡即謝朗，竭即謝玄，末即謝川。封是謝韶小字。早卒。

[3]車騎司馬：官名。車騎將軍府高級僚屬，掌參贊軍務，管理府內武職，位僅次於主簿。

[4]思：人名。即謝思。字景伯，宏達有遠略。中華本校勘記云：“‘思’，《南史》同，《晋書·謝萬傳》作‘恩’。”

[5]峻：人名。即謝峻。以父謝琰功封建昌侯，在討伐孫恩戰爭中，與其父琰、兄肇一同戰死，追贈散騎侍郎。

童幼時，精神端審，時然後言。所繼叔父混名知人，[1]見而異之，謂思曰：“此兒深中夙敏，方成佳器。有子如此，足矣。”年十歲出繼。所繼父於弘微本總麻，[2]親戚中表，素不相識，率意承接，皆合禮衷。義熙初，[3]襲峻爵建昌縣侯。[4]弘微家素貧儉，而所繼豐泰，唯受書數千卷、國吏數人而已，[5]遺財祿秩，一不關豫。混聞而驚嘆，謂國郎中令漆凱之曰：[6]“建昌國祿，本應與北舍共之，國侯既不措意，今可依常分送。”弘微重違混言，乃少有所受。

[1]混：人名。即謝混。字叔源。《晋書》卷七九有傳。

[2]總麻：古代喪服名。服期三個月，是五服中最輕者。凡本宗高祖父母、曾伯叔祖父母、族伯叔父母、族兄弟及未嫁族姊妹，外姓中的表兄弟、岳父母等，均服之。

[3]義熙：晋安帝司馬德宗年號（405—418）。

[4]建昌縣侯：侯爵名。侯國在今江西永修縣西北艾城。

[5]國吏：建昌國提供給建昌侯役使的吏役人員。

[6]漆凱之：人名。本書僅此一見，其事不詳。

混風格高峻，少所交納，唯與族子靈運、瞻、曜、弘微並以文義賞會。[1]嘗共宴處，居在烏衣巷，[2]故謂之烏衣之遊。混五言詩所云“昔爲烏衣遊，戚戚皆親姪”者也。[3]其外雖復高流時譽，莫敢造門。瞻等才辭辯富，弘微每以約言服之，混特所敬貴，號曰微子。謂瞻等曰：“汝諸人雖才義豐辯，未必皆愜衆心，至於領會機賞，言約理要，故當與我共推微子。”常云：“阿遠剛躁負氣，阿客博而無檢，曜恃才而持操不篤，晦自知而納善不周，[4]設復功濟三才，[5]終亦以此爲恨；至如微子，吾無間然。”又云：“微子異不傷物，同不害正，若年迨六十，必至公輔。”嘗因酣宴之餘，爲韻語以獎勸靈運、瞻等曰：“康樂誕通度，[6]實有名家韵，若加繩染功，剖瑩乃瓊瑾。宣明體遠識，穎達且沈儁，若能去方執，穆穆三才順。阿多標獨解，弱冠纂華胤，質勝誠無文，其尚又能峻。通遠懷清悟，采采摽蘭訊，直轡鮮不躓，抑用解偏吝。微子基微尚，無勮由慕藺，[7]勿輕一簣少，進往將千仞。數子勉之哉，風流由爾振，如不犯所知，此外無所慎。”靈運等並有誠屬之言，唯弘微獨盡褒美。曜，弘微兄，多，其小字也。遠，即瞻字。靈運小名客兒。

[1]與族子靈運、瞻、曜、弘微並以文義賞會：丁福林《校議》據《南史》卷二〇《謝弘微傳》考證，“瞻”後有“晦”字，應據補。

[2]烏衣巷：地名。在今江蘇南京市中華門外、秦淮河南。時王、謝家族聚居的地方。

［3］姪：中華本校勘記云：“‘姪’《南史》作‘姓’。”

［4］晦：人名。即謝晦。字宣明。本書卷四四有傳。

［5］三才：天、地、人。《易·説卦》：“是以立天之道曰陰與陽，立地之道曰柔與剛，立人之道曰仁與義。”

［6］康樂：謝靈運的封爵。在晋爲康樂公，入宋降爲康樂侯。封地在今江西萬載縣東。

［7］無勌：即無倦，不懈怠。　慕藺：羡慕藺相如。藺相如爲趙國名相，其事迹見《史記》卷八一《廉頗藺相如列傳》。

晋世名家身有國封者，起家多拜員外散騎侍郎，[1]弘微亦拜員外散騎，琅邪王大司馬參軍。[2]

［1］起家：入仕後第一次授予官職。　員外散騎侍郎：官名。爲閑散之職，常用以安置閑退官員及衰老人士，亦爲門閥士族起家之選。

［2］琅邪王大司馬參軍：官名。琅邪王大司馬府僚屬，爲諸曹長官。晋恭帝司馬德文即帝位前時封琅邪王，任大司馬。

義熙八年，混以劉毅黨見誅，[1]妻晋陵公主改適琅邪王練，[2]公主雖執意不行，而詔其與謝氏離絶。公主以混家事委之弘微。混仍世宰輔，一門兩封，[3]田業十餘處，僮僕千人，唯有二女，年數歲。弘微經紀生業，事若在公，一錢尺帛出入，皆有文簿。遷通直郎。[4]高祖受命，晋陵公主降爲東鄉君，[5]以混得罪前代，東鄉君節義可嘉，聽還謝氏。自混亡，至是九載，而室宇脩整，倉廩充盈，門徒業使，不異平日，田疇墾闢，有加於舊。東鄉君嘆曰：“僕射平生重此子，[6]可謂知人。僕射爲不亡矣。”中外姻親，道俗義舊，見東鄉之歸者，入門莫不嘆息，或爲之涕流，感弘微之義也。性嚴正，舉止必循禮度，事繼親之黨，恭謹過常。伯叔二母，歸宗兩姑，晨夕瞻奉，盡其誠敬。內或傳語通訊，輒正其衣冠。婢僕之前，不妄言笑，由是尊卑小大，敬之若神。

[1]劉毅：人名。字希樂，彭城沛（今江蘇沛縣）人，與劉裕一起討桓玄、孫恩、盧循，因功官至荆州刺史。後反劉裕，兵敗自殺。《晋書》卷八五有傳。

[2]晋陵公主：晋孝武帝司馬曜女。封邑在今江蘇鎮江市。王練：人名。王弘之從弟，王珉之子，官至侍中、度支尚書。本書卷四三有傳。

[3]一門兩封：指謝混襲父琰爵望蔡公和公主的封邑晋陵。

[4]通直郎：官名。通直散騎侍郎的簡稱。參平尚書奏事，兼掌侍從、諷諫。地位較高。

[5]東鄉君：封爵名。封邑今地不詳。

[6]僕射：官名。即尚書僕射。尚書省次官，令不在可以主持工作。此處代指謝混，謝混曾任尚書左僕射。

太祖鎮江陵，[1]宋初封宜都王，[2]以琅邪王球爲友，[3]弘微爲文學。[4]母憂去職，居喪以孝稱，服闋踰年，菜蔬不改。除鎮西諮議參軍。[5]太祖即位，爲黃門侍郎，[6]與王華、王曇首、殷景仁、劉湛等號曰五臣。[7]遷尚書吏部郎，[8]參預機密。尋轉右衛將軍。[9]諸故吏臣佐，並委弘微選擬。居身清約，器服不華。而飲食滋味，盡其豐美。

[1]太祖：宋文帝劉義隆廟號。

[2]宜都王：王爵名。王國在今湖北宜都市。

[3]友：官名。王國屬官。掌陪侍規諷。六品。

[4]文學：官名。王國屬官。掌侍從文學。六品。

[5]鎮西諮議參軍：官名。鎮西將軍府僚屬，職掌不定，位在列曹參軍上，地位甚尊。

[6]黃門侍郎：官名。給事黃門侍郎的簡稱。侍中省次官，給事於宮門之內，侍從皇帝，顧問應對，出則陪乘，多以重臣充任。五品。

[7]王華：人名。字子陵，琅邪臨沂人。本書卷六三有傳。王曇首：人名。太保王弘少弟。本書卷六三有傳。殷景仁：人名。陳郡長平（今河南西華縣）人。本書卷六三有傳。劉湛：人名。字弘仁，南陽涅陽（今河南鄧州市東）人。本書卷六九有傳。

[8]尚書吏部郎：官名。尚書省吏部曹長官的通稱。屬吏部尚書，主管官吏選任銓敘調動事務，對五品以下官吏任免有建議權，如加“參掌大選”名義，可參議高級官吏之任免。六品。

[9]右衛將軍：官名。禁衛軍主要統帥之一，權任很重，由皇帝親信擔任。四品。

兄曜歷御史中丞，[1]彭城王義康驃騎長史，[2]元嘉四年卒。弘微蔬食積時，哀戚過禮，服雖除，猶不噉魚肉。沙門釋慧琳詣弘微，[3]弘微與之共食，猶獨蔬素。慧琳曰：“檀越素既多疾，[4]頃者肌色微損，即吉之後，猶未復膳。若以無益傷生，豈所望於得理。”弘微答曰：“衣冠之變，禮不可踰。在心之哀，實未能已。”遂廢食感咽，歔欷不自勝。弘微少孤，事兄如父，兄弟友穆之至，舉世莫及也。弘微口不言人短長，而曜好臧否人物，曜每言論，弘微常以它語亂之。

[1]御史中丞：官名。亦稱南司、監司。御史臺長官，掌監察、執法，領治書侍御史、侍御史，亦常受命領兵，出督軍旅。四品。

[2]彭城王：王爵名。王國在今江蘇徐州市。　義康：人名。即劉義康。劉裕第四子。本書卷六八有傳。

[3]沙門：梵語音譯，亦譯作"桑門""娑門""喪門"等，或說是吐火羅語的音譯，指佛教僧侶。《後漢紀》卷一〇《孝明帝紀下》："沙門者，漢言息（心）〔也〕，蓋息意去欲而歸於無爲也。"
釋：佛教僧侶的通用姓。　慧琳：法名。秦縣人，俗姓劉。宋時高僧，著有《均善論》，兼通內外之學，深得宋文帝和廬陵王義真的賞識。

[4]檀越：梵語音譯。施主。是僧侶對在家人的敬稱。

六年，東宮始建，[1]領中庶子，[2]又尋加侍中。[3]弘微志在素宦，畏忌權寵，固讓不拜，乃聽解中庶子。每有獻替及論時事，必手書焚草，人莫之知。上以弘微能營膳羞，嘗就求食。弘微與親故經營，既進之後，親人問上所御，弘微不答，別以餘語酬之，時人比漢世孔光。[4]八年秋，有疾，解右衛，領太子右衛率，[5]還家。議欲解弘微侍中，以率加吏部尚書，固陳疾篤，得免。

[1]東宮始建：指義熙六年三月丁巳，立皇子劉劭爲太子事。

[2]中庶子：官名。即太子中庶子。侍從太子，掌奏事、諫議，與中舍人共掌文翰。五品。

[3]侍中：官名。侍中省長官，侍衛皇帝，管理門下衆事，出行則護駕。掌顧問應對，拾遺補缺，諫静糾察，儐相威儀。平議尚書奏事，有異議得駁奏。三品。

[4]孔光：人名。漢元、成二帝時名臣，官丞相，封博山侯，"時有所言，輒削草稾"。《漢書》卷八一有傳。

[5]太子右衛率：官名。宿衞東宮，亦任征伐，地位頗重。五品。

九年，東鄉君薨，資財鉅萬，園宅十餘所，又會稽、吳興、琅邪諸處，太傅、司空琰時事業，奴僮猶有數百人。公私咸謂室內資財，宜歸二女，田宅僮僕，應屬弘微。弘微一無所取，自以私禄營葬。混女夫殷叡素好樗蒱，[1]聞弘微不取財物，乃濫奪其妻妹及伯母兩姑之分以還戲責，內人皆化弘微之讓，一無所爭。弘微舅子領軍將軍劉湛性不堪其非，[2]謂弘微曰："天下事宜有裁衷，卿此不治，何以治官？"弘微笑而不答。或有譏之曰："謝氏累世財産，充殷君一朝戲責，理之不允，莫此爲大。卿親而不言，[3]譬棄物江海以爲廉耳。設使立清名，而令家內不足，亦吾所不取也。"弘微曰："親戚爭財，爲鄙之甚。今內人尚能無言，豈可導之使爭。今分多共少，不至有乏，身死之後，豈復見關。"東鄉君葬，混墓開，弘微牽疾臨赴，病遂甚。十年，卒，時年四十二。時有一長鬼寄司馬文宣家，[4]云受遣殺弘微，弘微疾增劇，輒豫告文宣。弘微既死，與文宣分別而去。弘微臨終，語左右曰："有二封書，[5]須劉領軍至，可於前燒之，慎勿開也。"書皆是太祖手勑。上甚痛惜之，使二衛千人營畢葬事。[6]追贈太常。子莊，別有傳。

[1]殷叡：人名。本書僅此一見，其事不詳。查《南齊書》卷

四九《王奐傳》、《南史》卷六〇《殷鈞傳》均記有陳郡人殷叡，張忱石《南朝五史人名索引》將兩殷叡誤爲一人。按：《南齊書》《南史》所記殷叡，是王奐女婿，劉劭篡位那一年即元嘉三十年（453）始生，而此處謝混女婿殷叡元嘉九年（432）已是成年人，兩者並非一人甚明。

[2]舅子：妻弟。　領軍將軍：官名。掌禁衛軍及京都諸軍。三品。

[3]親：中華本校勘記云："'親'《南史》作'視'。"

[4]長鬼：高大的鬼。

[5]有二封書：中華本校勘記云："'二封'《南史》作'二廚'。"

[6]二衛：指左衛將軍、右衛將軍。此處代指二衛將軍府。

　　王球字倩玉，琅邪臨沂人，太常惠從父弟也。父謐，司徒。

　　球少與惠齊名。美容止。除著作佐郎，不拜。尋除琅邪王大司馬行參軍，轉主簿，豫章公世子中軍功曹。[1]宋國建，初拜世子中舍人。[2]高祖受命，仍爲太子中舍人，[3]宜都王友，轉諮議參軍，以疾去職。元嘉四年，起爲義興太守。[4]從兄弘爲揚州，服親不得相臨，[5]加宣威將軍，[6]在郡有寬惠之美，徙太子右衛率。入爲侍中，領冠軍將軍，[7]又領本州大中正，徙中書令，[8]侍中如故。

　　[1]豫章公世子：劉裕長子劉義符。本書卷四有紀。豫章公，公爵名。劉裕的封爵。公國在今江西南昌市。　中軍功曹：官名。中軍將軍府的僚屬。掌人事，並參與府中政務。

[2]世子中舍人：官名。與中庶子共掌文翰，位在中庶子下，洗馬上。

[3]太子中舍人：官名。職掌與世子中舍人同。

[4]義興：郡名。治所在今江蘇宜興市。

[5]服親不得相臨：一種任官迴避制度，規定五服以内的親屬，不能在一地或一個機構内工作。

[6]宣威將軍：官名。雜號將軍。八品。按此官品級低於義興太守，加此官銜的目的是爲解決服親不得相臨的問題，屬於弊政。

[7]冠軍將軍：官名。將軍名號。三品。

[8]中書令：官名。中書省長官之一。在納奏、出令、擬詔之權歸中書舍人之後，中書令遂爲官清職閑的職位。三品。

遷吏部尚書。球公子簡貴，素不交遊，筵席虛静，門無異客。尚書僕射殷景仁、領軍劉湛並執重權，傾動内外，球雖通家姻戚，未嘗往來。頗好文義，唯與琅邪顔延之相善。[1]居選職，接客甚希，不視求官書疏，而銓衡有序，朝野稱之。本多羸疾，屢自陳解。遷光禄大夫，加金章紫綬，[2]領盧陵王師。[3]

[1]顔延之：人名。字延年。本書卷七三有傳。

[2]遷光禄大夫，加金章紫綬：即金紫光禄大夫。光禄大夫是銀章青綬，即在銀質的印章柄上繫青色綬帶，金紫光禄大夫則是在金質的印章柄上繫紫色綬帶，官級升爲二品，禄賜、班位、冠幘、車服、佩玉、置吏卒等，均與特進同。以爲加官者，唯假章綬、禄賜班位，不别給車服、吏卒。

[3]盧陵王師：官名。王國屬官，國王師傅，掌輔導國王。六品。盧陵王，即劉義真。本書卷六一有傳。

　　兄子履，[1]進利爲行，深結劉湛，委誠大將軍彭城王義康，[2]與劉斌、孔胤秀等並有異志。[3]球每訓厲，不納。自大將軍從事中郎，轉太子中庶子，流涕訴義康不願違離，以此復爲從事中郎。太祖甚銜之。及湛誅之夕，履徒跣告球。球命爲取履，先溫酒與之，謂曰："常日語汝，何如？"履怖懼不得答，球徐曰："阿父在，汝亦何憂。"命左右："扶郎還齋。"[4]上以球故，履得免死，廢於家。

　　[1]履：人名。即王履。本書三見，唯記與劉湛、廬陵王相關事，餘事不詳。
　　[2]大將軍：官名。高級軍政長官，不常授，授此官者，常專擅軍政大權。一品。
　　[3]劉斌：人名。南陽人，劉湛之宗人，彭城王劉義康親信，官至司徒左長史、吳郡太守，以黨於義康被誅。　孔胤秀：人名。魯郡人，曾任義康司徒府主簿，參預機密，亦因黨於義康被誅。各本並作"孔胤季"，中華本據本書卷六八《彭城王義康傳》改正。
　　[4]郎：各本並作"即"，中華本據《南史》改。

　　十七年，球復爲太子詹事，大夫、王師如故。未拜，會殷景仁卒，因除尚書僕射，王師如故。素有脚疾。錄尚書江夏王義恭謂尚書何尚之曰：[1]"當今乏才，群下宜加戮力，而王球放恣如此，恐宜以法糾之。"尚之曰："球有素尚，加又多疾，應以淡退求之，未可以文案責也。"[2]猶坐白衣領職。[3]時群臣詔見，多不即前，卑疏者或至數十日，大臣亦有十餘日不被見者。唯球輒去，未嘗肯停。十八年，卒，時年四十九。追贈特進、金紫光禄大夫，[4]加散騎常侍。無子，從孫奐爲後。[5]大明末，[6]吳興太守。

[1]録尚書：官名。總領尚書省政務，位在三公上。三公、大將軍加此銜者，纔是真宰相。　江夏王：王爵名。王國在今湖北武漢市武昌區。　義恭：人名。即劉義恭。劉裕第五子。本書卷六一有傳。　何尚之：人名。字彦德，廬江灊（今安徽霍山縣）人。本書卷六六有傳。

[2]責：各本並作“索”，中華本據《南史》、《元龜》卷四七八改。

[3]白衣領職：對現任官的一種處罰。現任官因過失被削除官職後，仍讓他在原任工作。白衣，古代平民服，故白衣也作爲無官職平民的代稱。

[4]特進：官名。正式加官名號，用以安置閑退大臣。二品。

[5]奐：人名。即王奐。字彦孫，在宋官至吏部尚書，入齊遷冠軍將軍、丹陽尹，後官至左僕射、雍州刺史。齊武帝時，以擅殺寧蠻長史劉興祖及誹訕朝事罪伏誅。《南齊書》卷四九有傳。

[6]大明：宋孝武帝劉駿年號（457—464）。

或人問史臣曰：“王惠何如？”答之曰：“令明簡。”又問：“王球何如？”答曰：“倩玉淡。”又問：“謝弘微何如？”曰：“簡而不失，淡而不流，古之所謂名臣，弘微當之矣。”

宋書　卷五九

列傳第十九

殷淳 子孚 弟沖 淡　張暢　何偃　江智淵

　　殷淳字粹遠，陳郡長平人也。[1]曾祖融，[2]祖允，[3]並晉太常。[4]父穆，以和謹致稱，歷顯官，自五兵尚書爲高祖相國左長史。[5]及受禪，[6]轉散騎常侍，[7]國子祭酒，[8]復爲五兵尚書，吳郡太守。[9]太祖即位，[10]爲金紫光禄大夫，[11]領竟陵王師，[12]遷護軍，[13]又遷特進、右光禄大夫，[14]領始興王師。[15]元嘉十五年卒官，[16]時年六十，謚曰元子。[17]

　　[1]陳郡：治所在今河南淮陽縣。　長平：縣名。治所在今河南西華縣東北。

　　[2]融：人名。即殷融。字洪遠，曾任庾亮都督司馬，後爲丹陽尹，遷尚書，穆帝時任太常、吏部尚書，有《集》十卷。《晉書》未載其事迹。

　　[3]允：人名。即殷允。晉孝武帝時任豫章太守，後拜太常，

有《集》十卷。《晉書》未載其事迹。

[4]太常：官名。秦漢時爲九卿之首，主管祭祀社稷、宗廟和朝會、喪葬禮儀、皇帝陵寢，兼管文化教育。三品。

[5]五兵尚書：官名。三國魏始置，主管全國軍事行政，領中兵、外兵、騎兵、別兵、都兵五郎曹，宋時領中兵、外兵二曹。三品。　高祖：宋武帝劉裕廟號。　相國左長史：官名。相國府幕僚長。與右長史共掌府內諸曹事，並可出席朝議，參與大案會審，過問地方事務。

[6]及受禪：指宋武帝劉裕接受晉恭帝司馬德文的禪讓。實際是逼宮奪權。

[7]散騎常侍：官名。侍從皇帝，主掌圖書文翰、文章撰述、諫静拾遺、收納呈轉文書奏事等。三品。

[8]國子祭酒：官名。教授生徒儒學，主管國子學，參議禮制。三品。

[9]吳郡：治所在今江蘇蘇州市。

[10]太祖：宋文帝劉義隆廟號。

[11]金紫光祿大夫：官名。光祿大夫授銀章青綬，加賜金章紫綬則爲金紫光祿大夫，諸所賜予與特進同。二品。爲加官者，唯假章綬、祿賜、班位，不別給車服、吏卒。

[12]領：官制用語。兼領、暫代，常以卑官卑職領高官高職，或以白衣領職。　竟陵王師：官名。輔導竟陵王。竟陵王，王爵名。王國在今湖北鍾祥市。

[13]護軍：官名。護軍將軍的省稱，掌都護京師以外諸軍，權任頗重。三品。

[14]特進：官名。用以安置閒退大臣。二品。　右光祿大夫：官名。作爲在朝顯職的加官，或授予年老致仕之官，亦常用作卒後贈官，以示尊崇，無職掌。二品。

[15]始興王：王爵名。王國在今廣東韶關市東南蓮花嶺下。此始興王指劉濬。

［16］元嘉：宋文帝劉義隆年號（424—453）。

［17］元子：殷淳的謚號。按《謚法》：“仁義説民曰元。”“行義説民曰元。”“能思辯衆曰元。”

淳少好學，有美名。少帝景平初，[1]爲秘書郎。[2]衡陽王文學，[3]秘書丞，[4]中書、黃門侍郎。[5]淳居黃門爲清切，下直應留下省，[6]以父老特聽還家。高簡寡慾，早有清尚，愛好文義，未嘗違捨。在秘書閣撰《四部書目》凡四十卷，行於世。元嘉十一年卒，時年三十二，朝廷痛惜之。

［1］少帝：即劉義符。宋第二位皇帝。本書卷四有紀。　景平：宋少帝劉義符年號（423—424）。

［2］秘書郎：官名。掌整理典籍、考核舊文、删省浮穢，隸秘書監，爲高級士族起家之官。六品。

［3］衡陽王：王爵名。王國在今湖南湘潭市西南。　文學：官名。王國屬官，掌教育。六品。

［4］秘書丞：官名。秘書省次官。掌管圖書典籍的整理與核定，多爲高門甲族所充任，爲清要之官。

［5］中書、黃門侍郎：官名。本書《百官志》有中書侍郎、黃門侍郎，此即中書、黃門兩侍郎的合稱。

［6］下省：官署名。門下省的省稱。門下即黃門之下，其官署置於宮禁之内，其官得出入宮禁，爲皇帝親近侍從官員。

子孚，有父風。世祖大明末，[1]爲始興相。[2]官至尚書吏部郎，[3]順帝撫軍長史。[4]

[1]世祖：宋孝武帝劉駿廟號。　大明：宋孝武帝劉駿年號（457—464）。

[2]始興相：官名。始興王國的行政長官，職掌相當於郡太守。

[3]尚書吏部郎：官名。即吏部郎。主管官吏選任銓叙調動事務，對五品以下官吏任免有建議權。如加"參掌大選"名義，可參議高級官吏的任免。職位高於尚書省其他諸曹郎，其職甚重。六品。

[4]順帝撫軍長史：官名。宋順帝劉準在即位前任撫軍將軍時，其撫軍府的幕僚長，主管府内衆事。順帝，本書卷一〇有紀。

　　淳弟沖字希遠，歷中書黃門郎，[1]坐議事不當免。復爲太子中庶子，[2]尚書吏部郎，御史中丞，[3]有司直之稱。出爲吳興太守，[4]入爲度支尚書。[5]元凶妃即淳女，[6]而沖在東宮爲劭所知遇，劭弒立，以爲侍中、護軍，[7]遷司隸校尉。[8]沖有學義文辭，劭使爲尚書符，[9]罪狀世祖，亦爲劭盡力。世祖剋京邑，[10]賜死。

[1]中書黃門郎：官名。即中書侍郎、黃門侍郎的合稱。

[2]太子中庶子：官名。東宮屬官。掌侍從、奏事、諫議等職。五品。

[3]御史中丞：官名。掌監察、執法，常受命領兵，出督軍旅。四品。

[4]吳興：郡名。治所在今浙江湖州市南下菰城。

[5]度支尚書：官名。尚書省度支曹長官，掌軍國財政的收支會計及事役、漕運、物價、屯田之政令。三品。

[6]元凶妃即淳女：元凶妃史失其名，劉劭即皇帝位，立爲皇后。

[7]侍中：官名。侍中省長官，管理門下衆事，兼統宮廷内侍

諸署，侍衛皇帝，出行護駕，顧問應對，拾遺補闕，諫諍糾察，平議尚書省奏事，有異議得駮奏。此職加予宰相、尚書等高級官員，令其出入宮禁議政。五品。

　　[8]司隸校尉：官名。督察京師，常以重臣兼領。三品。

　　[9]尚書符：尚書省的符書，即由尚書省發布的文件。

　　[10]京邑：地名。即京師建康。在今江蘇南京市。

　　沖弟淡字夷遠，亦歷黃門吏部郎、太子中庶子，領步兵校尉。[1]大明世，以文章見知，爲當時才士。

　　[1]步兵校尉：官名。皇帝侍從武官，不領營兵，常授予勳舊大臣。四品。

　　張暢字少微，吳郡吳人，吳興太守邵兄子也。父褘，[1]少有孝行，歷宦州府，爲琅邪王國郎中令。[2]從琅邪王至洛，[3]還京都，[4]高祖封藥酒一罌付褘，使密加酖毒。褘受命，既還，於道自飲而卒。

　　[1]褘：本書卷四六《張邵傳》原作“偉”，誤。中華本此處作“禕”，亦誤。《南史》作“褘”，《晉書》卷八九有《張褘傳》，以“褘”爲是。

　　[2]琅邪王：王爵名。王國在今江蘇句容市。此琅邪王指晉恭帝司馬德文未即皇帝位前的封爵。

　　[3]從琅邪王至洛：劉裕北伐後秦時，琅邪王德文以“修敬山陵”爲名，隨軍出征，張褘也隨之至洛陽。德文此行有監督劉裕之嫌，故劉裕欲加害於他。

　　[4]京都：地名。即京師建康。

畅少與從兄敷、演、敬齊名，[1]爲後進之秀。起家爲太守徐佩之主簿。[2]佩之被誅，畅馳出奔赴，制服盡哀，[3]爲論者所美。弟牧嘗爲猘犬所傷，[4]醫云宜食蝦蟆膾，牧甚難之。畅含笑先嘗，牧因此乃食，創亦即愈。州辟從事，[5]衡陽王義季征虜行參軍，[6]彭城王義康平北主簿，[7]司徒祭酒，[8]尚書主客郎。[9]未拜，又除度支、左民郎，[10]江夏王義恭征北記室參軍、晉安太守。[11]又爲義季安西記室參軍、南義陽太守，[12]臨川王義慶衛軍從事中郎，[13]揚州治中別駕從事史，[14]太子中庶子。

[1]畅少與從兄敷、演、敬齊名：敷爲張邵子。畅本書卷四六《張邵傳》有附傳。敷本書卷六二有傳。演、敬爲張裕（茂度）子。事見本書卷五三《張茂度傳》。演，《南齊書》卷三二、三三作“寅”，蓋蕭子顯爲避梁武帝諱改。敬，各本並作“鏡”，中華本據本書卷四六《張畅傳》改正。李慈銘《宋書札記》云：“蓋趙宋避諱，故‘敬’改爲‘鏡’。”按：宋太祖趙匡胤祖父名敬。

[2]起家：入仕後第一次授予官職。　徐佩之：人名。東海郯（今山東郯城縣）人，徐羨之兄之子。本書卷四三有附傳。按：徐佩之時任吳郡太守。　主簿：官名。由中央至州、郡、縣及諸公府皆置，典領文書簿籍和經辦事務。

[3]制服：即喪服。

[4]牧：人名。即張牧。本書卷四六作“枚”，“牧”“枚”字形相近，不知孰是。

[5]從事：官名。州屬吏，位次主簿。

[6]征虜行參軍：官名。征虜將軍府屬官，掌參謀軍務，地位低於參軍。

[7]彭城王：王爵名。王國在今江蘇徐州市。　義康：人名。

即劉義康。本書卷六八有傳。　平北主簿：官名。平北將軍府幕僚，主管府中文書簿籍及經辦事務。

[8]司徒祭酒：官名。司徒府屬官，主管府中庶務。

[9]尚書主客郎：官名。即主客郎。掌少數民族朝聘接待之事。六品。

[10]度支、左民郎：官名。即度支郎與左民郎的合稱。度支郎，尚書省度支曹長官的通稱，主管國家財賦收支、事役、漕運、倉廩庫藏事宜。六品。左民郎，尚書省左曹長官的通稱，掌修繕功作、鹽池園苑等土木工程。六品。

[11]江夏王：王爵名。王國在今湖北武漢市武昌區。　義恭：人名。即劉義恭。本書卷六一有傳。　征北記室參軍：官名。征北將軍府屬官，掌文疏表奏。　晉安：郡名。治所在今福建福州市。

[12]安西記室參軍：官名。安西將軍府屬官，職掌同上“征北記室參軍”條。　南義陽：郡名。治所在今湖南安鄉縣西南。

[13]臨川王：王爵名。王國在今江西撫州市臨川區。　義慶：人名。即劉義慶。本書卷五一有附傳。　衛軍從事中郎：官名。衛將軍府屬官，職掌多樣，或主吏事，或分掌諸曹，或參謀議，或掌機密。六品。

[14]揚州治中別駕從事史：官名。簡稱治中，揚州府佐吏，掌衆曹文書。六品。

　　世祖鎮彭城，暢爲安北長史、沛郡太守。[1]元嘉二十七年，索虜托跋燾南侵，[2]太尉江夏王義恭總統諸軍，出鎮彭、泗。[3]時燾親率大衆，已至蕭城，[4]去彭城十數里。[5]彭城衆力雖多，而軍食不足，義恭欲棄彭城南歸，計議彌日不定。時歷城衆少食多，安北中兵參軍沈慶之建議，[6]欲以車營爲函箱陣，[7]精兵爲外翼，奉二王及妃媛直趨歷城，分兵配護軍蕭思話留守。[8]太尉長史何勗不同，[9]欲席卷奔鬱洲，[10]自海道還京都。義恭去意已判，唯二議未決，更集羣僚謀之。衆咸違擾，莫有異議。暢曰：“若歷城、鬱洲有可致之理，下官敢不高讚。今城內乏食，百姓咸有走情，但以關扃嚴固，欲去莫從耳。若一旦動腳，則各自散走，欲至所在，何由可得。今軍食雖寡，朝夕猶未窘罄，量其欲盡，臨時更爲諸宜，豈有捨萬安之術，而就危亡之道。若此計必用，下官請以頸血汙公馬蹄！”世祖既聞暢議，謂義恭曰：“阿父既爲總統，去留非所敢干。道民忝爲城主，[11]而損威延寇，其爲愧惡，亦已深矣。委鎮奔逃，實無顏復奉朝廷，[12]期與此城共其存沒，張長史言不可異也。”[13]暢言既堅，世祖又贊成其議，義恭乃止。

[1]安北長史：官名。安北將軍府幕僚長，掌府中衆務。　沛郡：治所在今江蘇沛縣。

[2]索虜：對北魏鮮卑人的蔑稱。因其頭上有辮髮，故稱之爲索頭虜、索虜。　托跋燾：人名。即北魏太武帝。鮮卑人，於公元439年統一北方。《魏書》卷四有紀。

[3]彭、泗：地區名。彭城、泗水，泛指江蘇沛縣至徐州一帶地區。本書卷四六《張暢傳》但云“出鎮彭城”，無“泗”字。

[4]蕭城：即蕭縣，在今安徽蕭縣西北。

[5]十數里：丁福林《校議》引本書卷四六《張暢傳》作“數十里”。

[6]安北中兵參軍：官名。安北將軍府屬官，掌府中兵曹事務，兼備參謀咨詢。　沈慶之：人名。字弘先，吳興武康（今浙江德清縣）人。本書卷七七有傳。丁福林《校議》認爲沈慶之時任“鎮軍中兵參軍”而非“安北中兵參軍”。

[7]函箱陣：軍陣名。軍隊在行進中，以戰車爲主組成的具有保衛作用的方形車陣。

[8]蕭思話：人名。南蘭陵（今江蘇常州市武進區）人。本書卷七八有傳。

[9]太尉長史：官名。太尉府幕僚長。掌府中政務。 何勗：人名。東海郯人。晉鎮南將軍何無忌子，襲封安成郡公。歷官太尉長史、侍中。

[10]鬱洲：地名。在今江蘇連雲港市東雲臺山一帶。洲原在海中，周圍數百里，現與大陸相連接。

[11]道民：宋孝武帝劉駿的小字。

[12]奉：各本並作"奏"，中華本據《通鑑》宋文帝元嘉二十七年改。

[13]異：本書卷四六《張暢傳》作"違"。

時太祖遣員外散騎侍郎徐爰乘驛至彭城取米穀定最，[1]爰既去，城内遣騎送之。燾聞知，即遣數百騎急追，爰已過淮，僅得免。初爰去，城内聞虜遣追，慮爰見禽，失米最，虜知城内食少。[2]義恭憂懼無計，猶欲奔走。爰既免，其日虜大衆亦至彭城。

[1]員外散騎侍郎：官名。屬散騎省，用以安置閑退官員及衰老之士。五品。 徐爰：人名。本名瑗，字長玉，南琅邪開陽（今山東臨沂市藍山區北）人。本書卷九四有傳。 取米穀定最：瞭解軍中米穀的概要情況。

[2]虜：各本並作"慮"。孫彪《考論》云："慮當作虜。"據改。

燾始至，仍登城南亞父冢，[1]於戲馬臺立氈屋。[2]先是，燾未至，世祖遣將馬文恭向蕭城，[3]爲虜所破，文恭走得免，隊主蒯應見執。[4]至小市門曰：[5]"魏主致意安北，遠來疲乏，若有甘蔗及酒，可見分。"時防城隊主梁法念答曰：[6]"當爲啓聞。"應乃自陳蕭城之敗。又問應："虜主自來不？"曰："來。"問："今何在？"應舉手指西南。又曰："士馬多少？"答云："四十餘萬。"法念以燾語白世祖，世祖遣人答曰："知行路多乏，今付酒二器，甘蔗百挺。聞彼有駱駝，可遣送。"

[1]亞父冢：項羽謀臣范增墓。

[2]戲馬臺：高臺名。即項羽凉馬臺。《通鑑》卷一二五胡三省注曰："戲馬臺，在彭城城南，其高十仞，廣袤百步，項羽所築也。"

[3]馬文恭：人名。扶風（今陝西眉縣）人，因功封泉陵縣子，官至游擊將軍。事見本書卷四五《劉懷慎傳》。

[4]隊主：官名。軍事編制隊的主將，所指揮兵力無定數，自數十人至數百人不等，多以雜號將軍充任。　蒯應：人名。僅見於本書卷四六、卷五九兩《張暢傳》，其事不詳。

[5]小市門：門名。在彭城距戲馬臺不遠處，亦應在彭城之南。

[6]梁法念：人名。本書僅此一見。

明旦，燾又自上戲馬臺，復遣使至小市門曰："魏主致意安北，安北可暫出門，欲與安北相見。我亦不攻此城，安北何勞苦將士在城上。又騾、驢、駱駝，是北國所出，今遣送，并致雜物。"又語小市門隊主曰："既有餉物，君可移度南門受之。"燾送駱駝、騾、馬及貂裘、雜飲食，既至南門，門先閉，請籥未出。暢於城上視之，虜使問：“是張長史邪？”暢曰：“君何得見識？”
虜使答云：“君聲名遠聞，足使我知。”暢因問虜使姓，
答云：“我是鮮卑，無姓，且道亦不可。”暢又問：“君
居何任？”答云：“鮮卑官位不同，不可輒道，然亦足與
君相敵耳。”虜使復問：“何爲忽忽杜門絶橋？”暢答
曰：“二王以魏主營壘未立，將士疲勞，此精甲十萬，
人思致命，恐輕相凌踐，故且閉城耳。待彼休息士馬，
然後共治戰場，剋日交戲。”[1]虜使曰：“君當以法令裁
物，何用發橋，復何足以十萬誇人。我亦有良馬逸足，
若雲騎四集，亦可以相拒。”暢曰：“侯王設嶮，何但法
令而已邪。我若誇君，當言百萬，所以言十萬者，政二
王左右素所畜養者耳。此城内有數州士庶，工徒營
伍，[2]猶所未論。我本鬭智，不鬭馬足。且冀之北土，
馬之所生，君復何以逸足見誇邪？”虜使曰：“不爾。城
守，君之所長；野戰，我之所長。我之恃馬，猶如君之
恃城耳。”城内有具思者，[3]嘗在北國，義恭遣視之，思
識是虜尚書李孝伯。[4]思因問：“李尚書，若行塗有勞。”
孝伯曰：“此事應相與共知。”思答：“緣共知，所以有
勞。”孝伯曰：“感君至意。”

[1]交戲：即交戰。《通鑑》卷一二五胡三省注：“《左傳》：晉
楚將戰于城濮，楚令尹子玉遣使謂晉曰：‘請與君之士戲。’”

[2]工徒營伍：爲軍隊服役的工匠和軍營中的勤雜人員。工徒，
各本並作“二徒”，據《魏書》卷五三《李孝伯傳》及《元龜》卷
八三四改。潘岳《西征賦》：“工徒斲而未息，義兵紛以交馳。”

[3]具思：人名。僅見於本書卷四六、卷五九兩《張暢傳》，

其事不詳。

[4]虜尚書：指北魏的尚書。時李孝伯任魏北部尚書，即尚書省北部曹長官，掌管北邊州郡的考課、選舉、辭訟等事，權任頗重。 李孝伯：人名。趙郡（今河北高邑縣西南）人，北魏開國功臣，官至使持節、散騎常侍、平西將軍、秦州刺史。《魏書》卷五三有傳。

既開門，暢屏却人仗，出對孝伯，并進餉物。虜使云：“貂裘與太尉，駱駝、騾與安北，蒲陶酒雜飲，叔姪共嘗。”燾又乞酒并甘橘。暢宣世祖問：“致意魏主，知欲相見，常遲面寫，但受命本朝，過蒙藩任，人臣無境外之交，恨不暫悉。且城守備防，邊鎮之常，但悦以使之，故勞而無怨耳。太尉、鎮軍得所送物，魏主意，知復須甘橘，今並付如別。太尉以北土寒鄉，皮綺褶脱是所須，今致魏主。螺杯、雜粽，南土所珍，鎮軍今以相致。”此信未去，燾復遣使令孝伯傳語曰：“魏主有詔語太尉、安北，近以騎至，車兩在後，今端坐無爲，有博具可見借。”暢曰：“博具當爲申啓，但向語二王，已非遜辭，且有詔之言，政可施於彼國，何得稱之於此。”孝伯曰：“詔之與語，朕之與我，並有何異？”暢曰：“若辭以通，可如來談，既言有所施，則貴賤有等。向所稱詔，非所敢聞。”孝伯又曰：“太尉、安北是人臣與非？”暢曰：“是也。”孝伯曰：“隣國之君，何爲不稱詔於隣國之臣？”暢曰：“君之此稱，尚不可聞於中華，況在諸王之貴，而猶曰隣國之君邪。”孝伯曰：“魏主言太尉、鎮軍並皆年少，分闊南信，[1]殊當憂邑。[2]若欲遣信者，當爲護送，脫須騎者，亦當以馬送之。”暢曰：“此方間路甚多，使命日夕往來，不復以此勞魏主。”孝伯曰：“亦知有水路，似爲白賊所斷。”[3]暢曰：“君著白衣，故稱白賊邪？”孝伯大笑曰：“今之白賊，亦不異黃巾、赤眉。”暢曰：“黃巾、赤眉似不在江南。”孝伯曰：“雖不在江南，亦不在青、徐也。”[4]暢曰：“今者青、徐，實爲有賊，但非白賊耳。”虜使云：“向借博具，何故不出？”暢曰：“二王貴遠，啓聞難徹。”孝伯曰：“周公握髮吐哺，[5]二王何獨貴遠？”暢曰：“握髮吐飧，本施中國耳。”孝伯曰：“賓有禮，主則擇之。”[6]暢曰：“昨見衆賓至門，未爲有禮。”俄頃送博具出，因以與之。

[1]分闊：中華本考證，三朝本、毛本、《元龜》卷八三四作“分闊”，北監本、殿本、局本作“久闊”，《南史》作“久闕”，《魏書》卷五三《李孝伯傳》作“久絕”，文異而義同。

[2]憂邑：《魏書·李孝伯傳》作“憂悒”。“邑”與“悒”同。

[3]白賊：晉宋人對北魏鮮卑人的蔑稱。李孝伯此處用“白賊”，是暗示宋軍退路已被魏軍切斷，故引出張暢所說的“君著白衣，故號白賊”的回答。

[4]亦不在青、徐也：丁福林《校議》據《南史》卷三二《張暢傳》、《魏書·李孝伯傳》考證，此句作“不離青、徐”較爲準確。

[5]周公握髮吐哺：典出《史記》卷三三《魯周公世家》：“周公戒伯禽曰：‘我文王之子，武王之弟，成王之叔父，我於天下亦不賤矣。然我一沐三捉髮，一飯三吐哺，起以待士，猶恐失天下之

賢人。'"後世遂以周公握髮吐哺喻爲宰輔禮待賢人的典範。下文之
"握髮吐飡"與此意同。

　　[6]賓有禮，主則擇之：語出《左傳》隱公十一年引周諺。意
爲賓客有禮貌，主人就要給予適當禮遇。

　　燾又遣人云："魏主致意安北，程天祚一介常人，[1]
誠知非宋朝之美，近於汝陽身被九創，[2]落在湀水，[3]我
手牽而出之。凡人骨肉分張，並思集聚，輒已語之，但
其弟苦辭，今令與來使相見。"程天福謂使人曰：[4]"兄
受命汝陽，不能死節，各在一國，何煩相見。"燾又送
氈各一領，鹽各九種，[5]并胡豉："凡此諸鹽，各有所
宜。白鹽是魏主自所食。[6]黑鹽治腹脹氣懣，細刮取六
銖，[7]以酒服之。胡鹽治目痛。柔鹽不食，[8]治馬脊創。
赤鹽、駁鹽、臭鹽、馬齒鹽四種，並不中食。胡豉亦中
噉。黃甘幸彼所豐，可更見分。"又云："魏主致意太
尉、安北，何不遣人來至我間。彼此之情，雖不可盡，
要須見我小大，知我老少，觀我爲人。若諸佐不可遣，
亦可使僮幹來。"[9]暢又宣旨答曰："魏主形狀才力，久
爲來往所具。[10]李尚書親自銜命，不患彼此不盡，故不
復遣使信。"又云："魏主恨向所送馬，殊不稱意。安北
若須大馬，當更送之，脫須蜀馬，亦有佳者。"暢曰：
"安北不乏良駟，送自彼意，非此所求。"義恭餉燾炬燭
十挺，世祖亦致錦一匹，曰："知更須黃甘，誠非所吝。
但送不足周彼一軍，向給魏主，未應便乏，故不復重
付。"燾復求甘蔗、安石留。暢曰："石留出自鄴下，[11]
亦當非彼所乏。"孝伯又曰："君南土膏粱，[12]何爲著

屬。君而著此，使將士云何？”暢曰：“膏粱之言，誠爲多愧，但以不武，受命統軍，戎陣之間，不容緩服。”[13]孝伯又曰：“長史，我是中州人，久處北國，自隔華風，相去步武，[14]不得致盡，邊皆是北人聽我語者，長史當深得我。”孝伯又曰：“永昌王，[15]魏主從弟，自頃常鎮長安，[16]今領精騎八萬，直造淮南，壽春久閉門自固，[17]不敢相禦。向送劉康祖頭，[18]彼之所見。王玄謨甚是所悉，[19]亦是常才耳。南國何意作如此任使，以致奔敗。自入此境七百餘里，主人竟不能一相拒逆。鄒山之險，[20]君家所憑，前鋒始得接手，崔邪利便藏人穴，[21]我間諸將倒曳腳而出之，魏主賜其生命，今從在此。復何以輕脫遣馬文恭至蕭縣，使望風退撓邪？君家民人甚相忿怨，云清平之時，賦我租帛，至有急難，不能相拯。”暢曰：“知永昌已過淮南，康祖爲其所破，比有信使，無此消息。王玄謨南土偏將，不謂爲才，但以其北人，故爲前驅引導耳。[22]大軍未至而河冰向合，玄謨量宜反旆，未爲失機，但因夜回師，致戎馬小亂耳。我家懸瓠斗城，[23]陳憲小將，[24]魏主傾國，累旬不剋。胡盛之偏裨小帥，[25]衆無一旅，始濟融水，[26]魏國君臣奔迸，僅得免脫，滑臺之師，[27]無所多愧。鄒山小戍，雖有微險，河畔之民，多是新附，始慕聖化，姦盜未息，亦使崔邪利撫之而已，今没虜手，何損於國。魏主自以十萬師而制一崔邪利，乃復足言邪。[28]聞蕭、相百姓，[29]並依山險，聊遣馬文恭以十隊示之耳。文恭謂前以三隊出，還走後，大營嵇玄敬以百騎至留城，^[30]魏軍奔敗。輕敵致此，亦非所衂。王境人民，列居河畔，二國交兵，當互加撫養，^[31]而魏師入境，肆行殘虐，事生意外，由彼無道。官不負民，民何怨人。知入境七百，無復相拒，^[32]此自上由太尉神算，次在鎮軍聖略。經國之要，雖不豫聞，然用兵有機，間亦不容相語。"孝伯曰："魏主當不圍此城，自率衆軍，直造瓜步。^[33]南事若辦，彭城不待攻圍；^[34]若不捷，彭城亦非所須也。我今當南飲江湖以療渴耳。"暢曰："去留之事，自適彼懷，若虜馬遂得飲江，便爲無復天道。各應反命，遲復更悉。"暢便回還，孝伯追曰："長史深自愛敬，相去步武，恨不執手。"暢因復謂曰："善將愛，冀蕩定有期，相見無遠。君若得還宋朝，今爲相識之始。"孝伯曰："待此未期。"燾又遣就二王借箜篌、琵琶、箏、笛等器及棋子。義恭答曰："受任戎行，不齎樂具。在此燕會，政使鎮府命妓，有弦百條，是江南之美，今以相致。"世祖曰："任居方岳，初不此經慮，且樂人常器，又觀前來諸王贈別，有此琵琶，今以相與。棋子亦付。"孝伯言辭辯贍，亦北土之美也。暢隨宜應答，吐屬如流，音韻詳雅，風儀華潤，孝伯及左右人並相視嘆息。

[1]程天祚：人名。廣平（今河北雞澤縣東南）人，有武力。文帝時爲殿中將軍，助戍彭城，於汝陽爲魏軍所俘，後逃歸，任山陽太守。曾助孝武帝劉駿推翻元凶劉劭，甚得劉駿的信任。

[2]汝陽：郡名。治所在今河南商水縣西北。

[3]潨水：各本並作"殿外"，中華本據《魏書》卷五三《李

孝伯傳》改。潩水在今河南商水縣東。

[4]程天福：人名。程天祚之弟。本書僅此一見，其事不詳。

[5]送氊各一領，鹽各九種：本書卷四六《張暢傳》作“送氊及九種鹽”，無“各”字。

[6]白鹽是魏主自所食：中華本校勘記云：“‘白鹽’下，據《魏書·李孝伯傳》有‘食鹽’二字。按上云‘鹽各九種’，數之祇有八種，似脱‘食鹽’二字。”

[7]銖：重量單位，説法不一。據當時五銖錢的重量考證，當爲舊稱的一兩二十四分之一，合今0.65克。

[8]柔鹽：《魏書·李孝伯傳》作“戎鹽”。

[9]僮幹：泛指服雜役的低級胥吏。

[10]具：北監本、毛本、殿本、局本作“見”，百衲本所據底本原作“具”，涵芬樓影印時，又改從誤本作“見”。中華本據《元龜》卷八三四、《通鑑》宋文帝元嘉二十七年改作“具”。

[11]鄴：地名。在今河北臨漳縣西南。

[12]膏粱：郝懿行《書故》云：“‘膏粱’二字，見《晋語》及《孟子》書，後人借爲富貴之美稱。”

[13]緩服：寬大舒適之官服，與緊身戎裝相對而言。

[14]步武：很短的距離。《國語·周語下》：“夫目之察度也，不過步武尺寸之間。”韋昭注：“六尺爲步，賈君以半步爲武。”

[15]永昌王：北魏王爵名。此指拓跋仁，或作“庫仁真”。《魏書》卷一七有附傳，作“元仁”，爲拓跋健之子，襲封永昌王，時鎮長安，隨拓跋燾南征。後與濮陽王閭若文謀爲不軌，賜死國除。

[16]頃：各本並作“復”，中華本據《魏書·李孝伯傳》改。長安：地名。在今陝西西安市。

[17]淮南：郡名。治所在今安徽壽縣。　壽春：縣名。治所在今安徽壽縣。時爲淮南郡郡治所在地。

[18]劉康祖：人名。彭城呂（今江蘇銅山縣）人。本書卷五

○有傳。

[19]王玄謨：人名。字彥德，太原祁（今山西祁縣）人。本書卷七六有傳。

[20]鄒山：山名。即鄒峰山。在今山東鄒城市。

[21]崔邪利：人名。清河東武城（今河北清河縣東北）人。時任魯、平陽二郡太守，戰敗被俘，降魏。在魏任中書，卒於魏。

[22]但以其北人，故爲前驅引導耳：各本並脫“其北”及“故”三字，義不可通。中華本據《魏書·李孝伯傳》補。

[23]懸瓠：城名。一名懸壺城，即今河南汝南縣城。“懸瓠”各本並作“玄謨”，中華本據《魏書·李孝伯傳》改。按：《李孝伯傳》作“我家懸瓠小城”。

[24]陳憲：人名。時任右軍行參軍，行汝南、新蔡二郡軍事。以不滿千人的兵力給魏軍以重創，受到宋文帝的詔令嘉獎。

[25]胡盛之：人名。時任軍副，戰敗被俘，降魏。

[26]融水：水名。《魏書·李孝伯傳》作“翻水”。孫彪《考論》云：“案《水經》，其地唯有澮水，則作‘翻’爲是。”

[27]滑臺：地名。在今河南滑縣東舊滑縣，北臨黃河。

[28]乃：各本並作“方”，中華本據《魏書·李孝伯傳》、《通鑑》宋文帝元嘉二十七年改。

[29]相：縣名。治所在今安徽濉溪縣西北。

[30]嵇玄敬：人名。宋軍猛將，時任軍主，以百騎挫敗魏軍，孝武帝時任顏師伯輔國長史。　留城：城名。在今山東微山縣東南微山湖中。

[31]互：各本並作“平”，中華本據《魏書·李孝伯傳》改。

[32]知入境七百，無復相拒：“七”三朝本作“士”，毛本、殿本、局本作“土”，並誤。中華本據《魏書·李孝伯傳》、《元龜》卷八三四、《通鑑》宋文帝元嘉二十七年改。又各本並脫“復”字，中華本據《元龜》卷八三四補。

[33]瓜步：地名。在今江蘇南京市六合區。

[34]攻：各本並脱“攻”字，中華本據《魏書·李孝伯傳》補。

虜尋攻彭城南門，并放火，暢躬自前戰，身先士卒。及燾自瓜步北走，經彭城下過，遣人語城内：“食盡且去，須麥熟更來。”義恭大懼，閉門不敢追。虜期又至，議欲芟麥剪苗，[1]移民堡聚，衆論並不同，復更會議。鎮軍録事參軍王孝孫獨曰：[2]“虜不能復來，既自可保，如其更至，此議亦不可立。百姓閉在内城，饑饉日久，方春之月，野採自資，一入堡聚，餓死立至。民知必死，何可制邪？虜若必來，芟麥無晚。”四坐默然，莫之敢對。暢曰：“孝孫之議，實有可尋。”鎮軍府典籤董元嗣侍世祖側，[3]進曰：“王録事議不可奪，實如來論。”别駕王子夏因曰：[4]“此論誠然。”暢斂板白世祖曰：“下官欲命孝孫彈子夏。”世祖曰：“王别駕有何事邪？”暢曰：“芟麥移民，可謂大議，一方安危，事係於此。子夏親爲州端，[5]曾無同異，及聞元嗣之言，則歡笑酬答，阿意左右，何以事君。”子夏大慚，元嗣亦有慚色。義恭之議遂寢。太祖聞暢屢有正議，甚嘉之。世祖猶停彭城，召暢先反，并使履行盱眙城，[6]欲立大鎮。

[1]議欲芟麥剪苗：三朝本作“議欲芟剪苗”。北監本、毛本、殿本、局本作“議欲芟剪麥苗”，中華本據《元龜》卷四五三、卷七一七及《通鑑》宋文帝元嘉二十八年改。

[2]鎮軍録事參軍：官名。鎮軍將軍府屬官，掌總録府中衆曹

文簿，舉彈善惡。七品。　王孝孫：人名。京兆灞城（今陝西西安市東北）人，安西長史王脩之子，曾隨劉裕北征後秦。

[3]典籤：官名。亦稱典帥。原爲州郡文書佐吏，後成爲皇帝控制諸王及州郡長官的爪牙，品級雖不高，實權在長史之上，甚至諸王及州郡長官也要俯首聽命。　董元嗣：人名。原任武陵國典書令，後與戴法興、戴明寶共爲劉駿南中郎典籤。元嘉三十年劉劭殺文帝，劉駿先遣元嗣奉表回都，表示擁戴，後起兵反劭，元嗣在京被害。

[4]別駕：官名。即別駕從事、別駕從事史。州郡佐吏，主吏員選舉，職低任重。六品。　王子夏：人名。本書僅此一見，其事不詳。

[5]州端：州佐吏之首，説明別駕在州佐吏中的重要地位。

[6]盱眙：城名。在今江蘇盱眙縣東北盱眙山。

　　時虜聲云當出襄陽，故以暢爲南譙王義宣司空長史、南郡太守。[1]又欲暢代劉興祖爲青州及彭城都督，[2]並不果。

[1]南譙王：王爵名。王國在今安徽巢湖市居巢區東南。　義宣：人名。即劉義宣。本書卷六八有傳。　司空長史：官名。司空府幕僚長，總領府内政務。　南郡：治所在今湖北荆州市紀南城。

[2]劉興祖：人名。彭城（今江蘇徐州市）人，劉懷慎之子。歷官秦郡太守、青冀二州刺史、南康相、少府等職，曾建議北伐未被采納。查蕭齊時也有一劉興祖，永明十一年（493）爲王奐所害，死於獄中。《全宋文》卷五〇注云：“距此（元嘉二十九年）四十年，當別是一人。”　青州：時與冀州並僑置於鬱洲，在今江蘇連雲港市東雲臺山一帶。　彭城都督：官名。彭城軍政長官。

　　三十年，元凶弒逆，義宣發哀之日，即便舉兵，暢爲元佐，位居僚首，[1]哀容俯仰，蔭映當時。舉哀畢，改服，著黃韋綺褶，出射堂簡人，音姿容止，莫不矚目，見之者皆願爲盡命。事平，徵爲吏部尚書，[2]夷道縣侯，[3]食邑千户。義宣既有異圖，蔡超等以暢民望，[4]勸義宣留之，乃解南蠻校尉以授暢，[5]加冠軍將軍，[6]領丞相長史。[7]暢遣門生苟僧寶下都，[8]因顏竣陳義宣釁狀。[9]僧寶有私貨停巴陵，[10]不時下，會義宣起兵，津徑斷絕，僧寶遂不得去。義宣將爲逆，遣婢人翟靈寶謂暢：[11]“朝廷簡練舟甲，意在西討，今欲發兵自衛。”暢曰：“必無此理，請以死保之。”靈寶知暢不回，勸義宣殺以徇衆。即遣召暢，止于東齋，彌日不與相見，賴司馬竺超民保持，[12]故獲全免。既而進號撫軍，[13]別立軍部，以收民望。暢雖署文檄，而飲酒常醉，不省文書。隨義宣東下，梁山戰敗，[14]義宣奔走，暢於兵亂自歸，爲軍人所掠，衣服都盡。值右將軍王玄謨乘輿出營，[15]暢已得敗衣，排玄謨上轝，玄謨意甚不説，諸將欲殺之，隊主張世營救得免。[16]送京師，下廷尉，[17]削爵土，配左右尚方，[18]尋見原。

　　[1]位：各本並脱“位”字，中華本據《南史》及《御覽》卷三八九、卷六九五引補。

　　[2]吏部尚書：官名。尚書省吏部曹長官，位居列曹尚書之上，掌文官任免考選，兼典法制，其職極重。三品。

　　[3]夷道縣侯：侯爵名。侯國在今湖北宜都市。

　　[4]蔡超：人名。濟陽考城人，蔡茂之之子。少有才學，初爲

兗州主簿，與江淳之等共爲興安侯劉義賓所表薦，由是知名當世。

[5]南蠻校尉：官名。掌荆州、江州少數民族事務，統兵，多由高級將軍兼領，且多兼任某州刺史或都督周圍數郡諸軍事。

[6]冠軍將軍：官名。將軍名號。三品。

[7]丞相長史：官名。丞相府幕僚長，掌相府諸曹事，並可出席朝議，參與重大案件會審，兼管州郡農桑、户籍等事。時丞相位高權重，其僚屬也受尊重，甚至有以尚書令、僕，中書令，侍中而兼任長史。

[8]門生：供士族、官僚役使的人，與座主有很强的人身依附關係。　荀僧寶：人名。中華本校勘記云："本書《張邵傳》兄子暢附傳、《南史》、《元龜》七一九作'荀僧寶'。"

[9]顏竣：人名。字士遜，琅邪臨沂人。本書卷七五有傳。

[10]巴陵：郡名。治所在今湖南岳陽市。

[11]嬖人：身份低下而受寵愛的人。　翟靈寶：人名。南譙王劉義宣的親信。

[12]司馬：官名。此爲丞相府司馬，管府中武職，參贊軍務，位在長史下。　竺超民：人名。《南史》因避唐太宗李世民諱作"竺超人""竺超"。東莞（今山東莒縣）人，青州刺史竺夔之子。歷官黃門侍郎、南平内史，原隨劉義宣反朝廷，後執義宣歸降。

[13]撫軍：官名。撫軍將軍省稱。將軍名號，權任頗重。三品。

[14]梁山：山名。在今安徽和縣南長江西岸西梁山。

[15]右將軍：官名。軍府名號，用作加官。三品。

[16]張世：人名。即張興世。單字世，一字文德，竟陵竟陵（今湖北潛江市）人。本書卷五〇有傳。

[17]廷尉：官名。司法審判機構的最高長官，漢爲九卿之一，南朝時修訂法律及刑獄政令仰承尚書省，又置"建康三官"分掌刑獄，廷尉職權漸輕。三品。

[18]左右尚方：官署名。掌使役工徒製造宫廷器用及兵器，專

供御用。

　　復起爲都官尚書，[1]轉侍中，代子淹領太子右衛
率。[2]孝建二年，[3]出爲會稽太守。[4]大明元年，卒官。
時年五十。顏竣表世祖：“張暢遂不救疾。東南之秀，
蚤樹風範，[5]聞問悽愴，深切常懷。”諡曰宣子。[6]暢愛
弟子輯，臨終遺命與輯合墳。

　　[1]都官尚書：官名。尚書省都官曹長官。掌刑獄徒隸，劾治
違法案件，遇有戰事或佐督軍事。三品。
　　[2]太子右衛率：官名。東宮屬官，宿衛東宮，也承擔征伐任
務，地位頗重。三品。
　　[3]孝建：宋孝武帝劉駿年號（454—456）。
　　[4]會稽：郡名。治所在今浙江紹興市。
　　[5]蚤：同“早”。
　　[6]諡曰宣子：本書卷四六《張邵傳》作“諡曰宣”，無“子”
字。按《諡法》：“聖善周聞曰宣。”“施而不成曰宣。”

　　　子浩，官至義陽王昶征北諮議參軍。[1]

　　[1]義陽王：王爵名。王國在今河南信陽市南。　昶：人名。
即劉昶。文帝第九子，後改封晉熙王。本書卷七二有傳。　征北諮
議參軍：官名。征北將軍府屬官，無固定職掌，位在列曹參軍上。

　　浩弟淹，世祖南中郎主簿。[1]世祖即位，爲黃門郎，
封廣晉縣子，[2]食邑五百户，太子右衛率，東陽太守。[3]
逼郡吏燒臂照佛，民有罪使禮佛，動至數千拜。免官禁

錮。起爲光禄勳，[4]臨川内史。[5]太宗泰始初，[6]與晉安王子勛同逆，[7]率衆至鄱陽，[8]軍敗見殺。

[1]南中郎主簿：官名。南中郎將府屬官，主管府中典籍文書及經辦事務。

[2]廣晉縣子：子爵名。廣晉縣在今江西鄱陽縣北境。

[3]東陽：郡名。治所在今浙江金華市。

[4]光禄勳：官名。漢代爲九卿之一，主管宮殿門户宿衛，典領禁軍。宋時職任漸輕，主要掌管入宮門名籍，兼管宮廷部分供御事務。

[5]臨川内史：官名。臨川王國的行政長官。五品。

[6]太宗：宋明帝劉彧廟號。 泰始：宋明帝劉彧年號（465—471）。

[7]晉安王：王爵名。王國在今福建福州市。 子勛：人名。即劉子勛。本書卷八〇有傳。

[8]鄱陽：地名。在今江西鄱陽縣東北。

暢弟悦，亦有美稱。歷中書、吏部郎，侍中，[1]臨海王子頊前軍長史、南郡太守。[2]晉安王子勛建僞號於尋陽，[3]召爲吏部尚書，與鄧琬共輔僞政。[4]事敗，殺琬歸降，事在《琬傳》。復爲太子庶子，[5]仍除巴陵王休若衛軍長史、襄陽太守。[6]四年，即代休若爲雍州刺史、寧遠將軍。[7]復爲休若征西長史、南郡太守。[8]六年，太宗於巴郡置三巴校尉，[9]以悦補之，加持節、輔師將軍，[10]領巴郡太守。未拜，卒。

[1]中書、吏部郎：官名。中書郎、尚書吏部郎的合稱。

[2]臨海王：王爵名。王國在今浙江臨海市東南章安鎮。　子頊：人名。即劉子頊。本書卷八〇有傳。　前軍長史：官名。前將軍府幕僚長，掌府中政務。

[3]尋陽：地名。在今江西九江市西南。

[4]鄧琬：人名。字元琬。豫章南昌（今江西南昌市）人。本書卷八四有傳。

[5]太子庶子：官名。太子親近侍從，獻納規諫，隸太子詹事。五品。本書卷四六《張邵傳》、《南史》卷三二《張邵傳》作"太子中子"。即太子中庶子，侍奉太子，顧問應對。五品。

[6]巴陵王：王爵名。王國在今湖南岳陽市。　休若：人名。即劉休若。本書卷七二有傳。　衛軍長史：官名。衛將軍府幕僚長，掌府內政務。

[7]雍州：僑置州名。治所在今湖北襄陽市襄城區。　寧遠將軍：官名。將軍名號。五品。

[8]征西長史：官名。征西將軍府幕僚長，掌府中政務。

[9]巴郡：治所在今重慶市。　三巴校尉：官名。即護三巴校尉，爲三巴特區軍政長官。轄巴郡、巴東、巴西、建平、梓潼五郡。

[10]加：官制用語。在原職之外加授其他職銜或虛銜。　持節：官名。官員外出時皇帝賜給的節杖，是權威的憑證。軍事長官出征、出鎮，加賜持節者，可殺無官位之人，在軍事行動中有權殺二千石以下官吏。

何偃字仲弘，廬江灊人，[1]司空尚之中子也。[2]州辟議曹從事，[3]舉秀才，[4]除中軍參軍，[5]臨川王義慶平西府主簿。[6]召爲太子洗馬，[7]不拜。元嘉十九年，爲丹陽丞。[8]除廬陵王友，[9]太子中舍人，[10]中書郎，[11]太子中庶子。時義陽王昶任東官，使偃行義陽國事。[12]

[1]廬江：郡名。治所在今安徽舒城縣。 灊（qián）：縣名。治所在今安徽霍山縣。

[2]司空：官名。名譽宰相，多爲重臣加官。二品。 尚之：人名。即何尚之。字彥德。本書卷六六有傳。

[3]議曹從事：官名。即議曹從事史，州府佐吏，職參謀議，品級隨州大小而定。

[4]秀才：選舉科目名。由州薦舉。一般州歲舉一人。被舉爲秀才者，多出任要職。此項選舉，在當時多爲門閥士族所壟斷。

[5]中軍參軍：官名。亦稱參軍事，中軍將軍府的屬官，職掌參謀軍務。

[6]平西府主簿：官名。平西將軍府屬官，主管典籍文書及經辦事務。

[7]太子洗馬：官名。東宮屬官。掌圖籍、經書，太子出行則前導威儀。七品。洗又作“先”，先馬，即前驅。

[8]丹陽丞：官名。一作“丹陽尹丞”，丹陽尹的屬官，處理丹陽尹管轄下的日常事務。

[9]廬陵王友：官名。廬陵王府屬官。掌侍從游處，規諷道義。六品。廬陵王國在今江西吉水縣東北。

[10]太子中舍人：官名。東宮屬官。掌東宮文翰、侍從規諫太子，糾正違闕，儐相威儀，綜典奏事文書，監督醫藥，檢奏更直名册。位在太子中庶子下，洗馬上。六品。

[11]中書郎：官名。奏章經黃門郎簽署後，由中書郎進呈皇帝，並爲皇帝宣讀奏章。經皇帝同意，可代皇帝批閱意見。品級不高，權任頗重。中書通事郎、中書侍郎均省稱中書郎。

[12]行義陽國事：兼管義陽國政事。行，官制用語。暫由他官兼攝其職務。

二十九年，太祖欲更北伐，訪之群臣，偃議曰：
“内幹胡法宗宣詔，[1]逮問北伐。伏計賊審有殘禍，犬羊
易亂，殲殄非難，誠如天旨。今雖廟算無遺，而士未精
習。緣邊鎮戍，充實者寡，邊民流散，多未附業。控引
所資，取給根本。虧根本以殉邊患，宜動必不剋。[2]無
慮往歲挫傷，[3]續以内釁，侮亡取亂，誠爲沛然。然淮、
泗數州，實亦彫耗，流傭未歸，[4]創痍未起。且攻守不
等，客主形異，簿之則勢艱，圍之則曠日，進退之間，
姦虞互起。竊謂當今之弊易蚏，方來之寇不深，宜含垢
藏疾，以齊天道。”遷始興王濬征北長史、南東海
太守。[5]

[1]内幹：官名。中書省屬吏，掌宣詔。　胡法宗：人名。本
書僅此一見，其事不詳。

[2]宜動必不剋：各本並作“宜動必萬剋”，中華本據《元龜》
卷五二九訂正。

[3]無慮：中華本據文義認爲乃“索虜”二字之誤，引此以備
一説。

[4]流傭：指流亡在外當傭工的人。

[5]征北長史：官名。征北將軍府幕僚長，掌府中政務。　南
東海：郡名。治所在今江蘇鎮江市京口區。

元凶弒立，[1]以偃爲侍中，掌詔誥。時尚之爲司空、
尚書令，[2]偃居門下，父子並處權要，時爲寒心。而尚
之及偃善攝機宜，曲得時譽。會世祖即位，任遇無改，
除大司馬長史，[3]遷侍中，領太子中庶子。時責百官讜
言，[4]偃以爲：“宜重農恤本，并官省事，考課以知能

否，增俸以除吏姦。責成良守，久於其職。都督、刺史宜別其任。"[5]

[1]元凶：罪魁禍首。此指弑父篡位的劉劭。本書卷九九有傳。

[2]尚書令：官名。尚書省長官，綜理全國政務，是中央政府的高級政務長官。秩雖三品，實權有如宰相，如錄尚書事缺，並有宰相名義。

[3]大司馬長史：官名。大司馬府幕僚長，綜理府中政務。

[4]讜言：善言，正直之言。

[5]都督、刺史宜別其任：中華本標點爲"都督刺史，宜別其任"，誤。按：何偃本意是主張都督、刺史不能兼任，故都督、刺史之間，應以頓號斷開爲宜。

　　改領驍騎將軍，[1]親遇隆密，有加舊臣。轉吏部尚書。尚之去選未五載，偃復襲其迹，世以爲榮。侍中顏竣至是始貴，與偃俱在門下，以文義賞會，相得甚歡。竣自謂任遇隆密，宜居重大，而位次與偃等未殊，意稍不悅。及偃代竣領選，竣愈憤懣，與偃遂有隙。竣時勢傾朝野，偃不自安，遂發心悸病，意慮乖僻，上表解職，告醫不仕。[2]世祖遇偃既深，備加治療，名醫上藥，隨所宜須，乃得瘥。

[1]驍騎將軍：官名。護衛皇宮的主要將領之一，與領軍、護軍、左衛、右衛、游擊將軍合稱六軍。四品。

[2]告醫不仕：中華本認爲："《南史》作"告靈不仕"，似是。"

時上長女山陰公主愛傾一時，[1]配偃子戢。素好談玄，注《莊子·消搖篇》傳於世。[2]

[1]山陰公主：名楚玉，廢帝時改封會稽長公主。肆情淫縱，曾對廢帝説："陛下六宮萬數，而妾唯駙馬一人，事不均平，一何至此！"於是廢帝爲其置面首三十人。明帝誅廢帝，也以太后令賜公主死。

[2]《莊子·消搖篇》：現存《莊子》內篇《逍遙遊》即指此。丁福林《校議》據《南史》卷三〇《何偃傳》考證，好談玄注《莊子·逍遥篇》者，乃何偃也。

大明二年，卒官，時年四十六。世祖與顏竣詔曰："何偃遂成異世，美志長往。與之周旋，重以姻媾，臨哭傷怨，良不能已。往矣，如何！宜贈散騎常侍、金紫光禄大夫，[1]本官如故。"謚曰靖子。[2]子戢，昇明末，[3]爲相國左長史。[4]

[1]散騎常侍：官名。侍從皇帝，主掌圖書文翰、文章撰述、諫諍拾遺及收納呈轉文書奏事。三品。

[2]靖子：按《謚法》："柔德安衆曰靖。""恭己鮮言曰靖。""寬樂令終曰靖。"

[3]昇明：宋順帝劉準年號（477—479）。

[4]相國左長史：官名。相國府幕僚長，位在右長史上，掌相國府諸曹事，並可出席朝議，參與重大案件會審，過問地方事務。時相國權位極重，長史也備受尊崇。

江智淵，濟陽考城人，[1]湘州刺史夷弟子。[2]父僧安，[3]太子中庶子。

[1]濟陽：郡名。治所在今河南蘭考縣。　考城：縣名。治所在今河南民權縣。

[2]湘州：治所在今湖南長沙市。　夷：人名。即江夷。字茂遠。本書卷五三有傳。

[3]僧安：人名。即江僧安。本書僅此一見，《晋書》不見此人。

智淵初爲著作郎，[1]江夏王義恭太尉行參軍，太子太傅主簿，[2]隨王誕後軍參軍。[3]世父夷有盛名，夷子湛又有清譽，[4]父子並貴達。智淵父少無名問，湛禮敬甚簡，智淵常以爲恨，自非節歲，不入湛門。及爲隨王誕佐，在襄陽，誕待之甚厚。時諮議參軍謝莊、府主簿沈懷文並與智淵友善。[5]懷文每稱之曰：“人所應有盡有，人所應無盡無者，其江智淵乎。”元嘉末，除尚書庫部郎。[6]時高流官序，[7]不爲臺郎，智淵門孤援寡，獨有此選，意甚不説，固辭不肯拜。竟陵王誕復版爲驃騎參軍，[8]轉主簿，隨府轉司空主簿、記室參軍，領南濮陽太守，[9]遷從事中郎。誕將爲逆，智淵悟其機，請假先反。誕事發，即除中書侍郎。[10]

[1]著作郎：官名。掌國史及起居注的修撰，爲清要之官，也是劉氏宗室及士族高門子弟起家之官。六品。

[2]太子太傅主簿：官名。太子太傅府重要屬吏，掌府内文書簿記及經辦事務。

[3]隨王：王爵名。即隨郡王。王國在今湖北隨州市。　誕：

人名。即劉誕。後改封竟陵王。本書卷七九有傳。　後軍參軍：官名。後將軍府屬官，掌參謀軍務。

[4]湛：人名。即江湛。字徽淵。本書卷七一有傳。

[5]謝莊：人名。字希逸，陳郡陽夏人。本書卷八五有傳。沈懷文：人名。字思明，吳興武康人。本書卷八二有傳。

[6]尚書庫部郎：官名。尚書庫部曹長官通稱，亦稱庫部郎中，掌戎杖器用。六品。

[7]高流官序：名流的官級次序。按：九品中正制，上三品爲門閥名流所把持，任官必任地位顯要、職務清閑的官職。尚書庫部郎官輕事繁，故江智淵“意甚不説”。高流，即名流。《三國志》卷二一《魏書·傅嘏傳》裴松之注：“傅嘏識量名輩，寔當時高流。”

[8]驃騎參軍：各本並作“騎軍”。孫彪《考論》云：“誕時爲驃騎大將軍，當云復版爲驃騎參軍。”孫説正確，據改。

[9]南濮陽：郡名。僑置，寄治晋陵武進（今江蘇常州市武進區）等縣。

[10]中書侍郎：官名。官清職閑，爲諸王起家之官。中書令、監不在，侍郎可主持中書省日常政務。五品。

智淵愛好文雅，詞采清贍，世祖深相知待，恩禮冠朝。上燕私甚數，多命群臣五三人游集，智淵常爲其首。同侶未及前，輒獨蒙引進，智淵每以越衆爲慚，未嘗有喜色。每從游幸，與群僚相隨，見傳詔馳來，知當呼己，聳動愧惡，形於容貌，論者以此多之。

遷驃騎將軍，尚書吏部郎。上每酣宴，輒詬辱群臣，并使自相嘲訐，以爲歡笑。智淵素方退，漸不會旨。嘗使以王僧朗嘲戲其子景文，[1]智淵正色曰：“恐不宜有此戲。”上怒曰：“江僧安癡人，癡人自相惜。”智淵伏席流涕，由此恩寵大衰。出爲新安王子鸞北中郎長史、南東海太守，加拜寧朔將軍，[2]行南徐州事。[3]初，上寵姬宣貴妃殷氏卒，[4]使羣臣議諡，智淵上議曰“懷”，[5]上以不盡嘉號，甚銜之。後車駕幸南山，乘馬至殷氏墓，羣臣皆騎從，上以馬鞭指墓石柱謂智淵曰：“此上不容有懷字！”智淵益惶懼。大明七年，以憂卒。時年四十六。

[1]王僧朗：人名。琅邪臨沂人。宋文帝時，官至侍中、湘州刺史，勤於政事，受到文帝的嘉獎。其女王貞風爲明帝皇后，故進位特進、左光禄大夫，加侍中，卒於官。　景文：人名。即王景文。本書卷八五有傳。

[2]寧朔將軍：官名。晋時原爲幽州地區的軍政長官，兼管烏桓事務，宋沿置。四品。

[3]南徐州：治所在今江蘇鎮江市。

[4]宣貴妃殷氏：本南郡王義宣女（一説是殷琰家人入義宣家），義宣敗，孝武帝密取入宫，改姓殷氏，寵冠後宫。卒後諡曰宣貴妃。按《諡法》：“聖善周聞曰宣。”《南史》卷一一有傳。貴妃，後宫嬪妃，位比相國。

[5]懷：按《諡法》：“慈仁短折曰懷。”

子季筠，太子洗馬，早卒。後廢帝即位，以后父，[1]追贈金紫光禄大夫。季筠妻王，平望鄉君。[2]

[1]后：指後廢帝皇后江簡珪。本書卷四一有傳。

[2]平望鄉君：外戚封爵名。本書僅此一見，餘事不詳。

智淵兄子概早孤，養之如子。概歷黃門、吏部郎，侍中，武陵王北中郎長史、南東海大守，行南徐州事。後廢帝元徽中卒。[1]

[1]後廢帝：即劉昱。本書卷九有紀。　元徽：宋後廢帝劉昱年號（473—477）。

史臣曰：夫將帥者，御眾之名；士卒者，一夫之用。坐談兵機，制勝千里，安在乎蒙楯前驅、履腸涉血而已哉。[1]山濤之稱羊祜曰：[2]“大將雖不須筋力，軍中猶宜強健。”以此爲言，則叔子之幹力弱矣。杜預文士儒生，[3]射不能穿札，身未嘗跨馬，一朝統大眾二十餘萬，爲平吳都督，[4]王戎把臂入林，[5]亦受專征之寄。何必山西猛士、六郡良家，[6]然後可受脈於朝堂，[7]荷推轂之重？[8]及虜兵深入，徐服恇震，非張暢正言，則彭、汴危矣。[9]豈其身扞飛鏑，[10]手折雲衝，[11]方足使窮堞假命、危城載安乎。[12]仁者之有勇，非爲臆說。

[1]履腸涉血：踩著死人的腸子和血迹前進。語出《呂氏春秋·期賢》：“野人之用兵也……履腸涉血，無罪之民其死者量於澤矣……其離仁義亦遠矣。”
[2]山濤：人名。字巨源，河內懷（今河南武陟縣西南）人。性好老莊，隱身自晦，竹林七賢之一。歷官守大鴻臚、吏部尚書、右僕射，加侍中，多居要職。而貞慎儉素，祿賜秩俸，皆散給親故。嘗論用兵之本，以爲不宜去州郡武備。《晋書》卷四三有傳。
羊祜：人名。字叔子，泰山南城（今山東平邑縣）人。累官尚書左僕射、都督荆州諸軍事。曾與吳將陸抗隔江對峙，綏撫遠近，甚

得江漢民心。後入朝面陳伐吳之策，並舉杜預自代。卒後遠近哀傷，在峴山爲其立碑，望者莫不流涕，杜預因名之"墮淚碑"。《晋書》卷三四有傳。

〔3〕杜預：人名。字元凱，京兆杜陵（今陝西西安市長安區）人。歷官河南尹、秦州刺史，入爲度支尚書，在任七年，多有建樹，號爲"杜武庫"。後拜征南大將軍、都督荆州諸軍事，以平吳功，封爲當陽縣侯。在當陽時，修復召信臣水利工程，溉田四萬餘頃，衆庶擁戴，號曰"杜父"。博學多通，著《春秋左氏經傳集解》《盟會圖》《春秋長曆》等，均有較高學術價值。《晋書》卷三四有傳。

〔4〕平吳：各本並作"平原"，李慈銘《宋書札記》云："平原當作平吳。"據改。

〔5〕王戎：人名。字濬沖，琅邪臨沂人，竹林七賢之一。官至豫州刺史，加建威將軍，奉詔伐吳，以平吳功進封安豐縣侯，後累遷光禄勳。時晋綱混亂，王戎與時浮沉，雖官至司徒，而無所建樹。然處亂不驚，在危難中仍談笑自若，唯其性極儉嗇，以此獲譏於世。《晋書》卷四三有傳。　把臂入林：即指王戎與阮籍等作竹林之游。

〔6〕何必山西猛士、六郡良家：《漢書》卷六九《趙充國傳》有"秦漢已來，山東出相，山西出將"之語，稱趙充國"以六郡良家子，善騎射，補羽林"。山西，指華山以西，包括今陝西及甘肅東南部地區。六郡良家，即指隴西、天水、安定、北地、上郡、西河等六郡的老百姓。因山西、六郡地接戎狄，其人武勇善戰，故漢代猛將、精兵多出自山西和六郡。此處是反其義而用之。

〔7〕受脤：古代帝王派將出征所舉行的一種儀式。即把祭社的肉放在脤器中賜給將帥，故後世稱受命統兵爲受脤。《左傳》閔公二年："帥師者，受命於廟，受脤於社。"杜預注："脤，宜社之肉，盛以脤器。"

〔8〕推轂：古代帝王任命將帥出征時的又一種隆重儀式。《史

記》卷一〇二《張釋之馮唐列傳》：“臣聞上古王者之遣將也，跪而推轂，曰：‘閫以內者，寡人制之；閫以外者，將軍制之。’”跪而推轂（車），表示帝王屈己命將的誠心。

[9]則彭、汴危矣：據本傳前文，“彭、汴”應作“彭、泗”。

[10]飛鏑：疾飛的箭。曹植《大司馬曹休誄》：“足蹴白刃，手接飛鏑。”

[11]雲衝：雲梯衝車，古代攻城的戰具。

[12]窮堞：城防極其困阨。堞，城上的短牆，又名女牆。《左傳》襄公二十七年：“崔氏堞其宮而守之。”

宋書　卷六〇

列傳第二十

范泰　王准之　王韶之　荀伯子

　　范泰字伯倫，順陽山陰人也。[1]祖汪，[2]晋安北將軍、徐兖二州刺史。[3]父甯，[4]豫章太守。[5]

　　[1]山陰：中華本引錢大昕《考異》疑“山陰”爲“舞陰”之訛，似是。舞陰在今河南泌陽縣西北。
　　[2]汪：人名。即范汪。《晋書》卷七五有傳。
　　[3]安北將軍：官名。與安東、安西、安南將軍並稱四安將軍。三品。
　　[4]甯：人名。即范甯。《晋書》卷七五有附傳。
　　[5]豫章：郡名。治所在今江西南昌市。

　　泰初爲太學博士，[1]衛將軍謝安、驃騎將軍會稽王道子二府參軍。[2]荆州刺史王忱，[3]泰外弟也，[4]請爲天門太守。[5]忱嗜酒，醉輒累旬，及醒，則儼然端肅。泰謂忱曰：“酒雖會性，亦所以傷生。游處以來，常欲有以相戒。當卿沈湎，措言莫由，及今之遇，又無假陳説。”忱嗟嘆久之，曰：“見規者衆矣，未有若此者也。”或問忱曰：“范泰何如謝邈？”[6]忱曰：“茂度慢。”又問：“何如殷覬？”[7]忱曰：“伯通易。”[8]忱常有意立功，謂泰曰：“今城池既立，軍甲亦充，將欲掃除中原，以申宿昔之志。伯通意鋭，當令擁戈前驅。以君持重，欲相委留事，何如？”泰曰：“百年逋寇，[9]前賢挫屈者多矣。功名雖貴，鄙生所不敢謀。”會忱病卒。召泰爲驃騎諮議參軍，[10]遷中書侍郎。[11]時會稽王世子元顯專權，[12]内外百官請假，不復表聞，唯籤元顯而已。[13]泰建言以爲非宜，元顯不納。父憂去職，襲爵陽遂鄉侯。[14]桓玄輔晉，[15]使御史中丞祖台之奏泰及前司徒左長史王準之、輔國將軍司馬珣之並居喪無禮，[16]泰坐廢徙丹徒。[17]

[1]太學博士：官名。掌教授太學生，亦備咨詢、參議禮儀，隸太常。六品。

[2]衛將軍：官名。掌京師皇宮近衛軍，位亞三公，在諸名號大將軍上。二品。　謝安：人名。陳郡陽夏（今河南太康縣）人，東晉宰相。《晋書》卷七九有傳。　驃騎將軍：官名。位居諸名號將軍之首，多爲重臣加官。二品。　道子：人名。即司馬道子。晋簡文帝子，權臣。《晋書》卷六四有傳。

[3]荆州：治所在今湖北荆州市荆州區。　王忱：人名。《晋書》卷七五有附傳。

[4]泰外弟：《晋書》卷七五《王忱傳》稱忱“嘗造其舅范甯”，忱兄國寶“甯之甥也”，可知王忱即范泰姑子。

[5]天門：郡名。治所在今湖南石門縣。

[6]謝邈：人名。字茂度。《晉書》卷七九有附傳。

[7]殷覬：人名。字伯通。《晉書》卷八三本傳作“殷顗”，中華本作“覬”，應爲“顗”，失校。

[8]伯通：人名。各本並作“伯道”，中華本據《元龜》卷七八八改。

[9]逋（bū）寇：逃竄流亡的賊寇。指當時北方割據王朝。逋，逃竄，逃亡。

[10]驃騎諮議參軍：官名。驃騎府屬官，掌參謀軍中事務，顧問應對。六品。

[11]中書侍郎：官名。中書省長官，位在監令下，掌草擬詔令，職任機要。五品。

[12]元顯：人名。即司馬元顯。司馬道子子。《晉書》卷六四有傳。

[13]籤：官制用語。指在公文上籤注處理意見，此處指由元顯一人籤署意見。

[14]陽遂鄉侯：侯爵名。范泰父甯封爵。封地今址不詳。參見《晉書》卷七五《范甯傳》。

[15]桓玄：人名。晉末權臣。《晉書》卷九九有傳。

[16]御史中丞：官名。御史臺長官，掌監察執法。四品。　祖台之：人名。《晉書》卷七五有附傳。　司徒左長史：官名。司徒府屬官，位在右長史上。六品。　輔國將軍：官名。一度改稱輔師將軍，位在龍驤將軍上。三品。　司馬珣之：人名。其事不詳。

[17]丹徒：縣名。治所在今江蘇鎮江市丹徒區。

　　義旗建，[1]國子博士。[2]司馬休之爲冠軍將軍、荆州刺史，[3]以泰爲長史、南郡太守。[4]又除長沙相，[5]散騎常侍，[6]並不拜。入爲黄門郎，[7]御史中丞。坐議殷祠事謬，[8]白衣領職。[9]出爲東陽太守。[10]盧循之難，[11]泰預發兵千人，開倉給稟，高祖加泰振武將軍。[12]明年，遷侍中，[13]尋轉度支尚書。[14]時僕射陳郡謝混，[15]後進知名，高祖嘗從容問混："泰名輩可以比誰?"對曰："王元太一流人也。"[16]徙爲太常。[17]初，司徒道規無子，[18]養太祖，[19]及薨，以兄道憐第二子義慶爲嗣。[20]高祖以道規素愛太祖，[21]又令居重。道規追封南郡公，應以先華容縣公賜太祖。[22]泰議曰："公之友愛，即心過厚。禮無二嗣，義隆宜還本屬。"從之。轉大司馬左長史，[23]右衛將軍，[24]加散騎常侍。復爲尚書，常侍如故。兼司空，與右僕射袁湛授宋公九錫，[25]隨軍到洛陽。高祖還彭城，[26]與共登城，泰有足疾，特命乘輦。泰好酒，不拘小節，通率任心，雖在公坐，[27]不異私室，高祖甚賞愛之。然拙於爲治，故不得在政事之官。遷護軍將軍，[28]以公事免。

[1]義旗建：指宋武帝劉裕起兵討桓玄事。事在東晉元興三年（404）。參見本書卷一《武帝紀上》。

[2]國子博士：官名。掌國子生教授，隸祭酒，位在太學博士上。五品。

[3]司馬休之：人名。《魏書》卷三七有傳。　冠軍將軍：官名。位在輔國將軍上。三品。

[4]南郡：治所在今湖北荆州市荆州區。

[5]長沙相：官名。長沙國行政長官。長沙國在今湖南長沙市。

[6]散騎常侍：官名。散騎省（集書省）長官，掌顧問應對，侍從皇帝左右，諫諍得失，參掌機密。職比侍中。三品。

[7]黃門郎：官名。即黃門侍郎。掌侍從皇帝，顧問應對。四品。

[8]殷祠：古代帝王爲祖先或新死之君舉行的祭祠活動。

[9]白衣領職：官制用語。指對犯有過失官員的一種削奪官職的懲罰方式。白衣非官服，是没有官職之人穿的衣服。

[10]東陽：郡名。治所在今浙江金華市。

[11]盧循之難：指東晉末年盧循領導的反晉起兵事。參見《晉書》卷一〇〇《盧循傳》。

[12]振武將軍：官名。與建武、奮武、揚武、廣武將軍等並稱五武將軍。四品。

[13]侍中：官名。門下省長官，掌侍從皇帝左右，顧問應對，諫諍糾察，傳諭御旨。三品。

[14]度支尚書：官名。尚書省度支曹長官，掌財賦物價漕運等事。三品。

[15]僕射：官名。即尚書僕射。尚書省官員，位在令下，協助令處理尚書省事務。三品。　陳郡：治所在今河南淮陽縣。　謝混：人名。《晉書》卷七九有附傳。

[16]王元太：人名。又作“王元泰”，其事不詳。孫彪《考論》：“《蜀志》楊戲《輔臣贊》有‘王元泰’，亦時知名人士。”

[17]太常：官名。主祭祀喪葬宗廟朝會禮儀。三品。

[18]道規：人名。即劉道規。宋武帝少弟。本書卷五一有傳。

[19]太祖：宋文帝劉義隆廟號。

[20]道憐：人名。即劉道憐。本書卷五一有傳。　義慶：人名。即劉義慶。本書卷五一有附傳。

[21]高祖：宋武帝劉裕廟號。

[22]華容縣：治所在今湖北監利縣北。

[23]大司馬左長史：官名。掌大司馬府各曹政事，與右長史並爲僚佐之長。六品。

[24]右衛將軍：官名。禁衛軍主要將帥之一，掌宫禁宿衛，與領軍、護軍、左衛、驍騎、游擊將軍合稱六軍。四品。

[25]右僕射：官名。尚書省副長官，領祠部、儀曹，與祠部尚

書通職。三品。　袁湛：人名。本書卷五二有傳。　宋公：即宋武帝劉裕。時封宋公。　九錫：指車馬、衣服、樂器等。其制原爲皇帝專用，東晉南朝權臣篡位前例加此賜，爲無上權力或國家的象徵。

[26]彭城：郡名。治所在今江蘇徐州市。

[27]坐：各本並作“言”，中華本據《南史》改。

[28]護軍將軍：官名。禁衛將軍之一，掌督護京師以外諸軍。三品。

高祖受命，[1]拜金紫光禄大夫，[2]加散騎常侍。明年，議建國學，以泰領國子祭酒。[3]泰上表曰：

[1]受命：聽受天命。此指宋武帝代晉即位事。

[2]金紫光禄大夫：官名。光禄大夫加金章紫綬者，多爲年老文臣加官。二品。

[3]國子祭酒：官名。掌教授生徒儒學，主管國子學，參議禮制，隸太常。四品。

臣聞風化興於哲王，教訓表於至世。至説莫先講習，甚樂必寄朋來。[1]古人成童入學，易子而教，[2]尋師無遠，負糧忘艱，安親光國，莫不由此。若能出不由户，則斯道莫從。是以明詔爰發，已成涣汗，[3]學制既下，遠近遵承。臣之愚懷，少有未達。今惟新告始，盛業初基，天下改觀，有志景慕。而置生之制，取少停多，開不來之端，非一塗而已。臣以家推國，則知所聚不多，恐不足以宣大宋之風，弘濟濟之美。[4]臣謂合選之家，[5]雖制所未達，父兄欲其入學，理合開通，雖小違晨昏，所以大弘孝道。不知《春秋》，則所陷或大，故趙盾忠而書弒，[6]許子孝而得罪，[7]以斯爲戒，可不懼哉！十五志學，[8]誠有其文，若年降無幾，而深有志尚者，何必限以一格，[9]而不許其進邪！揚烏豫《玄》，[10]實在弱齒；五十學《易》，乃無大過。[11]

[1]朋來：《論語·學而》曰：“有朋自遠方來，不亦樂乎！”此語當本此。

[2]易子而教：語出《孟子·離婁下》。指古代對兒童進行教育的一種方式。

[3]渙汗：喻詔令之出如汗之渙散而不可收。

[4]濟濟：衆多。《詩·大雅·旱麓》：“瞻彼旱麓，榛楛濟濟。”

[5]合選之家：即符合入學條件的家族。此指官宦世族子弟。

[6]趙盾忠而書弒：指春秋時期晉國執政趙宣子未能阻止晉君被殺而被史官董狐責以弒君事。詳見《左傳》宣公二年。

[7]許子孝而得罪：典出《左傳》昭公十九年：“許悼公瘧。五月戊辰，飲大子止之藥，卒。大子奔晉。書曰：‘弒其君。’君子曰：‘盡心力以事君，舍藥物可也。’”

[8]十五志學：古制，男子多以十五行入學之禮。《大戴禮記·保傅》“則入于小學”。盧辯注：“古者太子八歲入小學，十五歲入大學也。”又《論語·爲政》：“吾十有五而志于學。”

[9]一格：一種方法、途徑。格，法式，標準。

[10]揚烏豫《玄》：指西漢揚烏學習《太玄》一書事。揚烏，揚雄子，稱神童，九歲而夭。《玄》，即《太玄》。揚雄所著政論之一。

[11]五十學《易》，乃無大過：典出《論語·述而》：“五十以

學《易》，可以無大過矣。"注："《易》窮理盡性，以至於命。年五十而知天命，以知命之年，讀至命之書，故可以無大過。"

　　昔中朝助教，[1]亦用二品。[2]潁川陳載已辟太保掾，[3]而國子取爲助教，即太尉准之弟。[4]所貴在於得才，無繫於定品。教學不明，獎厲不著，今有職閑而學優者，可以本官領之，門地二品，[5]宜以朝請領助教，[6]既可以甄其名品，斯亦敦學之一隅。其二品才堪，自依舊從事。

[1]中朝：即西晉。因其統治中心地處中原，故稱。　助教：官名。即國子助教。國子祭酒屬官，掌國子生教授。

[2]二品：官制用語。指九品中正制度下中正官所評定的鄉品中第二等級，與官位高低不同。下文"門地二品"甚明。

[3]潁川：郡名。治所在今河南許昌市。　陳載：人名。《南史》作"陳戴"，其事不詳。　太保掾：官名。太保屬官，爲諸曹屬吏之首，分曹治事。七品。

[4]准：人名。即陳准。漢太丘長陳寔玄孫，晉太尉，封廣陵郡公。參見《三國志》卷二二《魏書·陳群傳》注引《陳氏譜》。據中華本校勘記考證，准，各本並作"準"。錢大昕《考異》云："淮當作準。史家避順帝諱，改準爲准，因訛爲淮耳。"孫彪《考論》云："太尉陳準也。今世通行准字，説者以爲自寇萊公作相始。錢氏謂自宋順帝，皆非也。《魏書·長孫肥傳》，中山太守仇儒推群盜趙准爲主，造妖言云：'燕東傾，趙當續。欲知其名，淮水不足。'時晉安帝隆安間也。則知此字俗用已久。"

[5]門地二品：中華本校勘記云"門地"下《元龜》卷六〇三有"堪"字。

[6]朝請：官名。即奉朝請。散騎省屬官，用以安置閑散。

六品。

　　會今生到有期，而學校未立。覆簣實望其速，[1]回轍已淹其遲。[2]事有似賒而宜急者，[3]殆此之謂。古人重寸陰而賤尺璧，其道然也。時學竟不立。

　　[1]覆簣（kuì）：倒一筐土。喻積小成大，積少成多。《論語·子罕》：“譬如平地，雖覆一簣，進，吾往也。”簣，土筐。

　　[2]回轍：猶回車，倒車轉回。漢人鄒陽《獄中上書》：“邑號朝歌，墨子回車。”

　　[3]賒：遲緩、緩慢。王僧孺《鼓瑟曲有所思》：“光陰復何極，望促反成賒。”

　　時言事者多以錢貨減少，[1]國用不足，欲悉市民銅，更造五銖錢。[2]泰又諫曰：

　　[1]錢貨：金錢，錢幣。

　　[2]五銖錢：貨幣名稱。通行於漢魏南北朝時期。亦爲錢幣代稱。

　　流聞將禁私銅，以充官銅。民雖失器，終於獲直，國用不足，其利實多。臣愚意異，不寧寢默。臣聞治國若烹小鮮，[1]拯弊莫若務本。百姓不足，君孰與足。未有民貧而國富，本不足而末有餘者也。故囊漏貯中，[2]識者不吝；反裘負薪，[3]存毛實難。王者不言有無，諸侯不言多少，食祿之家，不與百姓爭利。故拔葵所以明治，[4]織蒲謂之不仁，[5]是以貴賤有章，職分無爽。

[1]治國若烹小鮮：語出《老子》。原文爲“治大國若烹小鮮”，意即治理要從容到收放自如。

[2]囊漏貯中：亦作“囊漏儲中”。語出賈誼《新書·春秋》。意即糧食從小器漏入大器，其實並未漏掉，實際利益並未外流。

[3]反裘負薪：亦作“反裘負芻”，反穿皮衣背柴。古人以皮毛向外爲正，反裘即裘毛朝裏，喻愚昧或不知輕重本末。參見《晏子春秋·雜上》。

[4]拔葵所以明治：指公儀休食茹而美，却拔園葵而棄之之事。喻居官不與民爭利。參見《史記》卷一一九《循吏列傳》。

[5]織蒲謂之不仁：指臧文仲之妾織席營利事。喻爲政不仁，與民爭利。參見《左傳》文公二年。

今之所憂，在農民尚寡，倉廩未充，轉運無已，資食者衆，家無私積，難以禦荒耳。夫貨存貿易，不在少多，昔日之貴，今者之賤，彼此共之，其揆一也。但令官民均通，則無患不足。若使必資貨廣以收國用者，則龜貝之屬，[1]自古所行。尋銅之爲器，在用也博矣。鍾律所通者遠，[2]機衡所揆者大。夏鼎負圖，實冠衆瑞，[3]晉鐸呈象，亦啓休徵。[4]器有要用，則貴賤同資；物有適宜，則家國共急。今毀必資之器，而爲無施之錢，於貨則功不補勞，在用則君民俱困，校之以實，損多益少。陛下勞謙終日，無倦庶務，以身率物，勤素成風，而頌聲不作，版、渭不至者，[5]良由基根未固，意在遠略。伏願思可久之道，賒欲速之情，弘山海之納，擇芻收之説，[6]則嘉謀日陳，聖慮可廣。其亡存心，然後苞桑可繫。[7]愚誠一至，用忘寢食。

[1]龜貝之屬：猶言貨幣。龜甲和貝殼，古時用作貨幣，至秦而廢。《史記·平準書》：“農工商交易之路通，而龜貝金錢刀布之幣興焉。”

[2]鍾律：即音律。原指編鐘十二律。《史記·律書》：“鍾律調自上古。”

[3]夏鼎負圖，實冠衆瑞：夏鼎上的圖形，實是衆瑞之首。夏鼎負圖，即左思《吳都賦》中所説“形鏤於夏鼎”，古人認爲是祥瑞的象徵。典出《左傳》宣公三年：“昔夏之方有德也，遠方圖物，貢金九牧，鑄鼎象物，百物而爲之備，使民知神姦……用能協于上下，以承天休。”中華本“圖”字傍劃書名曲綫，誤。

[4]晉鐸呈象，亦啓休徵：晉鐸上呈現的龍虎形象，也是一種吉祥的徵兆。《御覽》卷五八四引《廣古今五行記》：“晉愍帝建興四年（316），晉陵人陳寵在田得銅鐸五枚，皆有龍虎形。”其意是晉鐸的出現，預示著東晉建立的吉兆。晉鐸發現的次年（317），東晉即宣告建立。

[5]頌聲不作，版、渭不至：意即没有歌頌贊美之聲，也没有隱逸之士出來輔佐。揚雄《法言·孝至》：“周康之時，頌聲作乎下。”版、渭，相傳爲傅説和姜尚隱居的地方。

[6]擇芻收之説：丁福林《校議》引《南史》卷二三《范泰傳》作“擇芻牧之説”，文意較佳。

[7]苞桑可繫：意即帝王如果能夠經常居安思危，則國家可以鞏固。苞桑，根深柢固的桑樹。《易·否卦》：“其亡其亡，繫于苞桑。”

景平初，加位特進。[1]明年，致仕，解國子祭酒。少帝在位，多諸愆失，上封事極諫，曰：

[1]特進：官名。多爲退免或閑散大臣加官，得參與大政，班在三公下。二品。

伏聞陛下時在後園，頗習武備，鼓鞞在宮，[1]聲聞于外；黷武掖庭之内，[2]諠譁省闥之間，[3]不聞將帥之臣，統御之主，非徒不足以威四夷，祇生遠近之怪。近者東寇紛擾，[4]皆欲伺國瑕隙，今之吳會，[5]寧過二漢關、河，[6]根本既搖，于何不有。如水旱成災，役夫不息，無寇而戒，爲費漸多。河南非復國有，[7]羯虜難以理期，[8]此臣所以用忘寢食，而干非其位者也。陛下踐阼，委政宰臣，實同高宗諒闇之美。[9]而更親狎小人，不免近習，懼非社稷至計，經世之道。“王言如絲，其出如綸”，[10]下觀而化，疾於影響。伏願陛下思弘古道，式遵遺訓，從理無滯，任賢勿疑，如此則天下歸德，宗社惟永。《書》云：“一人有慶，兆民賴之。”[11]天高聽卑，無幽不察，興衰在人，成敗易曉，未有政治在於上而人亂於下者也。

[1]鼓鞞：又作“鼓鼙”，即大鼓和小鼓。古時軍中常用樂器。《禮記·樂記》：“君子聽鼓鼙之聲，則思將帥之臣。”
[2]黷武掖庭：在宮中亂用武力。黷武，濫用武力，好戰。掖庭，又作“掖廷”，宮中旁舍，妃嬪居住之地。

[3]省闥：又稱禁闥，即宮禁之中，古時中央諸省辦事之地。闥，門，小門。

[4]東寇：東部的寇賊，指富陽人孫法興在會稽一帶起兵作亂事。詳見本書卷四《少帝紀》及卷五二《褚叔度傳》。

[5]吳會：地區名。吳郡和會稽。今江蘇南部和浙江北部一帶。當時爲統治中心區域。

[6]關、河：地區名。關中和三河（河南、河内、河東）地區。指西漢和東漢的統治中心，即今陝西、河南、山西一帶。

[7]河南：地區名。此指黃河中下游以南地區，非僅今河南省，亦包括山東、安徽等地。

[8]羯虜：羯即羯族，活動於北方的少數民族之一。虜是對其辱稱。

[9]高宗諒闇：天子諸侯居喪之稱。《禮記·喪服四制》："高宗諒闇，三年不言。"諒闇，又作"亮陰""梁暗""涼陰"。

[10]王言如絲，其出如綸：語出《禮記·緇衣》。意即天子的話雖細如絲，但傳出去却粗如綬帶，所以天子一定要謹言慎行，注意影響。

[11]《書》云：各本並作"《詩》云"，中華本據《元龜》卷五四一改。語見《尚書·吕刑》。

　　臣蒙先朝過遇，陛下殊私，實欲盡心竭誠，少報萬分，而惛耄已及，[1]百疾互生，便爲永違聖顏，無復自盡之路，貪及視息，陳其狂瞽。[2]陛下若能哀其所請，留心覽察，則臣夕殞于地，無恨九泉。

[1]惛（hūn）耄：老朽昏庸。
[2]狂瞽：不辨事實的狂悖之言。此爲謙詞。瞽，失明的人。

少帝雖不能納，[1]亦不加譴。

[1]少帝：即劉義符，宋武帝子。本書卷四有紀。、

徐羨之、傅亮等與泰素不平，[1]及廬陵王義真、少帝見害，[2]泰謂所親曰：“吾觀古今多矣，未有受遺顧託，而嗣君見殺、賢王嬰戮者也。”

[1]徐羨之、傅亮：均人名。皆宋武帝顧命大臣。其傳均見本書卷四三。

[2]廬陵：王國名。在今江西吉水縣一帶。　義真：人名。即劉義真。宋武帝次子。本書卷六一有傳。

元嘉二年，[1]表賀元正，[2]并陳旱災，曰：

[1]元嘉：宋文帝劉義隆年號（424—453）。

[2]元正：元旦，正月初一。

元正改律，品物惟新。陛下藉日新以畜德，[1]仰乾元以履祚，[2]吉祥集室，百福來庭。頃旱魃爲虐，[3]亢陽愆度，[4]通川燥流，異井同竭。老弱不堪遠汲，貧寡單於負水。租輸既重，賦稅無降，百姓怨咨。臣年過七十，未見此旱。陰陽并隔，則和氣不交，豈惟凶荒，必生疾疫，其爲憂虞，不可備序。

[1]日新：日日更新。《易·繫辭上》：“日新之謂聖德。”

　　[2]乾元：天。《易·乾卦》：“大哉乾元。”

　　[3]旱魃：舊時指能引起旱災的鬼怪。《詩·大雅·雲漢》：“旱魃爲虐，如惔如焚。”

　　[4]亢陽：陽氣極盛。《易·乾卦》孔穎達疏：“上九，亢陽之至，大而極盛。”

　　　　雩禜之典，[1]以誠會事，巫祝常祈，罕能有感，上天之譴，不可不察。漢東海枉殺孝婦，亢旱三年，[2]及祭其墓，澍雨立降，歲以有年。是以衛人伐邢，師興而雨。[3]伏願陛下式遵遠猷，思隆高構，推忠恕之愛，矜冤枉之獄，遊心下民之瘝，[4]厝思幽冥之紀。[5]令謗木豎闕，[6]諫鼓鳴朝，[7]察芻牧之言，[8]總統御之要。如此，則苞桑可繫，危幾無兆。斯而災害不消，未之有也。故夏禹引百姓之罪，[9]殷湯甘萬方之過，[10]太戊資桑穀以進德，[11]宋景藉熒惑以脩善，[12]斯皆因敗以轉成，往事之昭晰也。循末俗者難爲風，就正路者易爲雅。臣疾患日篤，夕不謀朝，會及歲慶，得一聞達，微誠少亮，無恨泉壤，永違聖顔，拜表悲咽。

遂輕舟遊東陽，任心行止，不關朝廷。有司劾奏之，太祖不問也。

　　[1]雩（yú）禜（yǒng）：祭祀。雩，求雨祭祀。禜，禳除災害的祭祀儀式。

　　[2]漢東海枉殺孝婦，亢旱三年：典出《漢書》卷七一《于定國傳》：“東海有孝婦，少寡，亡子，養姑甚謹。姑欲嫁之，終不肯。”姑不忍久累孝婦，上吊自盡。姑女誣孝婦殺母，郡守誤判，

處死孝婦。結果郡中枯旱，三年不雨。後新太守上任，于定國父于公爲孝婦申冤，新任太守爲孝婦祭墓平反，天乃雨。

［3］衛人伐邢，師興而雨：指春秋時期衛國入侵邢國事。參見《左傳》僖公二十五年。

［4］下民之瘼：即民瘼，民間疾苦。《後漢書》卷七六《循吏傳》：“廣求民瘼，觀納風謡。”

［5］厝思：關心，注意。 幽冥：地府陰間。

［6］謗木：相傳唐堯爲徵求民間直言，立誹謗之木於宮外，政有得失，民即書之於木。後世亦皆沿襲。參見《史記》卷一〇《孝文本紀》及注。

［7］諫鼓：設於朝廷供進諫者敲擊以聞之鼓，相傳由夏禹而來。參見《管子·桓公問》。

［8］芻牧之言：即芻言，草野之人的言談。常用以謙稱自己的言論。

［9］夏禹引百姓之罪：指夏禹佐舜平水土事。參見《史記》卷二《夏本紀》。

［10］殷湯甘萬方之過：指商湯引咎平定天下事。參見《史記》卷三《殷本紀》。

［11］太戊資桑穀以進德：指商王太戊依靠伊陟等人中興商朝事。參見《史記·殷本紀》。

［12］宋景藉熒惑以脩善：指春秋時宋景公借天文變化修善立德事。參見《左傳》哀公十五年。

時太祖雖當陽親覽，[1]而義之等猶秉重權。復上表曰：“伏承廬陵王已復封爵，猶未加贈。陛下孝慈天至，友于過隆，伏揆聖心，已自有在。但司契以不唱爲高，[2]冕旒以因寄成用。[3]臣雖言不足採，誠不亮時，但猥蒙先朝忘醜之眷，復沾廬陵矜顧之末，息晏委質，有

兼常款，契闊戎陣，顛狽艱危，厚德無報，授令路絕，
此老臣兼不能自已者也。朽謝越局，無所逃刑。"泰諸
子禁之，表竟不奏。

[1]當陽：當政，天子南面向陽而坐。《左傳》文公四年："昔
諸侯朝正于王，王宴樂之，於是乎賦《湛露》，則天子當陽。"

[2]司契：掌管法規。《文選》左思《魏都賦》："上垂拱而
司契。"

[3]冕旒（liú）：皇冠上的玉串。

三年，羨之等伏誅，進位侍中、左光祿大夫、國子
祭酒，[1]領江夏王師，[2]特進如故。上以泰先朝舊臣，恩
禮甚重，以有腳疾，起居艱難，宴見之日，特聽乘輿到
坐。累陳時事，上每優容之。

[1]左光祿大夫：官名。屬光祿勳，多爲顯職加官或卒後贈官，
以示優容。二品。

[2]領：官制用語。指兼領、暫代或以卑官領高職、以白衣領
某職者。　江夏王：王爵名。即劉義恭。其封國在今湖北武漢市武
昌區。本書卷六一有傳。

其年秋，旱蝗，又上表曰：

陛下昧旦丕顯，[1]求民之瘼，明斷庶獄，無倦
政事，理出群心，澤謠民口，百姓翕然，皆自以爲
遇其時也。災變雖小，要有以致之。守宰之失，臣
所不能究；上天之譴，臣所不敢誣。有蝗之處，縣
官多課民捕之，無益於枯苗，有傷於殺害。臣聞桑

穀時亡，無假斤斧，楚昭仁愛，不禁自瘳。^[2]卓茂去無知之蟲，^[3]宋均囚有異之虎，^[4]蝗生有由，非所宜殺。石不能言，^[5]星不自隕，^[6]《春秋》之旨，所宜詳察。

[1]昧旦：拂曉，天未全明時。《詩·鄭風·女曰雞鳴》：“女曰雞鳴，士曰昧旦。” 丕顯：英明。《尚書·君牙》：“丕顯哉，文王謨！”

[2]楚昭仁愛，不禁自瘳：指春秋時楚昭王患病，拒絕移禍將相和禱告河神而自愈，爲孔子所稱事。參見《史記》卷四〇《楚世家》。

[3]卓茂去無知之蟲：指卓茂爲政有方而蝗不入治界事。卓茂，人名。後漢宛（今河南南陽市）人。《後漢書》卷二五有傳。

[4]宋均囚有異之虎：指後漢九江太守宋均，修吏治而使虎豹自動離郡事。參見《後漢書》卷四一《宋均傳》。

[5]石不能言：石不能發聲。石言，古人附會爲神憑石而言。參見《左傳》昭公八年。

[6]星不自隕：星隕，星星墜落。古人認爲星隕、石言都由人爲因素而致，並非純粹自然因素。

　　禮，婦人有三從之義，^[1]而無自專之道；《周書》父子兄弟，罪不相及，^[2]女人被宥，由來尚矣。謝晦婦女，^[3]猶在尚方，^[4]始貴後賤，物情之所甚苦，匹婦一至，亦能有所感激。臣於謝氏，不容有情，蒙國重恩，寢處思報，伏度聖心，已當有在。

[1]禮，婦人有三從之義：見《儀禮·喪服》。三從，在家從

父，出嫁從夫，夫死從子。

[2]《周書》父子兄弟，罪不相及：見《尚書·周書·康誥》。又見《左傳》昭公二十年。

[3]謝晦：人名。本書卷四四有傳。

[4]尚方：官署名。即尚方署。掌御用器物製作等，隸於少府，亦掌刑徒勞作。

禮，春夏教詩，[1]無一而闕也。臣近侍坐，聞立學當在入年。陛下經略粗建，意存民食，入年則農功興，農功興則田里闢，入秋治庠序，入冬集遠生，二塗並行，事不相害。夫事多以淹稽爲戒，不遠爲患，任臣學官，竟無微績，徒墜天施，無情自處。臣之區區，不望目覯盛化，竊慕子囊城郢之心，[2]庶免荀偃不瞑之恨。[3]臣比陳愚見，便是都無可採，徒煩天聽，愧怍反側。

書奏，上乃原謝晦婦女。

[1]禮，春夏教詩：見《禮記·文王世子》。

[2]子囊城郢之心：典出《左傳》襄公十四年。子囊伐吳敗歸，臨終遺言謂子庚“必城郢。”故君子謂：“子囊忠。君薨不忘增其名，將死不忘衛社稷。”子囊，即春秋時楚公子貞。

[3]荀偃：人名。春秋晉國荀林父孫，即中行獻子。曾從平公伐齊，禱於河，沉玉而濟，遂圍臨淄，焚郭中而退。復過河，荀偃病，臨終不瞑目，含玉乃瞑。參見《左傳》襄公十八年、襄公十九年。

時司徒王弘輔政，[1]泰謂弘曰：“天下務廣，而權要難居；卿兄弟盛滿，當深存降挹。彭城王，[2]帝之次弟，宜徵還入朝，共參朝政。"弘納其言。

[1]王弘：人名。本書卷四二有傳。

[2]彭城王：王爵名。即劉義康。王國在今江蘇徐州市。本書卷六八有傳。

時旱災未已，加以疾疫，泰又上表曰："頃亢旱歷時，疾疫未已，方之常災，實爲過差，古以爲王澤不流之徵。陛下昧旦臨朝，無懈治道，躬自菲薄，勞心民庶，以理而言，不應致此。意以爲上天之於賢君，正自殷懃無已。陛下同規禹、湯引百姓之過，言動于心，道敷自遠。桑穀生朝而殞，[1]熒惑犯心而退，[2]非唯消災弭患，乃所以大啓聖明；靈雨立降，百姓改瞻，應感之來，有同影響。陛下近當仰推天意，俯察人謀，升平之化，尚存舊典，顧思與不思、行與不行耳。大宋雖揖讓受終，[3]未積有虞之道，[4]先帝登遐之日，[5]便是道消之初。至乃嗣主被殺，[6]哲藩嬰禍，[7]九服徘徊，有心喪氣，佐命託孤之臣，[8]俄爲戎首。天下蕩蕩，王道已淪，自非神英，撥亂反正，則宗社非復宋有。革命之與隨時，其義尤大。是以古今異用，循方必壅，大道隱於小成，欲速或未必達。深根固蔕之術，未洽於愚心，是用狷狂妄作而不能緘默者也。臣既頑且鄙，不達治宜，加之以篤疾，重之以惽耄，言或非言而復不能無言，陛下錄其一毫之誠，則臣不知厝身之所。"

[1]桑穀生朝而殞：古人迷信，以桑、穀二木生於朝爲不祥之兆。參見《尚書·咸有一德》及疏。朝，君主、大臣辦公的地方。

[2]熒惑犯心而退：古人認爲心宿是天之正位，若爲熒惑所犯，則爲最不吉利之兆。熒惑，星名。即火星，因隱現不定，令人迷惑，故名。心，星名。二十八宿之一，即心宿。

[3]揖讓受終：指晉恭帝向宋武帝行禪讓事，實爲溢美之詞。參見本書卷二《武帝紀中》。

[4]有虞之道：指虞舜修孝悌之道獲得帝堯傳位事。參見《史記》卷一《五帝本紀》。

[5]登遐：對人死去的諱稱，亦作“登假”。《詩·大雅·下武》：“三后在天。”鄭玄《箋》：“此三后既没登遐，精氣在天矣。”

[6]嗣主被殺：指少帝劉義符被徐羨之等人廢殺事。參見本書卷四《少帝紀》及卷四三《徐羨之傳》。

[7]哲藩嬰禍：指南豫州刺史廬陵王義真等人被廢殺事。參見本書卷六一《武三王傳》。

[8]佐命託孤之臣：指宋武帝臨終時受遺命之長沙王劉道憐、司空徐羨之、尚書僕射傅亮、領軍將軍謝晦、護軍將軍檀道濟等人。參見本書卷三《武帝紀下》。

泰博覽篇籍，好爲文章，愛獎後生，孜孜無倦。撰《古今善言》二十四篇及文集傳於世。[1]暮年事佛甚精，於宅西立祇洹精舍。[2]五年，[3]卒，時年七十四。追贈車騎將軍，侍中、特進、王師如故。謚曰宣侯。[4]

[1]文集：《舊唐書·經籍志》收《范泰集》二十卷。

[2]祇洹精舍：佛寺名。又稱祇院園林須達精舍、祇園精舍，原爲古印度富商爲如來佛所造住房，此乃借用其名。

[3]五年：元嘉五年（428）。

[4]宣：謚號。按《謚法》：“聖善周聞曰宣。”

長子昂，早卒。次子屬，宜都太守。次晏，侍中、光祿大夫。次曄，太子詹事，謀反伏誅，自有傳。少子廣淵，善屬文，世祖撫軍諮議參軍，[1]領記室，[2]坐曄事從誅。[3]

[1]世祖：宋孝武帝劉駿廟號。　撫軍諮議參軍：官名。撫軍將軍府屬官，掌顧問諫議，位在列曹參軍上，無定員。

[2]記室：官名。即記室參軍。掌文疏表奏，品級隨府主高低不等。

[3]曄事：即范曄謀立彭城王義康被殺事。事見本書卷六九《范曄傳》。

王准之字元曾，[1]琅邪臨沂人。[2]高祖彬，[3]尚書僕射。曾祖彪之，[4]尚書令。[5]祖臨之，父訥之，[6]並御史中丞。彪之博聞多識，練悉朝儀，自是家世相傳，並諳江左舊事，緘之青箱，[7]世人謂之“王氏青箱學”。

[1]王准之字元曾：據中華本校勘記：“北監本、毛本、殿本、局本作‘王准之’，元大德本《南史》作‘王準之’，殿本《南史》作‘王淮之，字元魯’。《太平廣記》九九引《冥祥記》作‘王淮之，字元曾’。殿本《考證》謂‘准即準之減畫，實一字也。《范泰傳》前司徒長史王準之，當是一人’。按殿本《考證》誤，《范泰傳》之王準之，爲王雅之子。《晉書·王雅傳》：‘長子準之，散騎侍郎。’與此王准之非一人。”

[2]琅邪：郡名。治所在今山東臨沂市北。　臨沂：縣名。治

所在今山東費縣。但王氏居住地在今臨沂市。

[3]彬：人名。即王彬。《晋書》卷七六有附傳。

[4]彪之：人名。即王彪之。《晋書》卷七六有附傳。

[5]尚書令：官名。高級政務長官，掌決策出令，綜理政務，參理大政，職如宰相。三品。

[6]訥之：人名。即王訥之。據中華本考證，各本並作"納之"，《世説·文學》注引《王氏譜》作"訥之字永言"，當是。據改。

[7]青箱：即巾箱，盛放私人用品的小箱子。《南史》卷五七《范雲傳》："江祏求雲女婚姻，酒酣，巾箱中取剪刀與雲，曰：'且以爲聘'。"

准之兼明《禮》《傳》，贍於文辭。起家爲本國右常侍，[1]桓玄大將軍行參軍。[2]玄篡位，以爲尚書祠部郎。[3]義熙初，[4]又爲尚書中兵郎，[5]遷參高祖車騎中軍軍事，[6]丹陽丞，[7]中軍太尉主簿，[8]出爲山陰令，[9]有能名。預討盧循功，封都亭侯。[10]又爲高祖鎮西、平北、太尉參軍，尚書左丞，[11]本郡大中正。[12]宋臺建，除御史中丞，爲僚友所憚。准之父訥之、祖臨之、曾祖彪之至准之，四世居此職。准之嘗作五言，范泰嘲之曰："卿唯解彈事耳。"准之正色答："猶差卿世載雄狐。"[13]坐世子右衛率謝靈運殺人不舉，[14]免官。

[1]起家：開始進入仕途擔任的第一個官職，也是出身官。當時官場最重起家出身。參見本書《百官志》。　本國：即琅邪國。時爲晋簡文帝子司馬道子封國，僑治今江蘇南京市。　右常侍：官名。王國屬官，掌侍從左右，贊相禮儀，獻替諫諍，員額因王國大

小不等。

[2]行：官制用語。指品秩較低的職官或白衣代理、兼領某品秩較高的官職。

[3]尚書祠部郎：官名。尚書省祠曹長官，亦稱郎中，多以明禮通儒充任。六品。

[4]義熙：晋安帝司馬德宗年號（405—418）。

[5]尚書中兵郎：官名。尚書省中兵曹長官，亦稱郎中。六品。

[6]參車騎中軍軍事：官名。車騎將軍僚屬，掌參謀軍務，無定員。六品。

[7]丹陽丞：官名。丹陽尹輔佐官。六品。丹陽，郡名。治所在今江蘇南京市。

[8]中軍太尉主簿：官名。太尉府中軍曹長官，典領文書簿籍，經辦事務。

[9]山陰：縣名。治所在今浙江紹興市。

[10]都亭侯：侯爵名。位在鄉侯下，初封都亭，後無封地。

[11]尚書左丞：官名。尚書省佐官，位次尚書，與右丞共掌都省事務，兼督察衆官。六品。

[12]大中正：官名。各州負責評定世族子弟品第的官員，兼推舉之任。多由該州仕於中央的高官兼任。

[13]雄狐：喻閨門私行，雄狐相隨，失陰陽之匹。參見《詩·齊風·南山》及序。

[14]世子右衞率：官名。世子府屬官，掌府中宿衞，亦任征伐。六品。　謝靈運：人名。本書卷六七有傳。丁福林《校議》據《南史》卷二四《王准之傳》、本書卷五七《蔡廓傳》考證，“世子右衞率”乃“世子左衞率”之誤。

　　高祖受命，拜黄門侍郎。[1]永初二年，[2]奏曰：“鄭玄注《禮》，[3]三年之喪，二十七月而吉，[4]古今學者多謂得禮之宜。晋初用王肅議，[5]祥禫共月，[6]故二十五月而除，遂以爲制。江左以來，唯晋朝施用；縉紳之士，多遵玄義。夫先王制禮，以大順群心。喪也寧戚，著自前訓。今大宋開泰，品物遂理。愚謂宜同即物情，以玄義爲制，朝野一禮，則家無殊俗。"從之。

[1]黃門侍郎：官名。即黃門郎。給事宮門内，侍從皇帝，顧問應對，出則陪乘。五品。

[2]永初二年：據中華本考證："此事《禮志》繫元年。《晋宋書故》謂作元年是。"永初，宋武帝劉裕年號（420—422）。

[3]鄭玄：人名。東漢高密人，經學家。《後漢書》卷三五有傳。　注《禮》：對《禮記》一書進行注釋。

[4]三年之喪，二十七月而吉：禮制。指子女爲父母服喪及除服的期限。參《禮記・檀弓》疏。

[5]王肅：人名。三國魏人，經學家。曾遍注群經，專攻鄭玄説。其議凶禮事參見《三國志》卷一三《魏書・王朗傳》及注。

[6]祥禫（dàn）共月：祭祀及服喪的一種禮制。參見孫星衍《五松園文稿・祥禫不同月辨》。禫，喪家除服的一種祭禮。

　　遷司徒左長史，[1]出爲始興太守。[2]元嘉二年，爲江夏王義恭撫軍長史、歷陽太守，[3]行州府之任，綏懷得理，軍民便之。尋入爲侍中。明年，徙爲都官尚書，[4]改領吏部。性峭急，頗失縉紳之望。出爲丹陽尹。[5]准之究識舊儀，問無不對。時大將軍彭城王義康録尚書事，[6]每嘆曰："何須高論玄虛，正得如王准之兩三人，天下便治矣。"然寡乏風素，不爲時流所重。撰《儀注》，朝廷至今遵用之。[7]十年，卒，時年五十六。追贈

太常。子興之，^[8]征虜主簿。^[9]

[1]司徒左長史：官名。司徒府屬官，統領府中衆曹，位在右
長史上。

[2]始興：郡名。治所在今廣東韶關市東南蓮花嶺下。

[3]撫軍長史：官名。撫軍將軍屬官，居幕僚之長，有元僚之
稱。掌顧問參謀。　歷陽：郡名。治所在今安徽和縣歷陽鎮。

[4]都官尚書：官名。尚書省都官曹長官，掌刑獄徒隸、糾彈
違法。三品。

[5]丹陽尹：官名。丹陽郡行政長官，掌京師所在丹陽郡行政
事務。三品。

[6]録尚書事：官名。總領尚書省政務，猶宰相，位在三公上。

[7]至今：指本書修撰之南朝蕭梁時。

[8]興之：中華本校勘記稱《南史》作“興之”。

[9]征虜主簿：官名。征虜將軍屬官，居僚屬之首，典領幕府
文書簿籍，經辦事務。

王韶之字休泰，琅邪臨沂人也。曾祖廙，^[1]晋驃騎
將軍。祖羨之，^[2]鎮軍掾。^[3]父偉之，^[4]本國郎中令。^[5]

[1]廙（yì）：人名。即王廙。《晋書》卷七六有傳。

[2]羨之：人名。即王羨之。其事不詳。

[3]鎮軍掾：官名。鎮軍將軍屬官，爲軍府各曹之長。七品。

[4]偉之：人名。即王偉之。其事不詳。

[5]郎中令：官名。王國三卿之一，掌侍從左右，戍衛王宫。
品秩隨國主高低不等。

韶之家貧，父爲烏程令，^[1]因居縣境。好史籍，博

涉多聞。初爲衛將軍謝琰行參軍。[2]偉之少有志尚，當世詔命表奏，輒自書寫。太元、隆安時事，[3]小大悉撰錄之，韶之因此私撰《晉安帝陽秋》。[4]既成，時人謂宜居史職，即除著作佐郎，[5]使續後事，訖義熙九年。[6]善叙事，辭論可觀，爲後代佳史。遷尚書祠部郎。晉帝自孝武以來，[7]常居内殿，武官主書於中通呈，以省官一人管司詔誥，任在西省，[8]因謂之西省郎。傅亮、羊徽相代〔在職，義熙十一年，高祖以韶之博學有文詞，補通直郎，〕[9]領西省事。轉中書侍郎。安帝之崩也，高祖使韶之與帝左右密加酖毒。恭帝即位，[10]遷黄門侍郎，領著作郎，西省如故。凡諸詔黄，[11]皆其辭也。

［1］烏程：縣名。治所在今浙江湖州市南菰城遺址。

［2］謝琰：人名。陳郡陽夏人，謝安次子。《晉書》卷七九有附傳。

［3］太元：諸本並作“泰元”，中華本同此。即晉孝武帝司馬曜年號（376—396）。　隆安：晉安帝司馬德宗年號（397—401）。

［4］《晉安帝陽秋》：史書名。即《晉安帝春秋》。時避晉簡文帝母諱改。該書記安帝史事，已佚。《隋書・經籍志》《舊唐書・經籍志》《新唐書・藝文志》收有王韶之撰《晉紀》十卷、《崇安紀》十卷、《晉宋雜詔》八卷，當是該書佚文或別稱。

［5］著作佐郎：官名。著作郎佐官，協助郎修撰國史及起居注，亦掌史料搜集，供郎撰史。六品。

［6］義熙：晉安帝司馬德宗年號（405—418）。

［7］孝武：即晉孝武帝司馬曜。《晉書》卷九有紀。

［8］任：中華本作“任”，《南史》作“住”。　西省：官署名。設於宮禁之中，散騎等侍郎輪流值宿，掌起草詔誥等。

[9]羊徽：人名。泰山南城（今山東平邑縣）人。本書卷六二有傳。　相代：中華本據《南史》，在此二字下至"領西省事"間補"在職，義熙十一年，高祖以詔之博學有文詞，補通直郎"二十一字，當是。今據補。

[10]恭帝：即晉恭帝司馬德文。其即位時間爲義熙十四年（418）十二月戊寅。《晉書》卷一〇有紀。

[11]詔黄：各本並作"詔奏"，中華本據《南史》改，稱"古時帝命不稱奏，作'黄'是"。

　　高祖受禪，加驍騎將軍、本郡中正，[1]黄門如故，西省職解，復掌宋書。有司奏東冶士朱道民禽三叛士，[2]依例放遣，詔之啓曰："尚書金部奏事如右，[3]斯誠檢忘一時權制，[4]懼非經國弘本之令典。臣尋舊制，以罪補士，凡有十餘條，雖同異不紊，而輕重實殊。至於詐列父母死，誣罔父母淫亂，破義反逆，此四條，實窮亂抵逆，人理必盡。雖復殊刑過制，猶不足以塞莫大之罪。既獲全首領，大造已隆，[5]寧可復遂拔徒隸、緩帶當年、自同編户、列齒齊民乎？臣懼此制永行，所虧實大。方今聖化惟新，崇本棄末，一切之令，宜加詳改。愚謂此四條不合加贖罪之恩。"侍中褚淡之同詔之三條，[6]却宜仍舊。詔可。又駁員外散騎侍郎王寔之請假事曰：[7]"伏尋舊制，群臣家有情事，聽併急六十日。太元中改制，年賜假百日。又居在千里外，聽併請來年限，合爲二百日。此蓋一時之令，非經通之旨。會稽雖塗盈千里，未足爲難，百日歸休，於事自足。若私理不同，便應自表陳解，豈宜名班朝列，而久淹私門？臣等

參議，謂不合開許。或家在河、洛及嶺、沔、漢者，^[8]
道阻且長，猶宜別有條品，請付尚書詳爲其制。"從之。
坐璽封謬誤，免黃門，事在《謝晦傳》。

[1]驍騎將軍：官名。與領軍、護軍、左衛、右衛、游擊將軍
合稱六軍，任宿衛，爲護衛皇宮主要將領之一。四品。

[2]東冶：役使徒隸冶鑄之所，統屬於尚書省度支曹金部，其
址在今江蘇南京市朝天宮一帶。

[3]尚書金部：官署名。尚書省郎曹之一，隸度支，掌全國庫
糧出納、錢幣鑄造、度量衡等。

[4]檢忘：即檢亡。張森楷《校勘記》云："猶捕亡也。正謂
上文禽三叛士耳。"

[5]大造：大功，大成就，也指極大關懷和成全。《左傳》成
公十三年："秦師克還無害，則是我有大造於西也。"

[6]褚淡之：人名。河南陽翟（今河南禹州市）人。本書卷五
二有附傳。

[7]員外散騎侍郎：官名。又稱員外郎，屬散騎省，爲閑散之
職，多以安置閑退人員。五品。

[8]河、洛及嶺、沔、漢：地區名。分別指黃河、洛水、秦嶺、
沔水、漢水，意指北方廣大地區。

韶之爲晋史，序王珣貨殖，^[1]王廞作亂。^[2]珣子弘，
廞子華，^[3]並貴顯，韶之懼爲所陷，深結徐羨之、傅亮
等。少帝即位，遷侍中，驍騎如故。景平元年，^[4]出爲
吳興太守。^[5]羨之被誅，王弘入爲相，領揚州刺史。^[6]弘
雖與韶之不絕，諸弟未相識者，皆不復往來。韶之在
郡，常慮爲弘所繩，夙夜勤厲，政績甚美，弘亦抑其私

憾。太祖兩嘉之。在任積年，稱爲良守，加秩中二千石。[7]十年，徵爲祠部尚書，加給事中。[8]坐去郡長取送故，[9]免官。十二年，又出爲吳興太守。其年卒，時年五十六。七廟歌辭，[10]詔之制也。文集行於世。[11]子曄，尚書駕部外兵郎，[12]臨賀太守。[13]

[1]王珣貨殖：即王珣以職務之便經營財貨事。王珣，人名。琅邪臨沂人，晉安帝宰相。《晉書》卷六五有附傳。

[2]王廞作亂：事在晉安帝隆安元年（397）。詳見《晉書》卷六五《王廞傳》。王廞，人名。琅邪臨沂人，官至吳國內史。

[3]華：人名。即王華。本書卷六三有傳。

[4]景平元年：各本並作“景平之年”，中華本據孫虨《考論》云“當爲景平元年”，據改。景平，宋少帝劉義符年號（423—424）。

[5]吳興：郡名。治所在今浙江湖州市吳興區。

[6]揚州：治所在今江蘇南京市。

[7]秩中二千石：官制用語。指職位品級或俸禄。中二千石即實俸二千石，位在真二千石上。

[8]給事中：官名。給事宮中，常侍皇帝左右，備顧問應對，隸集書省。五品。

[9]長取送故：超乎送故標準。長，多。送故，當時所流行的一種在長官離任時而送與兵仗財物之制。《晉書》卷七五《范甯傳》：“方鎮去官，皆割精兵器仗以爲送故，米布之屬不可稱計。”

[10]七廟歌辭：即宋武帝先祖晉北平太守膺、相國掾熙、開封令旭孫、武原令混、東安太守靖、郡功曹翹等七人的宗廟歌辭，始製於永初元年（420）。歌辭載於本書《樂志二》。

[11]文集行於世：按：《舊唐書·經籍志》收《王韶之集》二十四卷，《新唐書·藝文志》收《王韶之集》二十卷。

[12]尚書駕部外兵郎：官名。尚書省駕部屬官，爲外兵署長官。品秩不詳。

[13]臨賀：郡名。治所在今廣西賀州市八步區東南。

荀伯子，潁川潁陰人也。[1]祖羨，[2]驃騎將軍。父猗，[3]秘書郎。[4]

[1]潁川：郡名。治所在今河南許昌市。 潁陰：縣名。治所在今河南許昌市。

[2]羨：人名。即荀羨。《晉書》卷七五有附傳。

[3]猗：人名。即荀猗。其事不詳。

[4]秘書郎：官名。秘書省屬官，掌整理典籍，考校舊文，删省浮穢，多用文學之士。六品。

伯子少好學，博覽經傳，而通率好爲雜戲，遨游閭里，故以此失清塗。[1]解褐爲駙馬都尉，[2]奉朝請，[3]員外散騎侍郎。著作郎徐廣重其才學，[4]舉伯子及王韶之並爲佐郎，助撰晉史及著桓玄等傳。遷尚書祠部郎。

[1]清塗：官制用語。指清顯而又事務悠閑的仕途。塗，通"途"。

[2]駙馬都尉：官名。侍從近臣。初爲宗室外戚或近臣加官，後專授尚公主者，無定員。六品。

[3]奉朝請：官名。散騎省屬官，多用以安置閑散官員，無定員。六品。

[4]著作郎：官名。秘書省屬官，掌國史及起居注修撰，轄佐郎等。六品。 徐廣：人名。東莞姑幕（今山東諸城市）人。《晉書》卷八二有傳。

　　義熙九年，上表曰：“臣聞咎繇亡後，臧文以爲深嘆；[1]伯氏奪邑，管仲所以稱仁。[2]功高可百世不泯，濫賞無崇朝宜許。故太傅鉅平侯祜，[3]明德通賢，宗臣莫二，勳參佐命，功成平吳，而後嗣闕然，烝嘗莫寄。漢以蕭何元功，[4]故絶世輒紹。愚謂鉅平之封，宜同酇國。[5]故太尉廣陵公陳准，[6]黨翼孫秀，[7]禍加淮南，[8]竊饗大國，因罪爲利。值西朝政刑失裁，[9]中興復因而不奪。[10]今王道惟新，豈可不大判臧否，謂廣陵之國，宜在削除。故太保衛瓘，[11]本爵蕭陽縣公，[12]既被橫禍，及進第秩，始贈蘭陵，[13]又轉江夏。[14]中朝公輔，多非理終，瓘功德不殊，亦無緣獨受偏賞。宜復本封，以正國章。”詔付門下。[15]

　　[1]咎繇亡後，臧文以爲深嘆：指傳説中的聖賢皋陶後嗣乏絶，致春秋魯國大夫臧文仲爲之惋惜事。參見《左傳》文公十七年。

　　[2]伯氏奪邑，管仲所以稱仁：典出《論語・憲問》。管子云“奪伯氏駢邑三百，飯疏食，没齒無怨言”，孔子稱管仲爲仁。鄭玄注：“伯氏以罪見奪，非管仲有私忿，故不失爲仁。”伯氏，齊國大夫。

　　[3]鉅平侯：侯爵名。侯國在今山東泰安市南。　祜：人名。即羊祜。晋泰山南城人。《晋書》卷三四有傳。

　　[4]蕭何：人名。西漢沛人，開國功臣。《漢書》卷三九有傳。

　　[5]酇國：蕭何封國。在今河南永城市西。

　　[6]廣陵公：公爵名。陳准封爵。公國在今江蘇揚州市西北。

　　[7]孫秀：人名。西晋琅邪人，惠帝時任趙王倫中書令，是“八王之亂”的元凶之一。參見《晋書》卷四《孝惠帝紀》及卷五

九《趙王倫傳》。

　　[8]禍加淮南：指孫秀構陷淮南王司馬允並將其誅殺事。參見《晉書》卷六四《淮南忠壯王允傳》及卷五九《趙王倫傳》。淮南，封國名。在今安徽壽縣。

　　[9]西朝：西晉王朝。因其朝廷建立於江東之西，故名。

　　[10]中興：指晉元帝司馬睿建國，使晉朝亡而復興事。參見《晉書》卷六《元帝紀》。

　　[11]衛瓘：人名。西晉河東安邑（今山西夏縣）人。《晉書》卷三六有傳。

　　[12]蕭陽縣公：公爵名。衛瓘封爵。據中華本考證：《南史》《晉書》並作菑陽，今址無考。錢大昕《考異》云：“蕭陽，《晉書》作菑陽。考《晉書·地理志》不見此二縣名。”

　　[13]蘭陵：郡名。治所在今山東棗莊市東南嶧城鎮西。

　　[14]江夏：郡名。治所在今湖北安陸市南。

　　[15]門下：官署名。即門下省。因位於宮禁黃門之下，故名。爲中央中樞機構所在地。在其中任職者有侍中、給事黃門侍郎、散騎常侍等，掌獻納諫及司進御之職。

　　前散騎常侍江夏公衛璵上表自陳曰：[1]“臣乃祖故太保瓘，於魏咸熙之中，[2]太祖文皇帝爲元輔之日，[3]封蕭陽侯。大晉受禪，進爵爲公，歷位太保，總錄朝政。于時賈庶人及諸王用事，[4]忌瓘忠節，故楚王瑋矯詔致禍。[5]前朝以瓘秉心忠正，加以伐蜀之勳，[6]故追封蘭陵郡公。永嘉之中，[7]東海王越食蘭陵，[8]換封江夏，户邑如舊。臣高祖散騎侍郎璪，[9]瓘之嫡孫，[10]纂承封爵。中宗元皇帝以曾祖故右衛將軍崇承襲，[11]逮于臣身。伏聞祠部郎荀伯子表，欲貶降復封蕭陽。夫趙氏之忠，寵延累葉，漢祖開封，誓以山河。伏願陛下録既往之勳，垂罔極之施，乞出臣表，付外參詳。"潁川陳茂先亦上表曰：[12] "祠部郎荀伯子表臣七世祖太尉准禍加淮南，不應濫賞。尋先臣以剪除賈謐，[13] 封海陵公，[14] 事在淮南遇禍之前。後廣陵雖在擾攘之際，臣祖乃始蒙殊遇，歷位元、凱，[15] 後被遠外，乃作平州，[16] 而猶不至除國。良以先勳深重，百世不泯故也。聖明御世，英輔係興，曾無疑議，以爲濫賞。臣以微弱，未齒人倫，加始勉視息，封爵兼嗣。伏願陛下遠録舊勳，特垂矜察。"詔皆付門下，並不施行。

[1]衛璵：人名。其事不詳。

[2]咸熙：三國魏元帝曹奐年號（264—265）。

[3]太祖文皇帝：即司馬昭。晋武帝父，廟號、謚號皆爲晋朝追贈。參見《晋書》卷二《文帝紀》。　元輔：即宰相。

[4]賈庶人：即晋惠帝皇后賈南風。後被廢爲庶人。參見《晋書》卷三一《惠賈皇后傳》。

[5]瑋：人名。即司馬瑋。晋武帝子，"八王之亂"元凶之一。《晋書》卷五九有傳。

[6]伐蜀之勳：魏景元四年（263），衛瓘曾以本官持節監軍伐蜀。參見《三國志》卷二八《魏書·鍾會傳》《魏書·鄧艾傳》及《晋書》卷三六《衛瓘傳》。

[7]永嘉：晋懷帝司馬熾年號（307—313）。

[8]東海王越：即司馬越。晋武帝子，封東海王。《晋書》卷五九有傳。東海，王國名。在今山東郯城縣南。

[9]散騎侍郎：官名。散騎省屬官，掌侍從左右，顧問應對，諫諍拾遺。五品。　璪：人名。即衛璪。《晋書》卷三六有傳。

　　[10]瓘之嫡孫：中華本據《晉書・衛瓘傳》等補。

　　[11]中宗元皇帝：即司馬睿。東晉開國皇帝，中宗和元皇帝分別是其廟號、謚號。　　崇：人名。即衛崇。其事不詳。

　　[12]陳茂先：人名。其事不詳。

　　[13]賈謐：人名。晉南陽堵陽（今河南方城縣）人，太尉賈充嗣孫、惠帝賈皇后從子，惠帝時專權，爲趙王司馬倫所殺。參見《晉書》卷四〇《賈謐傳》。

　　[14]海陵：地名。在今江蘇泰州市海陵區。

　　[15]元、凱：傳說中高辛氏有八子，人稱“八元”；高陽氏有八子，人稱“八凱”，皆以才能見稱，任重於時。後亦指匡世之才、朝中重臣。

　　[16]平州：地名。治所在今遼寧遼陽市。

　　伯子爲世子征虜功曹，[1]國子博士。妻弟謝晦薦達之，入爲尚書左丞，出補臨川內史。[2]車騎將軍王弘稱之曰：[3]“沈重不華，有平陽侯之風。”[4]伯子常自矜蔭籍之美，[5]謂弘曰：“天下膏粱，唯使君與下官耳。宣明之徒，[6]不足數也。”遷散騎常侍，本邑大中正。又上表曰：“伏見百官位次，陳留王在零陵王上，[7]臣愚竊以爲疑。昔武王剋殷，封神農之後於焦，[8]黃帝之後於祝，[9]帝堯之後於薊，[10]帝舜之後於陳，[11]夏後於杞，[12]殷後於宋。[13]杞、陳並爲列國，而薊、祝、焦無聞焉。斯則褒崇所承，優於遠代之顯驗也。是以《春秋》次序諸侯，宋居杞、陳之上。考之近世，事亦有徵。晉泰始元年，[14]詔賜山陽公劉康子弟一人爵關內侯，[15]衛公姬署、宋侯孔紹子一人駙馬都尉。[16]又泰始三年，太常上博士劉憙等議，[17]稱衛公署於大晉在三恪之數，[18]應降稱侯。

臣以零陵王位宜在陳留之上。"從之。

[1]世子征虜功曹：官名。世子府征虜將軍屬官，掌吏事或主選舉，位在主簿下。六品。

[2]内史：官名。封國行政長官，掌民政、治民，職如太守。五品。

[3]車騎將軍：丁福林《校議》據本書卷三《武帝紀下》、卷五《文帝紀》、卷四二《王弘傳》考證，應爲"車騎大將軍"。

[4]平陽侯：侯爵名。漢初曹參曾封此爵，本文所指亦當是他。平陽，縣名。治所在今山西臨汾市。

[5]蔭籍：官制用語。指家中祖先有功勳或出任一定官職，子孫可以憑此取得仕宦或入國子學等特權。

[6]宣明：人名。即謝晦，字宣明。本書卷四四有傳。

[7]陳留王：王爵名。即曹嗣秀。三國魏皇室之後，宋封之以繼魏後。　零陵王：王爵名。即晉恭帝司馬德文。東晉末帝，禪位後被封爲此爵，以繼晉後。

[8]焦：周代諸侯國名。今安徽亳州市。

[9]祝：周代諸侯國名。今山東肥城市東南。

[10]薊：周代諸侯國名。今北京市西南。

[11]陳：周代諸侯國名。今河南淮陽縣。

[12]杞：周代諸侯國名。今河南杞縣。

[13]宋：周代諸侯國名。今河南商丘市。

[14]泰始：晉武帝司馬炎年號（265—274）。

[15]山陽公劉康：漢獻帝孫，魏封爲山陽公，以繼漢後，晉因之，太康六年（285）薨。封地山陽，在今河南修武縣東北。　關内侯：侯爵名。位在亭侯下，多爲虛封，無實邑。

[16]衛公姬署：周皇室之後，晉封之以紹周室。衛，封地在今河南清豐縣南。　宋侯孔紹：商王室之後，晉封之以紹商室。

[17]劉憙：人名。本書僅此一見，其事不詳。

[18]三恪：禮制，古時每有新王朝建立，多封前代三個王朝的子孫，給以諸侯之號和國賓之禮。恪，尊敬。

遷太子僕，[1]御史中丞，蒞職懃恪，有匪躬之稱；立朝正色，外内憚之。凡所奏劾，莫不深相謗毀，或延及祖禰，[2]示其切直；又頗雜謿戲，故世人以此非之。出補司徒左長史，東陽太守。元嘉十五年，卒官，時年六十一。文集傳於世。[3]

[1]太子僕：官名。太子府屬官，隸於詹事，主車馬及親族，與家令、率更令並稱三卿。五品。

[2]祖禰：祖先。禰，指父死以神主入廟供奉。

[3]文集傳於世：《舊唐書·經籍志》收有荀伯子所撰《薛常侍傳》二卷、《荀氏家傳》十卷。

子赤松，爲尚書左丞，[1]以徐湛之黨，[2]爲元凶所殺。[3]

[1]尚書左丞：中華本校勘記考證，弘治本、北監本、毛本、殿本、局本均作“右丞”。宋本作“左丞”。從之。

[2]徐湛之：人名。東海郯人。本書卷七一有傳。

[3]元凶：作亂首領，此指宋文帝子劉劭。參見本書卷九九《劉劭傳》。

伯子族弟昶，字茂祖，與伯子絕服五世。[1]元嘉初，以文義至中書郎。昶子萬秋，字元寶，亦用才學自顯。

世祖初，[2]爲晉陵太守。[3]坐於郡立華林閣，置主書、主衣，[4]下獄免。前廢帝末，[5]爲御史中丞，卒官。

[1]絶服：喪服禮制用語。指一個家族中因世代久遠分衍而出的疏遠宗族。

[2]世祖：宋孝武帝劉駿廟號。

[3]晉陵：郡名。治所在今江蘇常州市。

[4]主書、主衣：官名。多爲御用負責書籍服玩等日常事務之人。

[5]前廢帝：即劉子業。宋孝武帝子。本書卷七有紀。

史臣曰：夫令問令望，詩人所以作詠；有禮有法，前謨以之垂美。[1]荀、范、二王，雖以學義自顯，而在朝之譽不弘，蓋由才有餘而智未足也，惜矣哉！

[1]前謨：前代之人。謨，謀劃。《尚書·伊訓》："聖謨洋洋，嘉言孔彰。"

宋書　卷六一

列傳第二十一

武三王

廬陵孝獻王義真　江夏文獻王義恭　衡陽文王義季

　　武帝七男：[1]張夫人生少帝，[2]孫修華生廬陵孝獻王義真，[3]胡婕妤生文皇帝，[4]王修容生彭城王義康，[5]袁美人生江夏文獻王義恭，[6]孫美人生南郡王義宣，[7]吕美人生衡陽文王義季。[8]義康、義宣别有傳。[9]

　　[1]武帝：宋高祖劉裕謚號。按《謚法》：“克定禍亂曰武。”

　　[2]張夫人：名諱郡望不詳。本書卷四一有傳。　少帝：即劉義符。本書卷四有紀。

　　[3]孫修華：又稱孫修儀。事迹僅見本卷。修華或修儀爲嬪妃名號，位列九嬪，猶外朝九卿。　廬陵：王國名。治所在今江西吉水縣北。　孝獻：劉義真謚號。按《謚法》：“慈惠愛親曰孝。”

"聰明睿哲曰獻。"

[4]胡婕妤：名道安，淮南（今安徽當塗縣）人。本書卷四一有傳。婕妤爲嬪妃名號，位列九嬪。 文皇帝：宋太祖劉義隆。按《諡法》："慈惠愛民曰文。"本書卷五有紀。

[5]王修容：又稱彭城太妃。本書無傳，事迹散見本卷及本書卷六九。修容爲嬪妃名號，位列九嬪。 彭城王義康：即劉義康。本書卷六八有傳。彭城，王國名。治所在今江蘇徐州市。

[6]袁美人：又稱袁太妃。本書無傳，事迹僅見本卷。美人爲嬪妃名號，位在九嬪下。 江夏：王國名。治所在今湖北武漢市武昌區。 文獻：劉義恭諡號。按《諡法》："愍民惠禮曰文。""知質有聖曰獻。"

[7]孫美人：又稱獻太妃。本書無傳，事迹散見本卷及本書卷六八、七二。 南郡王義宣：即劉義宣。本書卷六八有傳。南郡，王國名。治所在今湖北荊州市荊州區。

[8]呂美人：又稱衡陽太妃。本書無傳，事迹散見本卷及本書《禮志》。 衡陽：王國名。治所在今湖南株洲市南。

[9]義康：各本並脱，中華本據錢大昕《考異》補。《考異》云："義宣上，當有義康二字。"

盧陵孝獻王義真，美儀貌，神情秀徹。初封桂陽縣公，[1]食邑千户。年十二，從北征大軍進長安，[2]留守栢谷塢，[3]除員外散騎常侍，[4]不拜。及關中平定，高祖議欲東還，[5]而諸將行役既久，咸有歸願。止留偏將，不足鎮固人心，乃以義真行都督雍涼秦三州司州之河東平陽河北三郡諸軍事、安西將軍、領護西戎校尉、雍州刺史。[6]太尉諮議參軍京兆王脩爲長史，[7]委以關中之任。高祖將還，三秦父老詣門流涕訴曰：[8]"殘民不沾王化，

於今百年矣。[9]始覿衣冠，方仰聖澤。長安十陵，[10]是
公家墳墓，咸陽宮殿數千間，[11]是公家屋宅，捨此欲何
之？”高祖爲之愍然，慰譬曰：“受命朝廷，不得擅留。
感諸君戀本之意，今留第二兒，令文武賢才共鎮此境。”
臨還，自執義真手以授王脩，令脩執其子孝孫手以授高
祖。[12]義真尋除正，[13]加節，[14]又進督并、東秦二州，
司州之東安定、新平二郡諸軍事，[15]領東秦州刺史。時
隴上流人多在關中，[16]望因大威，復得歸本。及置東秦
州，父老知無復經略隴右、固關中之意，[17]咸共嘆息。
而佛佛虜寇逼交至。[18]

[1]桂陽縣公：公爵名。公國在今廣東連州市。

[2]長安：地名。在今陝西西安市。

[3]栢谷塢：地名。在今河南偃師市東南。

[4]員外散騎常侍：官名。散騎省屬官，掌侍從左右，諫諍得
失，顧問應對。三品。

[5]高祖：宋武帝劉裕廟號。

[6]行：官制用語。指官缺未補，暫由他官兼攝其事。　都督
諸軍事：官名。地方最高軍事長官，總理所部軍務。　雍凉秦：皆
州名。治所分別在今陝西西安市西、甘肅武威市、天水市。　司
州：治所在今河南洛陽市。各本並脱，據錢大昕《考異》補。　河
東平陽河北：皆郡名。治所分別在今山西夏縣西北、臨汾市西南、
芮城縣西。　安西將軍：官名。高級武官之一，與安東、南、北將
軍並稱四安。三品。　領：官制用語。指以本官暫領暫攝他官他
職，而不居其位，不任其官。　護西戎校尉：官名。掌少數民族事
務，領兵。四品。

[7]太尉諮議參軍：官名。太尉府屬官，掌顧問諫議，位在列

曹參軍上。七品。　京兆：郡名。治所在今陝西西安市西北。　王
脩：人名。灞城（今陝西西安市東北）人。事迹詳下。　長史：官
名。爲僚佐之長，總領府内衆曹。六品。

[8]三秦：地區名。指今陝西中部一帶。

[9]於今百年：此爲約數。按西晉亡於公元 316 年，此時爲公
元 417 年，前後一百零二年。

[10]十陵：指西漢皇帝劉邦等人陵墓，分布在今陝西西安市周
圍一帶。此指約數，實際是十一陵，即劉邦的長陵、劉盈的安陵、
劉恒的霸陵、劉啓的陽陵、劉徹的茂陵、劉弗陵的平陵、劉詢的杜
陵、劉奭的渭陵、劉驁的延陵、劉欣的義陵、劉衍的康陵。

[11]咸陽：地名。在今陝西咸陽市。

[12]孝孫：人名。即王孝孫。本書無傳，事迹散見本卷及本書
卷五九《張暢傳》。

[13]除正：官制用語。即上述所行、領各官均成其正式官職。

[14]節：節杖。由皇帝賜予代行其權力的憑信，多賜予因公外
出的官員或軍事長官，稱持節或假節。

[15]并、東秦：二州名。治所約分別在今山西芮城縣、陝西宜
君縣東北。　東安定、新平：二郡名。治所分別在今甘肅涇川縣
北、陝西彬縣。二郡所屬，中華本稱錢大昕以爲“當屬雍州非司州
矣”。

[16]隴上：地區名。指今甘肅六盤山周圍一帶。

[17]隴右：地區名。指隴山以西地區，約相當於今甘肅六盤山
以西至黄河以東一帶。

[18]佛佛虜：即大夏國主赫連勃勃。“佛佛”爲“勃勃”同音
之轉。

　　沈田子既殺王鎮惡，[1]王脩又殺田子。義真年少，
賜與左右不節，[2]脩常裁减之，左右並怨。因是白義真

曰："鎮惡欲反，故田子殺之。脩今殺田子，是又欲反
也。"義真乃使左右劉乞等殺脩。[3]脩字叔治，京兆灞城
人也。[4]初南渡見桓玄，[5]玄知之，謂曰："君平世吏部
郎才。"[6]脩既死，人情離駭，無相統一。高祖遣將軍朱
齡石替義真鎮關中，[7]使義真輕兵疾歸。諸將競斂財貨，
多載子女，方軌徐行，虜追騎且至。建威將軍傅弘之
曰：[8]"公處分亟進，恐虜追擊人也。今多將輜重，一
日行不過十里；虜騎追至，何以待之？宜棄車輕行，乃
可以免。"不從。賊追兵果至，騎數萬匹。輔國將軍蒯
恩斷後，[9]不能禁，至青泥，[10]後軍大敗，諸將及府功
曹王賜悉被俘虜。[11]義真在前，故得與數百人奔散。日
暮，虜不復窮追。義真與左右相失，獨逃草中。中兵參
軍段宏單騎追尋，[12]緣道叫喚，義真識其聲，出就之，
曰："君非段中兵邪？身在此。"宏大喜，負之而歸。義
真謂宏曰："今日之事，誠無算略。然丈夫不經此，何
以知艱難。"初，高祖聞青泥敗，未得義真審問，有前
至者訪之，並云"闇夜奔敗，無以知存亡"。高祖怒甚，
剋日北伐，謝晦諫不從。[13]及得宏啓事，知義真已免，
乃止。

[1]沈田子：人名。吳興武康（今浙江德清縣）人，時任安西
中兵參軍、龍驤將軍、始平太守。本書卷一〇〇有傳。　王鎮惡：
人名。北海劇（今山東壽光市）人，時任安西司馬、征虜將軍。本
書卷四五有傳。

[2]賜與左右不節：賜給部下不受節制活動的自由（含有讓部
下劫掠之意）。《漢書·五行志上》："出入不節，奪民農時，及有

姦謀，則木不曲直。”

[3]劉乞：人名。本書僅此一見，其事不詳。

[4]灞城：縣名。治所在今陝西西安市東北。

[5]桓玄：人名。譙國龍亢（今安徽懷遠縣）人。《晉書》卷九九有傳。

[6]吏部郎：官名。尚書省吏部曹長官，掌官吏銓選事務。六品。

[7]將軍：官名。丁福林據本書卷二《武帝紀中》、卷四八《朱齡石傳》、《通鑑》卷一一八考證，“將軍”前佚一“右”字。

朱齡石：人名。沛郡沛（今江蘇沛縣）人。本書卷四八有傳。

[8]建威將軍：官名。高級武官之一，與廣、振、奮、揚威將軍合稱五威將軍。四品。　傅弘之：人名。北地泥陽（今陝西銅川市耀州區東南）人。本書卷四八有傳。

[9]輔國將軍：官名。一度改爲輔師將軍，位在龍驤將軍上。三品。　蒯恩：人名。蘭陵承（今山東棗莊市）人。本書卷四九有傳。

[10]青泥：地名。在今陝西藍田縣境内。

[11]功曹：官名。諸王國或將軍府屬官，掌吏事或主選舉，亦參與政務。位在主簿下。　王賜：人名。本書僅此一見，其事不詳。

[12]中兵參軍：官名。又稱中兵參軍事。軍府僚佐之一，掌中兵曹事務，兼備參謀咨詢。　段宏：人名。事迹詳下。

[13]謝晦：人名。陳郡陽夏（今河南太康縣）人。本書卷四四有傳。

義真尋都督司、雍、秦、并、涼五州諸軍、建威將軍、司州刺史，持節如故。以段宏爲義真諮議參軍，尋遷宋臺黃門郎，[1]領太子右衛率。[2]宏，鮮卑人也，爲慕容超尚書左僕射，徐州刺史。[3]高祖伐廣固，[4]歸降。太祖元嘉中，[5]爲征虜將軍、青冀二州刺史。[6]追贈左將軍。[7]時義真將鎮洛陽，而河南蕭條，未及脩理，改除揚州刺史，[8]鎮石頭。[9]

[1]黃門郎：官名。又稱黃門侍郎，門下省屬官，掌給事宮門內、侍從皇帝等。五品。

[2]太子右衛率：官名。太子府屬官，掌宿衛東宮，亦任征伐、領兵。五品。

[3]慕容超：人名。十六國南燕國君，鮮卑慕容部人。《晉書》卷一二八有載記。　尚書左僕射：官名。尚書省次官，協助錄令綜理省臺事務。三品。　徐州：治所在今江蘇徐州市。

[4]伐廣固：即晉義熙六年（410）北征南燕事。參見本書卷一《武帝紀上》。廣固，地名。南燕國都，在今山東青州市西北。

[5]太祖：宋文帝劉義隆廟號。　元嘉：宋文帝劉義隆年號（424—453）。

[6]征虜將軍：官名。高級武官之一。三品。　青冀：二州名。當時合治今山東青州市。

[7]左將軍：官名。多爲軍府名號和加官，地位高於雜號將軍。三品。

[8]揚州：治所在今江蘇南京市。

[9]石頭：地名。即石頭城。建康諸城之一，在今江蘇南京市西南。

永初元年，[1]封廬陵王，食邑三千户，移鎮東城。[2]高祖始踐阼，義真意色不悅，侍讀博士蔡茂之問其故，[3]義真曰：“安不忘危，休泰何可恃。”[4]明年，遷司徒。高祖不豫，以爲使持節、侍中、都督南豫豫雍司秦并六州諸軍事、車騎將軍、開府儀同三司、南豫州刺史，[5]出鎮歷陽。[6]未之任而高祖崩。

[1]永初：宋武帝劉裕年號（420—422）。

[2]東城：地名。也稱東府，爲宰相兼揚州刺史治所。在今江蘇南京市内。

[3]侍讀博士：官名。負責皇帝讀書等事務的文士。六品。博士，各本並作“學士”，中華本據《南史》改。　蔡茂之：人名。本書無傳，事迹僅見本卷及本書卷六八《南郡王義宣傳》。

[4]休泰：吉凶。《易·說卦》：“否、泰，反其類也。”

[5]侍中：官名。門下省長官，掌侍從皇帝，顧問應對，諫静糾察。三品。　南豫：州名。治所在今安徽當塗縣。　豫：州名。治所在今安徽壽縣。　車騎將軍：官名。高級武官之一，班在四征上。二品。　開府儀同三司：官名。意即與司徒、司空、司馬禮制相同，允許開設府署，自辟僚佐。

[6]歷陽：軍鎮名。在今安徽和縣歷陽鎮。

義真聰明愛文義，而輕動無德業。與陳郡謝靈運、琅邪顔延之、慧琳道人並周旋異常，[1]云得志之日，以靈運、延之爲宰相，慧琳爲西豫州都督。[2]徐羨之等嫌義真與靈運、延之暱狎過甚，[3]故使范晏從容戒之。[4]義真曰：“靈運空疏，延之隘薄，魏文帝云鮮能以名節自立者。[5]但性情所得，未能忘言於悟賞，故與之遊耳。”將之鎮，列部伍於東府前，既有國哀，義真所乘舫單素，[6]不及母孫修儀所乘者。[7]義真與靈運、延之、慧琳等共視部伍，因宴舫内，使左右剔母舫函道以施己舫，[8]而取其勝者。及至歷陽，多所求索；羨之等每裁

量不盡與，深怨執政，表求還都。而少帝失德，羨之等
密謀廢立，則次第應在義真。以義真輕訬，[9]不任主社
稷，因其與少帝不協，乃奏廢之。曰：

[1]陳郡：治所在今河南淮陽縣。　謝靈運：人名。本書卷六
七有傳。　琅邪：郡名。治所在今山東臨沂市西。　顏延之：人
名。本書卷七三有傳。　慧琳道人：僧人名號。又稱釋慧琳。本書
卷九七有附傳。

[2]西豫州：治所在今河南息縣。

[3]徐羨之：人名。東海郯人，時任尚書令，總攬朝政。本書
卷四三有傳。

[4]范晏：人名。本書無傳，事迹散見本卷及本書卷六一《廬
陵孝獻王義真傳》、卷六九《范曄傳》。

[5]魏文帝：即三國魏開國君主曹丕。《三國志》卷二有紀。

[6]舫：船。　單素：簡單、樸素。

[7]孫修儀：中華本稱本卷上文作“孫修華”。

[8]函道：樓梯。宋·吳聿《觀林詩話》：“函道，今所謂胡梯
是也。”

[9]輕訬：狡猾，輕佻。

　　臣聞二叔不咸，[1]難結隆周；淮南悖縱，[2]禍興
盛漢，莫不義以斷恩，情爲法屈。二代之事，殷鑒
無遠；[3]仁厚之主，行之不疑。故共叔不斷，[4]幾傾
鄭國；劉英容養，[5]釁廣難深。前事之不忘，後王
之成鑒也。

[1]二叔：指管叔、蔡叔，周武王弟，曾於武王去世後擁兵作
亂。參見《史記》卷三五《管蔡世家》。　咸：和。

　　[2]淮南：即劉長。漢高祖劉邦子，封淮南王，文帝時因作亂被殺。《漢書》卷四四有傳。

　　[3]殷鑒：商朝亡國的教訓、借鑒。殷，商朝別稱。

　　[4]共叔：即共叔段。春秋時鄭武公子，莊公弟，莊公時因作亂被殺。參見《史記》卷四二《鄭世家》。

　　[5]劉英：人名。東漢光武帝子，封楚王，明帝時因謀反被廢，自殺。《後漢書》卷四二有傳。

　　　案車騎將軍義真，凶忍之性，爰自稚弱；咸陽之酷，醜聲遠播。先朝猶以年在紈綺，[1]冀能改厲，天屬之愛，[2]想聞革心。自聖體不豫，以及大漸，臣庶憂惶，内外屏氣。而縱博酣酒，日夜無輟，肆口縱言，多行無禮。先帝貽厥之謀，[3]圖慮經固，親敕陛下，面詔臣等，若遂不悛，必加放黜，至言苦厲，猶在紙翰。而自兹迄今，日月增甚，至乃委棄藩屏，志還京邑，潛懷異圖，希幸非冀，轉聚甲卒，徵召車馬。陵墳未乾，情事猶昨，遂蔑棄遺旨，顯違成規，整棹浮舟，以示歸志，肆心專己，無復諮承。聖恩低佪，[4]深垂隱忍，屢遣中使，苦相敦釋。而親對散騎侍郎邢安泰、廣武將軍茅仲思，[5]縱其悖罵，訕主謗朝，此久播于遠近，暴於人聽。

　　[1]年在紈綺：年幼。紈綺，指少年。《隋書》卷五七《盧思道傳》：“紈綺之年，伏膺教義。”

　　[2]天屬之愛：慈愛。指長者對晚輩的愛護。

　　[3]貽厥之謀：爲子孫後世作好安排。典出《尚書·五子之

歌》："明明我祖，萬邦之君，有典有則，貽厥子孫。"

〔4〕低徊：紆徊曲折，遷就。王明清《揮麈録》："不能低徊當世。"

〔5〕散騎侍郎：官名。散騎省屬官，掌諷諫、侍從，多安置閑退人員。五品。　邢安泰：人名。事迹散見本卷及本書卷四、四三、五二。　廣武將軍：官名。與振、建、奮、揚武將軍並稱五武將軍。四品。　茅仲思：人名。本書僅此一見，其事不詳。

臣聞原火不撲，蔓草難除，[1]青青不伐，終致尋斧，[2]況憂深患著，社稷慮切。請一遵晋朝武陵舊典，[3]使顧懷之旨，[4]不墜於武廟；[5]全宥之德，獲申於昵親。仰尋感慟，臨啓悲咽。

〔1〕原火不撲，蔓草難除：指春秋鄭莊公與其弟共叔段事。參見《史記》卷四二《鄭世家》及《詩·鄭風·野有蔓草》。

〔2〕青青不伐，終致尋斧：指鄭莊公與共叔段事。參見《史記·鄭世家》及《詩·鄭風·子衿》。

〔3〕晋朝武陵舊典：晋朝對武陵王司馬晞的處置辦法，即奪爵流徙。武陵，王國名。在今湖南常德市。此代指晋元帝子司馬晞。

〔4〕顧懷之旨：宋武帝遺詔中對義真的關懷。顧，眷顧，關懷。

〔5〕武廟：宋武帝劉裕宗廟。

乃廢義真爲庶人，徙新安郡。[1]前吉陽令堂邑張約之上疏諫曰：[2]

〔1〕新安：郡名。治所在今浙江淳安縣東北。晋武陵王司馬晞也曾被流徙於此。

〔2〕吉陽：縣名。治所在今江西吉水縣東南。　堂邑：郡名。

治所在今江蘇南京市六合區西北。　　張約之：人名。本書無傳，事迹僅見本卷。

　　臣聞仁義之在天下，若中原之有菽；[1]理感之被萬物，故不繫於貴賤。是以考叔反悔誓於及泉，[2]壺關復冤魂於湖邑。[3]當斯之時，豈無尊卿賢輔，或以事迫心違，或以道壅謀屈，何嘗不願聞善於輿隸、藥石於阿氏哉！[4]臣雖草芥，備充黔首，[5]少不量力，頗高殉義之風，謂蹈善於朝聞，愈徒生於白首。用敢干禁忘戮，披叙丹愚。

[1]菽：豆的總稱，中原地區廣泛栽培的農作物。

[2]考叔反悔誓於及泉：指春秋鄭國人穎考叔爲化解鄭莊公與其母武姜矛盾而建議其黄泉相會事。《史記》卷四二《鄭世家》稱，莊公以武姜助共叔段作亂，怒甚，遷之於城穎，誓曰“不至黄泉毋相見也”。未幾悔而思母。考叔聞而説之“穿地至黄泉”，母子終得相見。考叔，人名。穎谷人。事迹散見《史記·鄭世家》。

[3]壺關復冤魂於湖邑：漢武帝時，太子劉據因受江充陷害，遭巫蠱之禍，被迫起兵誅江充，兵敗於湖縣自殺。後壺關三老上書爲太子鳴冤，始得平反。典出《漢書》卷六三《武五子傳》。

[4]於：各本並缺，中華本據《元龜》卷五四一補。

[5]黔首：百姓。秦時用商鞅之法，“更民曰黔首”，意即以黔首稱呼百姓。

　　伏惟高祖武皇帝誕兹神武，撫運龍興，仰清天步，則齊德有虞，[1]俯廓九州，則侔功大夏，[2]故虔順天人，享有萬國。雖靈祚修長，[3]聖躬弗永，陛下繼明紹統，遐邇一心，藩王晢茂，四維寧謐，[4]傾耳康哉之詠，[5]企踵升平之風。

[1]有虞：有虞氏，即虞舜，傳説中的聖賢之一。

[2]大夏：夏朝，中國最早的統一王朝。

[3]靈祚：國運。祚，皇位。 修長：《建康實錄》作"攸長"，義同。

[4]四維：普天下。古時稱東西南北爲四方，四方之隅爲四維。

[5]康哉之詠：贊頌天下太平的歌聲。原指虞舜歸功於其臣大禹、皋陶事，謂"股肱良哉，庶事康哉"。見《尚書·益稷》。

　　竊念廬陵王少蒙先皇優慈之遇，長受陛下睦愛之恩。故在心必言，所懷必亮，容犯臣子之道，致招驕恣之愆。至於天姿夙成，實有卓然之美。宜在容養，錄善掩瑕，訓盡義方，進退以漸。今猥加剝辱，幽徙遠郡，上傷陛下棠棣之篤，[1]下令遠近悵然失圖，[2]士庶杜口，人爲身計。臣伏思大宋之興，雖協應符緯，而開基造次，根條未繁。宜廣樹藩戚，敦睦以道，使兄弟之美，比輝魯、衛；[3]龜策告同，[4]祚均七百，[5]豈不善哉！陛下富於春秋，[6]慮未重複，忽安危之遠算，肆不忍於一朝。特願留神允思，重加詢采。上考前代興亡之由，中存武皇締構之業，下顧蒼生顒顒之望，[7]時開曲宥，[8]反王都邑。選保傅於舊老，求四友於髦俊，[9]引誘情性，導達聰明。凡人在苦，皆能自屬，況王質朗心聰，易加訓範。且中賢之人，未能無過，過貴自改，罪願自新。以武皇之愛子，陛下之懿弟，豈可以其一眚，長致淪棄哉！謹昧死詣闕，伏地以聞。惟願丹誠，一經天聽，退就斧鑕，無愧地下矣。

書奏，以約之爲梁州府參軍，[10]尋又見殺。

[1]棠棣之篤：兄弟間的友愛親情。原指周召公與兄弟間事。棠，亦作"常"。《詩·小雅·常棣》記其事。

[2]恇然失圖：不知所措，沒有主意。恇，恐懼。《禮記·禮器》："衆不恇懼。"

[3]兄弟之美，比煇魯、衛：指周武王與兄弟魯周公、衛康叔和睦相處共治國家事。參見《史記》卷四《周本紀》。魯、衛，分別爲周公、康叔封地。魯都在今山東曲阜市，衛都在今河南淇縣。

[4]龜策：龜甲和蓍草，古人占卜吉凶的用具。《楚辭·卜居》："用君之心，行君之意，龜策誠不能知此事。"

[5]祚均七百：國運長達七百年。指周封同姓兄弟於魯、衛並使其長期立國事。參見《史記》卷三三《魯周公世家》、卷三七《衛康叔世家》。

[6]富於春秋：指少壯之時。《文選》枚乘《七發》李善注："凡人之幼者，將來之歲尚多，故曰富也。"

[7]顒顒之望：殷切期望。顒，大。

[8]時：中華本稱《元龜》卷五四一作"特"。

[9]四友：四位友誼深厚的名士。一般指漢初隱於商山的"四皓"，高祖末年爲太子友。參見《史記》卷五五《留侯世家》。耆俊：年老的才俊之人。

[10]梁州府：軍府名。在今陝西漢中市一帶。 參軍：官名。軍府幕僚，爲諸曹之長，兼備參謀咨詢。七品。

景平二年六月癸未，[1]羨之等遣使殺義真於徙所，時年十八。

[1]景平：宋少帝劉義符年號（423—424）。 癸未：中華本據《通鑑考異》云：“按長曆，六月庚寅朔，無癸未，蓋癸丑也。”

元嘉元年八月，詔曰：“前廬陵王靈柩在遠，國封墮替，感惟摧慟，[1]情若貫割。王體自至極，地戚屬尊，豈可令情禮永淪，終始無寄。可追復先封，特遣奉迎，并孫脩華、謝妃一時俱還。[2]言增摧哽。”三年正月，誅徐羨之、傅亮等。[3]是日詔曰：“故廬陵王含章履正，英哲自然，道心內昭，徽風遐被。遭時多難，志匡權逼，天未悔禍，運鍾屯險，群凶肆醜，專竊國柄，禍心潛搆，釁生不圖。朕每永念讎恥，含痛內結，遵養姦慝，情禮未申。今王道既亨，政刑始判，宣昭國體，於是乎在。可追崇侍中、大將軍，王如故。爲慰冤魂，少申悲憤。”又詔曰：“乃者權臣陵縱，兆亂基禍，故吉陽令張約之抗疏矢言，至誠慷慨，遂事屈群醜，殞命遐疆，志節不申，感焉兼至。昔關老奏書，[4]見紀漢策，[5]閣纂獻規，[6]荷榮晉代。考其忠概，參迹前蹤，宜加旌顯，式揚義烈。可贈以一郡，賜錢十萬，布百匹。”

[1]摧：各本並作“拱”，中華本以其義不通，據《元龜》卷二九五改。
[2]謝妃：指劉義真之妃，尚書僕射謝景仁女，陳郡陽夏人。
[3]傅亮：人名。北地靈州（今陝西銅川市耀州區南）人。本書卷四三有傳。
[4]關老奏書：指漢武帝廢戾太子，壺關三老上書爲之鳴冤事。

參見《漢書》卷六三《武五子傳》。關老，荀悦《漢紀》謂其名令狐茂。

[5] 漢策：指班固《漢書》、荀悦《漢紀》等。

[6] 閻纂獻規：指晋人閻纘在愍懷太子被廢時輿棺鳴冤事。《晋書》卷四八《閻纘傳》稱，愍懷之廢也，天下稱其冤，然皆懼禍而結舌吞聲。獨纘以身輕職微之資，輕生重義，視死如歸，伏奏而待嚴誅，輿棺以趨鼎鑊，其忠直壯勇，雖古人亦無以過之。纂，人名。《晋書》本傳作“纘”，巴西安漢（今四川南充市東北）人。

　　義真無子，太祖以第五子紹字休胤爲嗣。元嘉九年，襲封廬陵王。少而寬雅，太祖甚愛之。二十年，出爲南中郎將、江州刺史，[1] 時年十二。二十二年，入朝，加榮戟，[2] 進都督江州、豫州之西陽晋熙新蔡三郡諸軍事。[3] 在任七年，改授左將軍、南徐州刺史，[4] 給鼓吹一部。[5] 未之鎮，仍遷揚州刺史，將軍如故。索虜至瓜步，[6] 紹從太子鎮石頭。二十九年，疾患解職。其年薨，時年二十一。遺令斂以時服，素棺周身，太祖從之。追贈散騎常侍、鎮軍將軍、開府儀同三司，[7] 刺史如故。

[1] 南中郎將：官名。掌率師征伐，或持節兼州刺史，職權頗重。四品。　　江州：治所在今江西九江市。

[2] 榮戟：官吏出行時的儀仗，爲有繢衣或油漆的木戟。

[3] 西陽晋熙新蔡：三郡名。治所分別在今湖北黄岡市黄州區東南、安徽潛山縣、河南汝南縣。

[4] 南徐州：治所在今江蘇鎮江市。

[5] 鼓吹：演奏鼓樂的儀仗隊。常賞賜功臣，以示尊崇。

[6] 索虜：對北魏的辱稱。南朝人以其統治者出身夷族，又辮

髮如繩索，故稱索虜或索頭虜。本書卷九五有《索虜傳》。 瓜步：地名。即今江蘇南京市六合區南瓜埠，時爲江北重鎮。

[7]散騎常侍：官名。散騎省長官，掌侍從皇帝左右，顧問應對，諫諍得失。三品。 鎮軍將軍：官名。高級武官之一，位比四鎮。三品。

　　無子，南平王鑠第三子敬先爲嗣。[1]本名敬秀，既出繼而紹妃褚秀之孫女，[2]故改焉。景和二年，[3]爲前廢帝所害。[4]追贈中書侍郎，[5]謚曰恭王。[6]無子，太宗泰始元年，[7]以世祖第二十一子晉熙王子輿字孝文爲紹嗣，[8]封廬陵王。爲輔國將軍、南高平臨淮二郡太守，[9]並未拜，爲太宗所殺。三年，更以桂陽王休範第二子德嗣紹。[10]爲建威將軍、淮陵南彭城二郡太守。[11]後廢帝元徽二年，[12]與休範俱伏誅。國復絕。三年，復以臨澧忠侯襲第三子曶字淵華繼紹。[13]爲給事中。[14]順帝昇明元年，[15]薨，謚曰元王。[16]又無子，國除。

[1]南平王：王爵名。王國在今湖北公安縣西南。 鑠：人名。即劉鑠。宋文帝子，本書卷七二有傳。

[2]褚秀之：人名。河南陽翟（今河南禹州市）人。本書卷五二有附傳。

[3]景和二年：丁福林《校議》據本書卷七《前廢帝紀》、《通鑑》卷一三〇考證，“二年”爲“元年”之誤，即應公元465年。景和，宋前廢帝劉子業年號（465）。

[4]前廢帝：即劉子業。本書卷七有紀。

[5]中書侍郎：官名。中書省次官，掌草擬詔令，職任機要。五品。

[6]恭：謚號。按《謚法》：“尊賢貴義曰恭。” “敬事供上曰恭。”

[7]太宗：宋明帝劉彧廟號。 泰始：宋明帝劉彧年號（465—471）。

[8]世祖：宋孝武帝劉駿廟號。 晉熙王：王爵名。王國在今安徽潛山縣。

[9]南高平、臨淮：二郡名。治所約在今安徽當塗縣一帶。

[10]桂陽王，王爵名。王國在今湖南郴州市。 休範：人名。即劉休範，宋文帝子。本書卷七九有傳。 德嗣紹：丁福林《校議》考證，應作“德嗣嗣紹”。

[11]淮陵、南彭城：二郡名。治所約在今江蘇鎮江市一帶。

[12]後廢帝：即劉昱。本書卷九有紀。 元徽：宋後廢帝劉昱年號（473—477）。

[13]臨澧忠侯襲：即劉襲。宋武帝弟道憐孫。本書卷五一有附傳。臨澧，侯國名。在今湖南桑植縣。忠，謚號。按《謚法》：“危身奉上曰忠。”

[14]給事中：官名。門下省屬官，掌顧問應對，給事於宮門之中。五品。

[15]順帝：即劉準。本書卷一〇有紀。 昇明：宋順帝劉準年號（477—479）。

[16]元：謚號。按《謚法》：“主義行德曰元。” “能思辯衆曰元。”

江夏文獻王義恭，幼而明穎，姿顔美麗，高祖特所鍾愛，諸子莫及也。飲食寢臥，常不離於側。高祖爲性儉約，諸子食不過五醆盤，而義恭愛寵異常，求須菓食，日中無算，得未嘗噉，悉以乞與傍人。盧陵諸王未嘗敢求，求亦不得。

景平二年，監南豫豫司雍秦并六州諸軍事、冠軍將軍、南豫州刺史，[1]代廬陵王義真鎮歷陽，時年十二。元嘉元年，封江夏王，食邑五千户。加使持節，進號撫軍將軍，[2]給鼓吹一部。三年，監南徐兗二州、揚州之晉陵諸軍事、徐州刺史，[3]持節、將軍如故。進監爲都督，未之任。太祖征謝晦，義恭還鎮京口。[4]

[1]六州：各本並脱"六"字，中華本據《元龜》卷二七八補。　冠軍將軍：官名。位在輔國將軍上。三品。

[2]撫軍將軍：官名。常與中軍、鎮軍將軍並稱，職比四鎮。三品。

[3]晉陵：郡名。治所在今江蘇常州市。　徐州刺史：官名。乃"南徐州刺史"之誤，從下文"還鎮京口"可以證明。

[4]京口：地名。南徐州治所，在今江蘇鎮江市。

六年，改授散騎常侍、都督荊湘雍益梁寧南北秦八州諸軍事、荊州刺史，持節、將軍如故。[1]義恭涉獵文義，而驕奢不節，既出鎮，太祖與書誡之曰：

[1]荊：州名。治所在今湖北荊州市荊州區。　湘：州名。治所在今湖南長沙市。　益：州名。治所在今四川成都市。　梁：州名。治所在今陝西漢中市。　寧：州名。治所在今雲南曲靖市。南北秦：二州名。治所分別在今甘肅天水市和陝西漢中市。

汝以弱冠，便親方任。天下艱難，家國事重，雖曰守成，實亦未易。隆替安危，在吾曹耳，豈可不感尋王業，大懼負荷。今既分張，言集無日，[1]

無由復得動相規誨，宜深自砥礪，思而後行。開布誠心，厝懷平當，親禮國士，友接佳流，識別賢愚，鑒察邪正，然後能盡君子之心，收小人之力。

[1]無日：各本並作“未日”，中華本據《元龜》卷一九六改。

汝神意爽悟，有日新之美，而進德修業，未有可稱，吾所以恨之而不能已已者也。汝性褊急，袁太妃亦説如此。性之所滯，其欲必行，意所不在，[1]從物回改，此最弊事。[2]宜應慨然立志，念自裁抑。何至丈夫方欲贊世成名而無斷者哉！今粗疏十數事，汝別時可省也。遠大者豈可具言，細碎復非筆可盡。

[1]不在：中華本稱《元龜》卷一九六、《通鑑》宋元嘉六年作“不存”。
[2]最弊：最壞、最惡，爲時人習語。《淳化閣帖》卷三羊欣書：“吾日弊。”時譯佛經亦多以“弊”代“惡”。參見周一良《札記·弊》。

禮賢下士，聖人垂訓；驕侈矜尚，先哲所去。豁達大度，漢祖之德；[1]猜忌褊急，魏武之累。[2]《漢書》稱衛青云：[3]“大將軍遇士大夫以禮，與小人有恩。”西門、安于，[4]矯性齊美；關羽、張飛，[5]任偏同弊。行己舉事，深宜鑒此。

[1]漢祖：即漢高祖劉邦。時人稱其“仁而愛人，喜施，意豁

如也，常有大度”。參見《史記》卷八《高祖本紀》。

[2]魏武：即魏武帝曹操。史稱其“持法峻刻，諸將有計畫勝出己者，隨以法誅之。及故人舊怨，亦皆無餘。其所刑殺，輒對之垂涕嗟痛之，終無所活”。參見《三國志》卷一《魏書·武帝紀》及注。

[3]《漢書》稱衛青：見《漢書》卷五五《衛青傳》。衛青，人名。河東平陽人，名將，武帝時官至大將軍。

[4]西門：即西門豹。爲戰國魏文侯鄴令，以善於治民知名，稱爲良吏。史稱西門豹治鄴時，民苦於爲河伯娶婦，豹即矯情除去爲禍首者，民遂得安。參見《史記·滑稽列傳》。　安于：爲“淳于”之誤，所指即淳于髡。參見《史記》卷一二六《滑稽列傳》。

[5]關羽、張飛：人名。均爲三國蜀名將。史稱二人“皆稱萬人之敵，爲世虎臣……然羽剛而自矜，飛暴而無恩，以短取敗，理數之常也”。詳見《三國志》卷三六《蜀書·關張馬黃趙傳》及評。關羽，河東解人。張飛，涿郡人。

　　若事異今日，嗣子幼蒙，[1]司徒便當周公之事，[2]汝不可不盡祇順之理。[3]苟有所懷，密自書陳。若形迹之間，深宜慎護。至於爾時安危，[4]天下決汝二人耳，勿忘吾言。

[1]嗣子：指宋文帝子劉劭。時劭新立爲太子，年六歲。

[2]司徒：即劉義康。宋文帝弟，新除司徒。　周公之事：周公輔成王之事。參見《史記》卷四《周本紀》。

[3]祇（zhī）順：尊敬，順從。祇，敬。

[4]爾時：那個時候，將來。

　　今既進袁太妃供給，[1]計足充諸用，此外一不

須復有求取，近亦具白此意。唯脫應大餉致，[2]而
當時遇有所乏，汝自可少多供奉耳。汝一月日自用
不可過三十萬，若能省此，益美。

[1]進：增進，增加。

[2]脫：倘或，或許。《吳子·勵士》："君試發無功者五萬人，
臣請率以當之。脫其不勝，取笑於諸侯。"

　　西楚殷曠，[1]常宜早起，接對賓侶，勿使留滯。
判急務訖，然後可入問訊，既覘顏色，審起居，便
應即出，不須久停，以廢庶事也。下日及夜，[2]自
有餘閑。

[1]西楚：地區名。古三楚之一，約指今淮北一帶，與荊州之
南楚、吳之東楚有別。參見《史記》卷七《項羽本紀》、卷一二九
《貨殖列傳》。

[2]下日：後半天，太陽下落的時候。

　　府舍住止，園池堂觀，略所諳究，[1]計當無須
改作。司徒亦云爾。[2]若脫於左右之宜，須小小回
易，[3]當以始至一治爲限，不煩紛紜，[4]日求新異。

[1]諳究：熟悉。按：宋文帝入都繼位以前，於晉末曾任荊州
刺史，鎮江陵，故對軍府建築多所諳悉。參見本書卷五《文帝紀》。

[2]司徒亦云：按劉義康於元嘉三年（426）至六年爲荊州刺
史，其鎮江陵時所說的話。見本書卷六八《彭城王義康傳》。

[3]回易：改造，重建。

[4]紛紜：盛，多。《文選》班固《東都賦》：“千乘雷起，萬騎紛紜。”呂延濟注：“紛紜，多也。”

　　凡訊獄多決當時，難可逆慮，此實爲難，汝復不習，殊當未有次第。訊前一二日，取訊簿密與劉湛輩共詳，[1]大不同也。至訊日，虛懷博盡，慎無以喜怒加人。能擇善者而從之，美自歸己。不可專意自決，以矜獨斷之明也。萬一如此，必有大吝。非唯訊獄，君子用心，自不應爾。刑獄不可擁滯，一月可再訊。[2]

[1]劉湛：人名。南陽涅陽（今河南鄧州市東）人。時任劉義恭長史，領府州事。本書卷六九有傳。
[2]再訊：兩次審理刑獄。

　　凡事皆應慎密，亦宜豫敕左右，人有至誠，所陳不可漏泄，以負忠信之款也。古人言，“君不密則失臣，臣不密則失身”。[1]或相讒搆，勿輕信受，每有此事，當善察之。

[1]古人言：原文見《易·繫辭上》。

　　名器深宜慎惜，[1]不可妄以假人。昵近爵賜，尤應裁量。吾於左右雖爲少恩，如聞外論，不以爲非也。

[1]名器：古指鐘鼎寶器，國家權力的象徵。《國語·魯語

上》："鑄名器，藏寶財。"

　　以貴陵物物不服，以威加人人不厭，此易達
事耳。

　　聲樂嬉游，不宜令過，蒱酒漁獵，[1]一切勿爲。
供用奉身，皆有節度，奇服異器，不宜興長。汝嬪
侍左右，已有數人，既始至西，未可忽忽復有
所納。

[1]蒱酒漁獵：所指即摴蒱及酒色之事。蒱，摴蒱，當時流行
的一種游戲，用擲骰子判定輸贏，是一種賭博行爲。三朝本、北監
本、毛本脱"酒"字，殿本、局本作"摴蒱漁獵"，中華本據《元
龜》卷一九六、《通鑑》宋元嘉六年改。

又誡之曰：

　　宜數引見佐史，[1]非唯臣主自應相見，不數則
彼我不親，不親則無因得盡人，人不盡，[2]復何由
知其衆事。廣引視聽，既益開博，於言事者，又差
有地也。

[1]佐史：中華本稱《通鑑》宋元嘉六年胡三省注曰："佐史
當作佐吏。晋、宋之間，藩府率謂參佐爲佐吏。"

[2]人不盡：中華本稱《通鑑》宋元嘉六年作"人情不盡"。

　　九年，徵爲都督南兗徐兗青冀幽六州豫州之梁郡諸
軍事、征北將軍、開府儀同三司、南兗州刺史，[1]鎮廣
陵。[2]時詔内外百官舉才，義恭上表曰：

[1]南兗：州名。治所在今江蘇揚州市。　幽：州名。原治所在今北京市，此爲虛懸。　梁郡：治所在今安徽碭山縣。　征北將軍：官名。高級武官之一，與征南、東、西將軍並稱四征。三品。

[2]廣陵：郡名。同南兗州治所，均在今江蘇揚州市。

　　臣聞雲和備樂，[1]則繁會克諧，驊騮驂服，[2]則致遠斯效。陛下順簡黅化，文明在躬，玉衡既正，[3]泰階載一，[4]而猶發慮英髦，[5]垂情仄陋，[6]幽谷空同，顯著揚歷。是以潛虬聳鱗，[7]佇利見之期；[8]翔鳳弭翼，[9]應來儀之感。[10]

[1]雲和：山名。以産琴瑟著稱，後因以爲樂器通稱。參見《文獻通考》卷一三七《樂考》。

[2]驊騮：赤色駿馬。亦名棗騮，傳爲周穆王八駿之一，後也指俊傑異才。

[3]玉衡：星名。即北斗第五星。

[4]泰階：星名。即三台星，因其排列如階梯，故名。古人常以其作爲天下太平的象徵。

[5]英髦：英雄，才能特殊的人。

[6]仄陋：同“側陋”。出身卑微。

[7]潛虬聳鱗：潛伏未顯的虬龍高聳瑞鱗。比喻才俊之人處在下位，正是隱而未顯之時。虬，龍的一種。

[8]利見：順利見到品德高尚的君主（大人）。《易·乾卦》：“飛龍在天，利見大人。”

[9]翔鳳弭翼：飛翔的彩鳳收攏雙翼，等待展翅高飛的時機。比喻才能未見展露或知名以前的才俊之人。

[10]來儀：鳳凰飛來，古時常用以指太平盛世。《尚書·益

稷》："鳳凰來儀。"

　　竊見南陽宗炳，[1]操履閑遠，思業貞純，砥節丘園，[2]息賓盛世，貧約而苦，內無改情，軒冕屢招，[3]確爾不拔。若以蒲帛之聘，[4]感以大倫之美，[5]庶投竿釋褐，[6]翽然來儀，必能毗燮九官，[7]宣贊百揆。尚書金部郎臣徐森之，[8]臣府中直兵參軍事臣王天寶，[9]並局力允濟，[10]忠諒款誠。往年逆臣叛逸，[11]華陽失守，[12]森之全境寧民，績章危棘。前者經略伊、瀍，[13]元戎喪旅，[14]天寶北勤河朔，[15]東據營丘，[16]勳勇既昭，心事兼竭。雖蒙褒敘，未盡才宜，並可授以邊藩，展其志力。交阯遼邈，[17]累喪藩將，政刑每闕，撫莅惟艱。南中复遠，[18]風謠迥隔，蠻獠狡窺，[19]邊氓荼炭，實須練實，以綏其難。謂森之可交州刺史，[20]天寶可寧州刺史，庶足威懷荒表，肅清遐服。昔魏戊之賢，功存薦士；[21]趙武之明，[22]事彰管庫。臣識愧前良，理謝先哲，率舉所知，仰酬採訪，退懼瞽言，[23]無足甄獎。

[1]南陽：郡名。治所在今河南南陽市。　宗炳：人名。南陽涅陽人。本書卷九三有傳。

[2]丘園：隱居之地。

[3]軒冕：車駕和冠冕。此處指官府。

[4]蒲帛之聘：蒲車與束帛的招聘。古代聘請賢人的禮儀。

[5]大倫：倫常大道。《孟子·公孫丑下》："內則父子，外則

君臣，人之大倫也。”

[6]投竿釋褐：扔下釣漁竿，脫去粗布衣，出來做官。《水經注》：磻溪中有泉，“即太公垂釣之所也。其投竿跽餌，兩䠇遺跡猶存”。

[7]毗燮九官：輔弼朝廷。九官，相傳爲虞舜時所置，有司徒、司空、秩宗等，後因以爲朝廷代稱。

[8]尚書金部郎：官名。尚書省金部曹長官，隸度支，亦稱郎中。掌全國庫糧錢帛出納、錢幣鑄造、度量衡等。六品。 徐森之：人名。本書無傳，事迹僅見本卷及本書卷五《文帝紀》。

[9]中直兵參軍事：官名。又稱中直兵參軍，王府中直兵曹長官，兼備參謀咨詢。七品。 王天寶：人名。本書無傳，事迹僅見本卷及本書卷九《後廢帝紀》。

[10]局力允濟：器量與才幹俱美。局，器量，器度。本書卷六三《殷景仁傳》：“皆以風力局幹，冠冕一時。”

[11]往年逆臣叛逸：指趙廣於元嘉九年據益州作亂事。參見本書《文帝紀》及卷四五《劉粹傳》。

[12]華陽：縣名。治所在今四川梓潼縣東北。

[13]經略伊、瀍：指宋武帝於晉義熙十二年（416）北伐關中及河南事。伊、瀍，河流名。即伊水、瀍水。流經今河南洛陽市一帶。

[14]元戎喪旅：指東晉北伐軍於義熙十四年爲大夏擊敗事。參見本書卷二《武帝紀中》及本卷。元戎，首領，指總督諸軍之廬陵王劉義真等人。

[15]河朔：地區名。泛指黄河以北的地方。

[16]營丘：地名。在今山東淄博市東北。

[17]交阯：郡名。治所在今越南北寧省仙遊縣東。

[18]南中：地區名。泛指交寧廣等南部各州，亦即今兩廣及越南北部地區。 夐（xiòng）遠：遼闊、偏遠。夐，遼闊。

[19]蠻獠：少數民族名。主要分布在荆湘交廣等州。

[20]交州：治所在交阯。今越南北寧省仙遊縣東。按：義恭於此建議以徐森之爲交州刺史，並未立即得到文帝采納，文帝先後於元嘉十一（434）、十二年以李耽之、苟道覆爲交州刺史，直至十四年八月始以森之爲交州刺史。參見本書《文帝紀》。

[21]魏戊之賢，功存薦士：典出《左傳》昭公二十八年。魏戊爲魏舒庶子，而魏舒舉以梗陽大夫，謂成鱄曰：“夫舉無他，唯善所在，親疏一也。”

[22]趙武：即趙文子。亦稱趙孟，春秋時晉國大夫。事見《史記》卷四三《趙世家》。

[23]瞽言：瞽叟之言，盲目不合時宜。此爲謙詞。瞽，盲人。

十六年，進位司空。明年，大將軍彭城王義康有罪出藩，徵義恭爲侍中、都督揚南徐兗三州諸軍事、司徒、録尚書，[1]領太子太傅，[2]持節如故，給班劍二十人，[3]置仗加兵。明年，解督南兗。二十一年，進太尉，領司徒，餘如故。義恭既小心恭慎，且戒義康之失，雖爲總録，奉行文書而已，故太祖安之。相府年給錢二千萬，它物倍此，而義恭性奢，用常不足，太祖又別給錢年千萬。二十六年，[4]領國子祭酒。[5]時有獻五百里馬者，以賜義恭。

[1]録尚書：官名。尚書省長官，職比宰相，多爲重臣加官，不常置。一品。

[2]太子太傅：官名。太子府屬官，掌太子輔導及東宮事務，職比三公。三品。

[3]班劍：有紋飾的劍。用作儀仗，由武士佩帶。有時皇帝也賜給功臣，以示尊崇。

[4]二十六年：各本並脱“六”字，中華本據《元龜》卷二七六補。

[5]國子祭酒：官名。掌教授生徒儒學，主管國子學，参議禮制，隸太常。四品。

二十七年春，索虜寇豫州，太祖因此欲開定河、洛。其秋，以義恭總統群帥，出鎮彭城，解國子祭酒。虜遂深入，徑至瓜步，義恭與世祖閉彭城自守。二十八年春，虜退走，自彭城北過，義恭震懼不敢追。其日，民有告：“虜驅廣陵民萬餘口，夕應宿安王陂，[1]去城數十里。今追之，可悉得。”諸將並請，義恭又禁不許。經宿，太祖遣驛至，使悉力急追。義恭乃遣鎮軍司馬檀和之向蕭城。[2]虜先已聞知，乃盡殺所驅廣陵民，輕騎引去。初，虜深入，上慮義恭不能固彭城，備加誠勒。義恭答曰：“臣未能臨瀚海，[3]濟居延，[4]庶免劉仲奔逃之耻。”[5]及虜至，義恭果欲走，[6]賴眾議得停，事在《張暢傳》。降義恭號驃騎將軍、開府儀同三司，[7]餘悉如故。魯郡孔子舊庭有栢樹二十四株，[8]經歷漢、晋，其大連抱。有二株先折倒，士人崇敬，莫之敢犯。義恭悉遣人伐取，父老莫不嘆息。又以本官領南兗州刺史，增督南兗、豫、徐、兗、青、冀、司、雍、秦、幽、并十一州諸軍事，[9]并前十三州，移鎮盱眙。[10]修治館宇，擬制東城。

[1]安王陂：地名。約在今安徽蕭縣一帶。

[2]鎮軍司馬：官名。鎮軍將軍屬官，掌參贊軍務，管理府内

武職，位次長史。六品。 檀和之：人名。高平金鄉（今山東嘉祥縣）人。本書卷九七有傳。 蕭城：地名。沛郡及蕭縣治所，在今安徽蕭縣西北。

[3]臨瀚海：到達瀚海。指西漢驃騎將軍霍去病等人深入匈奴故地北擊匈奴事。參見《漢書》卷五五《霍去病傳》。瀚海，湖泊名。約在今蒙古高原呼倫貝爾湖一帶。

[4]濟居延：越過居延澤。指今内蒙古額濟納旗東南一帶。當地原爲匈奴故地，西漢時置居延縣。參見《漢書·霍去病傳》。

[5]劉仲奔逃之恥：指廬陵王劉義真於晋義熙十四年因北伐失敗而狼狽逃歸事。參見本卷《廬陵孝獻王義真傳》。劉仲，義真別名。其在武帝諸子中排行第二。

[6]果欲走：各本並脱“欲”字，中華本據《南史》補。

[7]驃騎將軍：官名。位居諸名號將軍之首，多爲重臣加官。二品。

[8]魯郡：治所在今山東曲阜市。 舊庭：中華本稱《元龜》卷二九九作“舊廟”。

[9]并：州名。治所在今山西太原市西南。

[10]盱眙：城名。原爲盱眙郡治所，在今江蘇盱眙縣東北。

二十九年冬，還朝，上以御所乘蒼鷹船上迎之。遭太妃憂，改授大將軍、都督揚南徐二州諸軍事、南徐州刺史，持節、侍中、録尚書、太子太傅如故。還鎮東府。辭侍中，未拜。值元凶肆逆，[1]其日劭召義恭。先是，詔召太子及諸王，各有常人，慮有詐妄致害者。至是義恭求常所遣傳詔，[2]劭遣之而後入。義恭請罷兵，凡府内兵仗，並送還臺。進位太保，進督會州諸軍事，[3]服侍中服，又領大宗師。[4]

　　[1]元凶肆逆：指宋文帝太子劉劭殺文帝作亂事。參見本書卷九九《二凶傳》。元凶，即劉劭。作亂首領。下文“劭”即指劉劭。

　　[2]傳詔：傳達詔令之人。

　　[3]會州：治會稽，在今浙江紹興市。劉劭篡位後分揚州之浙東五郡立。

　　[4]大宗師：官名。宗師別稱，掌宗室事務，有訓導觀察之責，地位甚重，位在宗正上。

　　世祖入討，劭疑義恭有異志，使入住尚書下省，[1]分諸子並住神虎門外侍中下省。[2]劭聞世祖已次近路，欲悉力逆之，決戰中道。義恭慮世祖船乘陋小，劭豕突中流，[3]容能爲患，乃進說曰：“割棄南岸，柵斷石頭，此先朝舊法，以逸待勞，不憂不破也。”劭從之。世祖前鋒至新亭，[4]劭挾義恭出戰，恒錄在左右，[5]故不能自拔。戰敗，使義恭於東堂簡將。[6]義恭先使人具船於東冶渚，[7]因單馬南奔。始濟淮，追騎已至北岸，僅然得免。劭大怒，遣始興王濬就西省殺義恭十二子。[8]

　　[1]尚書下省：官署名。諸曹尚書辦公之所。

　　[2]神虎門：宮門名。在建康城中，爲宮之西門，在今江蘇南京市內。　侍中下省：官署名。爲侍中所居，又稱門下省。

　　[3]豕突：像野猪一樣橫衝直撞、流竄侵擾。

　　[4]新亭：地名。在今江蘇南京市西南。

　　[5]錄在左右：把人軟禁在身邊。錄，收留，收容。

　　[6]東堂：東厢的堂屋，古時習射的地方。

　　[7]東冶渚：地名。在冶城附近，即今江蘇南京市朝天宮一帶。

[8]始興王：王爵名。王國在今廣東韶關市東南蓮花嶺下。
濬：人名。即劉濬。宋文帝次子。本書卷九九有傳。　西省：官署
名。在宮禁之中，爲禁軍將領直宿之處。　義恭十二子：據本卷，
其中有其長子南豐王朗、次子睿及韶、坦、元諒、元粹、元仁、元
方、元旒、元淑、元胤等。詳下。

世祖時在新林浦，[1]義恭既至，上表勸世祖即位，
曰："臣聞治亂無兆，倚伏相因，乾靈降禍，二凶極逆，
深酷巨痛，終古未有。陛下忠孝自天，赫然電發，投袂
泣血，四海順軌，是以諸侯雲赴，數均八百，[2]義奮之
旅，其會如林。神祚明德，有所底止，而沖居或躍，未
登天祚，非所以嚴重宗社，紹延七百。昔張武抗辭，[3]
代王順請；[4]耿純陳款，[5]光武正位。[6]況今罪逆無親，
惡盈釁滿，阻兵安忍，戮善崇姦，履地戴天，畢命俄
頃。宜早定尊號，以固社稷。景平之季，實惟樂推，王
室之亂，天命有在，故抱拜兆於壓壁，[7]赤龍表於霄
徵。[8]伏惟大明無私，遠存家國七廟之靈，[9]近哀黔首荼
炭之切，時陟帝祚，永慰群心。臣負釁嬰罰，偷生人
壤，幸及寬政，待罪有司，敢以漏刻視息，披露肝膽。"
世祖即祚，授使持節、侍中、都督揚南徐二州諸軍事、
太尉、録尚書六條事、南徐徐二州刺史，[10]給鼓吹一
部，班劍二十人，又假黄鉞。[11]事寧，進位太傅，[12]領
大司馬，[13]增班劍爲三十人。以在藩所服玉環大綬賜
之。增封二千户。

[1]新林浦：地名。在今江蘇南京市西南。

[2]數均八百：數量達到八百。相傳周武王舉兵伐紂，天下八百諸侯前來響應。猶言興正義之師，天下響應者極多。

[3]張武抗辭：指漢文帝代邸舊臣張武勸文帝入京繼位事。張武，人名。文帝入京前任代王郎中令。事迹散見《史記》卷一〇《孝文本紀》。

[4]代王順請：指漢文帝任代王時順從臣下所請入京繼位事。參見《史記·孝文本紀》。代王，文帝繼位前封爵，王國在今山西平遥縣西南。一説在今河北蔚縣東北代王城。

[5]耿純陳款：指東漢光武帝起兵時騎都尉耿純率衆歸順事。耿純，人名。鉅鹿宋子（今河北趙縣東北）人。《後漢書》卷二一有傳。

[6]光武：即東漢光武帝劉秀。《後漢書》卷一有紀。

[7]抱拜兆於壓璧：意爲孝武帝即位已有先兆。壓璧，典出《左傳》昭公十三年："初共王無冢適，有寵子五人，無適立焉，乃大有事于群望，而祈曰：'請神擇於五人者，使主社稷。'乃徧以璧見於群望，曰：'當璧而拜者，神所立也，誰敢違之。'既，乃與巴姬密埋璧於大室之庭。使五人齊，而長入拜。康王跨之；靈王肘加焉；子干、子皙皆遠之；平王弱，抱而入，再拜皆厭紐。"

[8]赤龍表於霄徵：指堯有赤龍之瑞，當即帝位。《春秋元命苞》："堯游河渚，赤龍負圖以出。"

[9]七廟：宋爲先祖所立宗廟。據本書《禮志三》，天子爲祖先建七廟，諸侯五廟，以爲永制。宋武帝爲宋王時，建五廟祠高祖開封府君、曾祖武原府君、皇祖東安府君、皇考處士府君、武敬臧后。即位後又增建七世右北平府君、六世相國掾府君廟，合爲七廟。以後各帝或建廟，或祔祠，以合七廟之數。

[10]録尚書六條事：官名。參掌尚書省事務，職同録尚書事。然其名義衆多，職掌亦不一致。參見本書《百官志》。 南徐徐二州刺史：丁福林《校議》據本書卷五《文帝紀》、卷四六《王懿傳》考證，"南徐"後衍"徐二"二字。即義恭並不兼任徐州

刺史。

[11] 假黄鉞：最高軍事長官出征時的儀仗。多於非常時期授以朝中重臣，爲身份象徵，不常授。

[12] 太傅：官名。三公之一，多爲重臣加官，不常置。一品。

[13] 大司馬：官名。三公之一，名義上爲最高軍事首領，實爲重臣加官，不常置。一品。

上不欲致禮太傅，[1] 諷有司奏曰：[2] "聖旨謙光，尊師重道，欲致拜太傅，斯誠弘兹遠風，敦闡盛則。然周之師保，實稱三吏，[3] 晋因於魏，[4] 特加其禮。帝道嚴極，既有常尊，考之史載，未見兹典。故卞壺、孫楚並謂人君無降尊之義。[5] 遠稽聖典，近即群心，臣等參議謂不應有加拜之禮。"詔曰："闇薄纂統，實憑師範，思盡虔恭，以承道訓。所奏稽諸往代，謂無拜禮，據文既明，便從所執。"世祖立太子，[6] 東宮文案，使先經義恭。

[1] 致禮太傅：向太傅行致敬之禮。太傅爲輔弼大臣，居三公之首。又爲皇帝師傅，名崇位尊，自漢以來諸帝皆有致敬之禮。

[2] 有司：官吏。因各有專司，故稱。亦可解爲有關機構。

[3] 實稱三吏：見《左傳》成公二年杜預注："三吏，三公也。"

[4] 晋因於魏：《晋書·職官志》稱太傅，周之三公官也，魏初以鍾繇爲之，晋因之，爲上公，"論道經邦，燮理陰陽，無其人則闕"。

[5] 卞壺：人名。晋濟陰冤句（今山東曹縣）人。《晋書》卷七〇有傳。　孫楚：人名。晋太原中都（今山西平遥縣西南）人。

《晋書》卷五六有傳。其與卞壼議皇帝不宜降尊事見二人本傳及《晉書・禮志》。

[6]立太子：即宋孝武帝以皇子劉子業爲太子，事在孝建元年（454）正月丙寅。參見本書卷六《孝武帝紀》。

孝建元年，[1]南郡王義宣、臧質、魯爽等反，[2]加黃鉞，白直百人入六門。[3]事平，以臧質七百里馬賜義恭，又增封二千户。世祖以義宣亂逆，由於强盛，至是欲削弱王侯。義恭希旨，乃上表省録尚書，曰："臣聞天地設位，三極同序，[4]皇王化則，九官咸事。時亮之績，昭於《虞典》；[5]論道之風，宣於周載。[6]台輔之設，坐調陰陽，元、凱之置，[7]起螯百揆。所以樂鍼矢言，侵官是誠；[8]陳平抗辭，匪職罔答。[9]漢承秦後，庶僚稍改。爵因時變，任與世移，總録之制，[10]本非舊體，列代相沿，兹仍未革。今皇家中造，事遵前文，宜憲章先代，證文古則，停省條録，[11]以依昔典。使物競思存，人懷勤壹，則名實靡愆，庸節必紀。臣謬典國重，虛荷崇位，興替宜知，敢不輸盡。"上從其議。

[1]孝建：宋孝武帝劉駿年號（454—456）。

[2]臧質：人名。東莞莒（今山東莒縣）人。本書卷七四有傳。　魯爽：人名。扶風郿（今陝西眉縣）人。本書卷七四有傳。

[3]白直：指在官當直而無月給的人。　六門：宮城大門，分別名爲神虎門等。參見本書《禮志三》。

[4]三極：天、地、人。《易・繫辭上》："六爻之動，三極之道也。"

[5]《虞典》：又稱《虞書》，《尚書》的一部分，包括《堯

典》《皋陶謨》等。

[6]周載：周代的載籍、圖書。

[7]元、凱：高辛氏之八子稱爲八元，高陽氏之八子稱八凱，後也指輔弼大臣。

[8]欒鍼矢言，侵官是誡：欒鍼的矢死之言，侵權的官員應引以爲戒。典出《左傳》襄公十四年。晋軍伐秦，戰於棫林。晋軍統帥荀偃下令：“唯余馬首是瞻。”欒黶曰：“晋國之命，未是有也。”由於晋軍令不一而大敗。欒鍼曰：“此役也，報櫟之敗也，役又無功，晋之耻也。吾有二位於戎路，敢不耻乎。”與士鞅馳秦師，死焉。士鞅反。

[9]陳平抗辭，匪職罔答：指漢代陳平抗言不回答文帝所問決獄、錢穀之事。意爲官各有職，不能越職代答。參見《史記》卷五六《陳丞相世家》。

[10]總録：官名。即録尚書事。居百官之首，有總録尚書省事務之職。

[11]條録：官名。即録尚書事。前述録尚書六條事即此。

又與驃騎大將軍竟陵王誕奏曰：[1] “臣聞佾懸有數，[2]等級異儀，珮笏有制，[3]卑高殊序。斯蓋上哲之洪謨，範世之明訓。而時至彌流，物無不弊，僭侈由俗，軌度非古。晋代東徙，舊法淪落，侯牧典章，稍與事廣，名實一差，難以卒變，章服崇濫，多歷年所。今樞機更造，皇風載新，耗弊未充，百用思約，宜備品式之律，以定損厭之條。臣等地居枝昵，[4]位參台輔，遵正之首，請以爵先，致貶之端，宜從戚始。輒因暇日，共參愚懷，應加省易，謹陳九事。雖懼匪衷，庶竭微款。伏願陛下聽覽之餘，薄垂昭納，則上下相安，表裏和穆矣。”

　　詔付外詳。有司奏曰：

　　[1]驃騎大將軍：官名。掌征伐，位次宰相。一品。　竟陵王：王爵名。王國在今湖北鍾祥市。　誕：人名。即劉誕。宋文帝子。本書卷七九有傳。

　　[2]佾懸有數：舞蹈人數和懸挂樂器的架子各有一定的數量。佾，古代樂舞的行列。《左傳》隱公六年：“天子用八，諸侯用六，大夫四，士二。”懸，懸挂樂器的架子。《周禮》：“天子宮縣（四面如宮），諸侯軒縣（去南面餘三面，其形如軒），大夫判縣（又去北面），士特懸。”

　　[3]珮笏有制：服章珮飾有其制度。笏，古時大臣朝見時手中所執的狹長板子，因品級不同而有玉、象牙、竹片之分。其制參見本書《禮志五》及《文獻通考》卷一一一《王禮考》。

　　[4]枝昵：接近主幹的枝條。意即近臣。

　　車服以庸，《虞書》茂典；名器慎假，《春秋》明誡。是以尚方所制，[1]漢有嚴律，諸侯竊服，[2]雖親必罪。降于頃世，下僭滋極。器服裝飾，樂舞音容，通於王公，達于衆庶。上下無辨，民志靡壹。羲恭所陳，實允禮度。九條之格，猶有未盡，謹共附益，凡二十四條。

　　[1]尚方：官署名。製造帝王所用器物之處，其長官亦名尚方。

　　[2]諸侯竊服：地方官吏不按規定穿著衣服。按：宋制規定，各級官吏及庶民百姓皆有一定等級。參見本書《禮志四》。

聽事不得南向坐，[1] 施帳并幨。[2] 藩國官，正冬不得跣登國殿，[3] 及夾侍國師傳令及油䡊。[4] 公主王妃傳令，不得朱服。礜不得重棡。[5] 鄣扇不得雉尾。[6] 劍不得鹿盧形。[7] 槊耗不得孔雀白氅。[8] 夾轂隊不得絳襖。[9] 平乘誕馬不得過二匹。[10] 胡伎不得綵衣。舞伎正冬著袿衣，不得裝面蔽花。[11] 正冬會不得鐸舞、杯柈舞。[12] 長蹻、透狹、舒丸劍、博山、緣大橦、升五案，[13] 自非正冬會奏舞曲，不得舞。諸妃主不得著緄帶。[14] 信幡非臺省官悉用絳。[15] 郡縣內史相及封內官長，於其封君，既非在三，罷官則不復追敬，不合稱臣，宜止下官而已。[16] 諸鎮常行，車前後不得過六隊，白直夾轂，不在其限。刀不得過銀銅爲飾。諸王女封縣主，諸王子孫襲封之王妃及封侯者夫人行，並不得鹵簿。[17] 諸王子繼體爲王者，婚葬吉凶，悉依諸國公侯之禮，不得同皇弟皇子。車非軺車，[18] 不得油幢。[19] 平乘船皆下兩頭作露平形，[20] 不得擬象龍舟，[21] 悉不得朱油。帳講不得作五花及竪筒形。

詔可。

[1]聽事：指諸侯在官署中聽取下級匯報事務。

[2]施帳并幨：（不得）放置幕帳及床榻。按時制規定帳榻等物祇有皇帝纔能使用，以示尊貴，下官使用即爲僭越。

[3]正冬：指正旦及冬至日，爲當時重要節日。

[4]國師：即在王國供職的官員。本書《禮志五》作“蕃國官”，《通典》卷三一作“國官”。　傳令：傳達命令的人。　油

戟：油漆的木戟，爲官吏出行時前導的儀仗。其制參見《古今注·
輿服》。

[5]轝不得重栩：即不用兩副杠抬輿。本書《禮志五》作"輿
不得重杠"。

[6]郭扇：帝王儀仗中所用郭蔽扇，又稱掌扇。程大昌《演繁
露》稱："今人呼乘輿所用扇爲掌扇，殊無義，蓋障扇之訛也……
凡扇言障，取遮蔽爲義。以扇自障，通上下無害。" 雉尾：郭扇
上的飾物，即雉雞尾巴上的羽毛，長而美麗，常以爲飾物。由其裝
飾的郭扇曰雉尾扇，漢代爲皇帝所用，魏晉以來諸王亦用。

[7]鹿盧形：寶劍的形狀之一，也稱鹿盧劍。因其劍柄以鹿盧
爲飾，故名。

[8]槊眊（ěr）：長矛上的裝飾物。眊，用羽毛做的裝飾物。
白氅：衛士所穿的披風，爲氅的一種，另有黃氅、鷺氅等。

[9]夾轂隊：衛隊。出行時夾車護衛，爲諸王親兵。

[10]平乘：《通典》卷三一引義恭奏無此二字，周一良疑衍，
參見其《札記·誕馬、郭扇》。 誕馬：不備馬鞍的裸馬。誕，同
"袒"。程大昌《演繁露·誕馬》："其制用色帛周裹一方氈，蓋覆
馬脊，更不施鞍。"

[11]蔽花：各本並脫，中華本據本書《禮志五》補。

[12]冬會：冬至日宴會。 鐸舞：舞蹈的一種，多在皇帝元會
日演出。此舞在晉代以前較爲流行，後逐漸失傳，南朝僅存舞蹈時
伴奏的《鐸舞歌》一篇。參見本書《樂志一》。 杯柈：即杯盤
舞。舞蹈及雜技的一種，舞時以杯盤作道具，手托盤而起舞，故
名。參見《搜神記·晉世寧舞》及本書《樂志一》。

[13]長蹻：古時雜技之一，如後代高蹻。 透狹：古時雜技之
一，又稱投狹，表演時多卷席以矛插其中，投身從中穿過。參見
《抱朴子·辨問》及《通俗編·俳優門》引《西京賦》注。 舒丸
劍：古時雜技之一，又稱跳丸弄劍。表演者在懸空的繩索上邊行走
邊表演跳躍、舞劍等動作，猶如後代的走索。 博山：古時雜技之

一，多以舞博山爐爲戲。　緣大橦：古時雜技之一，即攀緣而升長竿。《類聚》卷六一載傅玄《正都賦》記其雜技云："乃有材童妙妓，都盧迅足。緣修竿而上下，形既變而景屬。忽跟挂而倒絕，若將墜而復續。虬縈龍蜒，委隨紆曲。杪竿首而腹旋，承嚴節之繁促。手戲絕倒，凌虛寄身，跳丸擲堀，飛劍舞輪。"中華本卷九《後廢帝紀》稱其"好緣漆帳竿，去地丈餘，如此者半食久，乃下"，當即模仿緣橦之戲。　升五案：古時雜技之一，指疊案而升，進行表演。

[14]緄帶：中華本稱本書《禮志五》作"袞帶"，即織帶，可作衣服緣邊用。

[15]信幡：題表官號的旗幟，以爲符信。參見崔豹《古今注·輿服》。　臺省官：在中央各官署任職的官員。

[16]宜止下官而已：中華本稱本書《禮志五》作"正宜上下官敬而已"，其意較明。

[17]鹵簿：帝王車駕出時扈從的儀仗隊，亦用於后妃、太子、王公大臣。

[18]軺車：由一匹馬駕駛的輕便車，又稱輕車。

[19]油幢：塗油的帳幕或傘蓋、旌旗等，多用於帝王或王公大臣。

[20]平乘船：船名。官船的一種，多爲王公大臣乘用。

[21]龍舟：船名。船頭以龍形裝飾，故名，爲皇帝御用之舟。

是歲十一月，還鎮京口。二年春，進督東、南兗二州。[1]其冬，徵爲揚州刺史，餘如故。加入朝不趨，[2]贊拜不名，劍履上殿。固辭殊禮，又解持節、都督并侍中。

[1]東、南兗二州：東兗州治所不詳。南兗州寄治京口（今江

蘇鎮江市）。丁福林《校議》據本書卷六《孝武帝紀》及《州郡志》考證，認爲“東、南兗”乃指“東揚州、南兗州”，以備一說。

[2]入朝不趨：古時百官上朝拜見皇帝時的動作爲“趨”。按禮制，百官進入朝堂時應俯首趨走，以示對皇帝的尊敬。

義恭撰《要記》五卷，[1]起前漢訖晉太元，[2]表上之，詔付秘閣。[3]時西陽王子尚有盛寵，[4]義恭解揚州以避之，乃進位太宰，領司徒。義恭常慮爲世祖所疑，及海陵王休茂於襄陽爲亂，[5]乃上表曰：

[1]《要記》：書名。已失傳。

[2]太元：晉孝武帝司馬曜年號（376—396）。

[3]秘閣：秘書省管理收藏歷代典籍的地方，即皇家圖書館。

[4]西陽王：王爵名。王國在今湖北黃岡市黃州區東南。 子尚：人名。即劉子尚。宋孝武帝次子。本書卷八〇有傳。

[5]海陵王：王爵名。王國在今江蘇泰州市海陵區。 休茂：人名。即劉休茂。宋文帝十四子。本書卷七九有傳。 襄陽：地名。時爲雍州治所，在今湖北襄陽市襄城區。

古先哲王，莫不廣植周親，以屏帝宇，諸侯受爵，亦願永固邦家。至有管蔡、梁燕，[1]致禍周、漢，上乖顯授之恩，下亡血食之業。[2]夫善積慶深，[3]宜享長久，而歷代侯王，甚乎匹庶。豈異姓皆賢，宗室悉不賢。由生於深宮，不覩稼穡，左右近習，未值田蘇，[4]富貴驕奢，自然而至，[5]聚毛折軸，遂乃危禍。[6]漢之諸王，並置傅相，[7]猶不得禁逆；七國連謀，[8]實由强盛。晉氏列封，[9]正足成永嘉之禍。[10]尾大不掉，終古同疾，不有更張，則其源莫救。

[1]管蔡：封國名。即管國、蔡國。西周初年周武王弟管叔和蔡叔受封，各於周武王去世後作亂。參見《史記》卷三五《管蔡世家》。　梁燕：封國名。即梁國、燕國。分別爲漢文帝子劉武和漢高祖從祖弟劉澤封國，後皆因罪亡國。參見《漢書》卷四七《文三王傳》、卷三五《燕王劉澤傳》。

[2]血食：古時殺牲取血，用以祭祀，故名。

[3]善積慶深：做善事終有好報。典出《易·坤卦》：“積善之家，必有餘慶。”

[4]田蘇：農田莊稼的生長復蘇，意即農活。

[5]自然：各本作“自往”，中華本據《元龜》卷二七三改。

[6]遂乃：中華本稱《元龜》卷二七三作“遂及”。

[7]傅相：官名。即王國之傅、王國之相。漢代王國中負責諸王教育和綜理行政事務的官員。

[8]七國連謀：指漢景帝時吳王劉濞、楚王劉戊、膠西王劉卬、膠東王劉雄渠、菑川王劉賢、濟南王劉辟光、趙王劉遂等七王聯合作亂事，史稱吳楚七國之亂。參見《漢書》卷五《景帝紀》及各諸侯王傳。

[9]晉氏列封：指西晉裂土分封諸侯王事。《通鑑》卷七九晉泰始元年（265）稱：“（武）帝懲魏氏孤立之敝，故大封宗室，授以職任。”先後分封二十七王，各領軍隊，形成國中之國。參見《晉書》卷三《武帝紀》及卷五九《八王傳》。

[10]永嘉之禍：指西晉末年發生的“五胡亂華”及由此引起的西晉滅亡等事件。永嘉，晉懷帝司馬熾年號（307—313）。

日者庶人恃親，[1]殆傾王業。去歲西寇藉寵，[2]幾敗皇基。不圖襄楚，[3]復生今釁，[4]良以地勝兵勇，獎成凶惡。前事之不忘，後事之明兆。陛下大明紹祚，垂法萬葉。臣年衰意塞，無所知解。忝皇族耆長，[5]慚慨內深，思表管見，裨崇萬一。竊謂諸王貴重，不應居邊，至於華州優地，[6]時可暫出。既以有州，不須置府。若位登三事，[7]止乎長史掾屬。[8]若宜鎮御，別差扞城大將。若情樂沖虛，不宜逼以戎事。若捨文好武，尤宜禁塞。僚佐文學，足充話言，遊梁之徒，[9]一皆勿許。文武從鎮，以時休止，妻子室累，不煩自隨。百僚修詣，宜遵晉令，悉須宣令齊到，備列賓主之則。衡泌之士，[10]亦無煩干候貴王。器甲於私，爲用蓋寡，自金銀裝刀劍戰具之服，皆應輸送還本。曲突徙薪，防之有素，庶善者無懼，惡者止姦。

[1]日者：過去。　庶人：指宋文帝太子劉劭及次子始興王劉濬等於文帝末年恃寵作亂，事敗後被殺及奪爵廢爲庶人事。參見本書卷九九《二凶傳》。

[2]西寇：指丞相荆州刺史南郡王劉義宣等人舉兵反叛宋孝武帝事。參見本書卷六《孝武帝紀》及卷六八《武二王傳》。西寇，以劉義宣所處方鎮位於京師之西，又作亂爲寇，故名。

[3]襄楚：地區名。指今湖北襄陽市及湖北西北、河南南部一帶，原爲楚國故地，時爲雍州轄境。

[4]今釁：目前的叛亂。指前述宋文帝第十四子雍州刺史海陵王劉休茂舉兵作亂事。

[5]皇族耆長：皇族中的年長者。按：劉義恭時年四十三歲，

在武帝諸子中年齡最長，故以自稱。參見本卷序及本書卷七二《文九王傳》。

[6]華州優地：指地近腹心、交通便利、人口繁盛、物産豐饒的州郡或地區。

[7]位登三事：擔任三公之職。古時稱三公爲三事大夫。

[8]長史掾屬：諸王公或州郡的佐吏幕僚。長史爲幕僚之長，掾屬爲長史之下諸曹首領，皆非事關軍國大政的重要職務。

[9]遊梁之徒：在諸侯國游歷、衣食的賓客師友。本指西漢梁孝王劉武及其結納的一批如羊勝、公孫詭等豪傑。《史記》卷五八《梁孝王世家》：“招延四方豪桀，自山以東游説之士莫不畢至。齊人羊勝、公孫詭、鄒陽之屬。”後公孫詭等皆因作亂被殺。故謂游梁之徒乃不法之徒別稱，具有貶義。

[10]衡泌之士：隱居之人。《詩·陳風·衡門》：“衡門之下，可以棲遲，泌之洋洋，可以樂飢。”

時世祖嚴暴，義恭慮不見容，乃卑辭曲意，盡禮祇奉，[1]且便辯善附會，俯仰承接，皆有容儀。每有符瑞，[2]輒獻上賦頌，陳詠美德。大明元年，[3]有三脊茅生石頭西岸，累表勸封禪，[4]上大悦。三年，省兵佐，加領中書監，以崇藝、昭武、永化三營合四百三十七户給府；[5]更增吏僮千七百人，[6]合爲二千九百人。六年，解司徒府，太宰府依舊辟召。又年給三千匹布。

[1]祇奉：推崇奉戴。

[2]符瑞：吉祥的徵兆。《史記》卷二八《封禪書》：“未有睹符瑞見而不臻乎泰山者也。”

[3]大明：宋孝武帝劉駿年號（457—464）。

[4]封禪：帝王祭拜天地的典禮。多在泰山上築土祭天，梁父

山上闢場祭地。

　　[5]崇藝、昭武、永化：軍營名。爲護衛京師及皇宫軍隊中一部分，在建康城中。

　　[6]吏僮：士族、官僚的依附人口。地位低於自由民，猶如奴婢。或被稱爲吏戶、隸戶或僮戶。

　　七年，從巡，[1]兼尚書令，[2]解中書監。[3]八年閏月，又領太尉。其月，世祖崩，遺詔：“義恭解尚書令，加中書監，柳元景領尚書令，[4]入住城内。事無巨細，悉關二公。大事與沈慶之參決，[5]若有軍旅，可爲總統。[6]尚書中事委顔師伯。[7]外監所統委王玄謨。”[8]前廢帝即位，詔曰：“總録之典，著自前代。孝建始年，雖暫并省，而因革有宜，理存濟務。朕焭獨在躬，未涉政道，百揆庶務，允歸尊德。太宰江夏王義恭新除中書監、太尉，地居宗重，受遺阿衡，[9]實深憑倚，用康庶績，可録尚書事，本官監、太宰、王如故。侍中、驃騎大將軍、南兖州刺史、巴東郡開國公、新除尚書令元景，[10]同稟顧誓，翼輔皇家，贊業宣風，繄公是賴。[11]可即本號開府儀同三司，領兵置佐，一依舊准，領丹陽尹、侍中、領公如故。”[12]又增義恭班劍爲四十人，更申殊禮之命。固辭殊禮。

　　[1]從巡：隨從宋孝武帝到地方巡幸。按：本書卷六《孝武帝紀》，孝武帝於是年二月巡幸南豫、南兖二州，於南豫州治所歷陽烏江校獵，登烏江縣六合山。冬十月，再幸南豫州。十二月，行幸歷陽。

　　[2]尚書令：官名。尚書省長官，總領臺省事務，職比宰相。

三品。

［3］中書監：官名。中書省長官，總領中書省事務，掌贊詔命，記會時事，典作文書，職比宰相。三品。

［4］柳元景：人名。河東解（今山西臨猗縣）人。本書卷七七有傳。

［5］沈慶之：人名。吳興武康人。本書卷七七有傳。

［6］總統：軍隊總統領，爲軍隊最高統帥和指揮官。

［7］顏師伯：人名。琅邪臨沂（今山東費縣）人。本書卷七七有傳。

［8］外監：官名。即外殿中監。掌皇帝衣食住行，兼傳詔敕。王玄謨：人名。太原祁（今山西祁縣）人。本書卷七六有傳。

［9］阿衡：本爲商代官名，掌保衡之任，後引申指輔佐帝王的賢臣。

［10］巴東郡：治所在今重慶奉節縣。　開國公：公爵名。爲公爵中等級較高者，有郡公、縣公之別。

［11］繄（yī）公是賴：惟公是賴。繄，惟。

［12］丹陽尹：官名。京師所在丹陽郡最高行政官員，職比太守。五品。丹陽，郡名。治所在今江蘇南京市東南。

　　義恭性嗜不恒，日時移變，自始至終，屢遷第宅。與人遊款，意好亦多不終。而奢侈無度，不愛財寶，左右親幸者，一日乞與，[1]或至一二百萬；小有忤意，輒追奪之。大明時，資供豐厚，而用常不足，賒市百姓物，無錢可還，民有通辭求錢者，[2]輒題後作“原”字。善騎馬，解音律，游行或三五百里，[3]世祖恣其所之。東至吳郡，[4]登虎丘山，[5]又登無錫縣烏山以望太湖。[6]大明中撰國史，世祖自爲義恭作傳。及永光中，[7]雖任宰輔，而承事近臣戴法興等，[8]常若不及。

[1]乞與：賞賜、贈送。乞，給與。

[2]通辭：通信，過話。

[3]三五百里：《南史》卷一三《宋宗室及諸王傳上》作“二三百里”。

[4]吳郡：治所在今江蘇蘇州市。

[5]虎丘山：山名。在今江蘇蘇州市。

[6]無錫：縣名。治所在今江蘇無錫市。　烏山：山名。在無錫一帶。

[7]永光：宋前廢帝劉子業年號（465）。

[8]戴法興：人名。會稽山陰（今浙江紹興市）人。本書卷九四有傳。

前廢帝狂悖無道，義恭、元景等謀欲廢立。永光元年八月，廢帝率羽林兵於第害之，[1]并其四子，[2]時年五十三。斷析義恭支體，分裂腸胃，挑取眼精，[3]以蜜漬之，以爲鬼目粽。[4]

[1]羽林兵：禁衛軍。負責皇宮保衛的軍隊，屬羽林監。

[2]并其四子：各本並脱“其”字，中華本據《御覽》卷一五一引《宋書》、《通鑑》宋永光元年補。四子，即伯禽、仲容、叔子、叔寶。詳下。

[3]眼精：中華本稱《南史》、《御覽》卷一五一引《宋書》、《通鑑》宋永光元年並作“眼睛”。

[4]鬼目粽：粽子名。一種以米等爲原料用葦葉包扎蒸煮而成的食品。

太宗定亂，令書曰："故中書監、太宰、領太尉、錄尚書事江夏王道性淵深，睿鑒通遠，樹聲列藩，宣風鉉德，位隆姬輔，[1]任屬負圖，[2]勤勞國家，方熙託付之重，盡心毗導，永融雍穆之化。而凶醜忌威，奄加冤害，夷戮有暴，殯歾無聞，憤達幽明，痛貫朝野。朕蒙險在難，含哀莫申，幸賴宗祜之靈，[3]克纂祈天之祚，[4]仰惟勳戚，震慟于厥心。昔梁王徵庸，[5]警蹕備禮；[6]東平好善，[7]黃屋在廷。[8]况公德猷弘懋、彝典未殊者哉！可追崇使持節、侍中、都督中外諸軍事、丞相、領太尉，中書監、錄尚書事、王如故。給九旒鑾輅，[9]虎賁班劍百人，[10]前後部羽葆、鼓吹，[11]輼輬車。[12]

[1]姬輔：即周公姬旦。西周成王時任宰輔，史稱良相。事見《史記》卷三三《魯周公世家》。

[2]負圖：周公負成王之圖像。《漢書》卷六八《霍光傳》：武帝年老，欲立少子弗陵，群臣唯霍光可托大任，"乃使黃門畫者畫周公負成王朝諸侯以賜光"，曰："立少子，君行周公之事。"負圖遂成爲先帝托孤之典故。

[3]宗祜之靈：祖宗神靈庇護、保祐。祜，宗廟中存放神主的石室。

[4]祈天之祚：即登基、繼位。因認爲皇位由上天賜予，故名。

[5]梁王徵庸：指西漢文帝子劉武受封爲梁王及其在景帝時禮遇超過諸王事。《史記》卷五八《梁孝王世家》稱，孝王，竇太后少子也，最親，有功，又爲大國，居天下膏腴地，賞賜不可勝道。得賜天子旌旗，出從千乘萬騎。東西馳獵，擬於天子。出言蹕，入言警。多作兵器弩弓矛數十萬，而府庫金錢且百巨萬，珠玉寶器多於京師。然亦僭矣。徵庸，徵召任用。

　　[6]警蹕：皇帝出行時的警戒威儀。《漢書》卷四七《文三王傳》顏師古注曰：“警者，戒肅也。蹕，止行人也……《漢儀注》皇帝輦動，左右侍帷幄者稱警，出殿則傳蹕，止人清道也。”

　　[7]東平好善：指東漢光武帝子東平憲王劉蒼敬賢好善事。《後漢書》卷四二《光武十王傳》載明帝稱之曰：“日者問東平王處家何等最樂，王言爲善最樂，其言甚大，副是要腹矣。”

　　[8]黄屋在廷：指漢東平王劉蒼因尊禮行善而受到明帝等人特别禮遇事。黄屋，帝王專用的黄繒車蓋。《後漢書·光武十王傳》稱，蒼雅有智思，顯宗甚愛重之：“肅宗即位，尊重恩禮踰於前世，諸王莫與爲比。”

　　[9]九旒鸞輅：車駕名。以銅作鸞鳥於車衡上，垂九旒，以别於天子十二旒。旒，旗子上的飄帶。

　　[10]虎賁：勇士，取其如猛虎奔走之義。

　　[11]羽葆：以鳥羽裝飾的儀仗。　鼓吹：樂隊。主要以鼓鉦簫笳爲樂器，多用於鹵簿，有時也賜有功之臣。

　　[12]輼輬車：喪事中運載棺木的卧車。因其密閉和旁開一窗，以柳翣爲飾，故名。

　　泰始三年，又下詔曰：“皇基崇建，《屯》《剥》維難，[1]弘啓熙載，底績忠果，故從饗世祀，[2]勒勳宗彝。[3]世祖寧亂定業，實資翼亮。故使持節、侍中、都督中外諸軍事、丞相、領太尉、中書監、録尚書事江夏文獻王義恭，故使持節、侍中、都督南豫江豫三州軍事、太尉、南豫州刺史巴東郡開國忠烈公元景，[4]故侍中、司空始興郡開國襄公慶之，[5]故持節、征西將軍、雍州刺史洮陽縣開國肅侯憨，[6]或體道沖玄，變化康世，或盡誠致效，庚難龕逆，宜式遵國典，陪祭廟庭。”[7]

[1]《屯》《剝》:《周易》篇名。屯,艱難。剝,剝落。後世也稱時代動亂、遭遇艱難爲屯剝。

[2]從饗:享受。饗,用酒食款待。

[3]宗彝:宗族内部的祭祀。彝,祭器。

[4]忠烈公元景:即柳元景。按《謚法》:"危身奉上曰忠。""有功安民曰烈。""秉德尊業曰烈。"

[5]襄公慶之:即沈慶之。按《謚法》:"甲冑有勞曰襄。"

[6]洮陽縣開國肅侯慤:即宗慤。南陽人。本書卷七六有傳。洮陽爲其封地,在今廣西全州縣西北。開國侯,侯爵之一,爲同級爵位中地位較高者,有郡侯、縣侯之别。肅,謚號,按《謚法》:"剛德克就曰肅。""執心決斷曰肅。"

[7]陪祭:古時祭祀時的一種等級制度,一般指陪同享用相同的祭祀禮儀和供品。

　　義恭長子朗,字元明,出繼少帝,封南豐縣王,[1]食邑千户。爲湘州刺史、持節、侍中,領射聲校尉。[2]爲元凶所殺。世祖即位,追贈前將軍、江州刺史。[3]孝建元年,以宗室祗長子歆繼封。[4]祗伏誅,歆還本。泰始三年,更以宗室韞第二子銑繼封。[5]爲秘書郎,[6]與韞俱死。[7]順帝昇明二年,[8]復以宗室琨子績繼封。[9]三年,薨。會齊受禪,[10]國除。

[1]南豐:縣名。治所在今江西廣昌縣東北。

[2]射聲校尉:官名。高級武官之一,掌射聲士,聞聲則射之,故名。與屯騎、步兵、越騎、長水校尉並稱五營校尉。四品。

[3]前將軍:官名。與左、右、後將軍並稱四將軍。三品。

[4]祗:人名。即劉祗。宋武帝弟長沙王劉道憐孫,官至南兗州刺史、都官尚書,明帝泰始二年(466)因從晉安王劉子勛作亂

被殺。本書卷五一有附傳。

[5]韞：人名。即劉韞。宋武帝弟長沙王劉道憐孫，劉祗弟，明帝時官至散騎常侍、中領軍。本書卷五一有附傳。

[6]秘書郎：官名。秘書省屬官，掌文書圖籍、考校舊文。六品。

[7]與韞俱死：本書卷五一《劉韞傳》稱，劉韞於昇明元年以謀反被殺。參見本書卷一〇《順帝紀》。

[8]順帝：即宋末帝劉準。本書卷一〇有紀。

[9]琨：人名。即劉琨。宋武帝弟長沙王劉道憐孫，宋末官至晉平太守。事見本書卷五一《劉義賓傳》。

[10]受禪：接受禪讓，改朝換代。

　　朗弟叡，字元秀，太子舍人。[1]爲元凶所害。追贈侍中，謚宣世子。[2]大明二年，追封安陸王。[3]以第四皇子子綏字寶孫繼封，食邑二千户。追謚叡曰宣王。以子綏爲都督郢州諸軍事、冠軍將軍、郢州刺史，[4]進號後軍將軍，[5]加持節。太宗泰始元年，進號征南將軍，[6]改封江夏王，食邑五千户。改叡爲江夏宣王。子綏未受命，與晉安王子勛同逆，[7]賜死。七年，太宗以第八子躋字仲升，繼義恭爲孫，封江夏王，食邑五千户。後廢帝即位，督會稽東陽新安臨海永嘉五郡諸軍事、東中郎將、會稽太守，[8]進號左將軍。[9]齊受禪，降爲沙陽縣公，[10]食邑一千五百户。謀反，賜死。

　　[1]太子舍人：官名。太子府屬官，掌文章書記，職比侍中、散騎。七品。

　　[2]宣：謚號。按《謚法》：“聖善周聞曰宣。”　世子：諸侯

王國繼承人，地位猶如皇太子。

[3]安陸王：王爵名。王國在今湖北安陸市。各本並作“安隆”，孫彪《考論》云：“隆當作陸。”中華本據改。

[4]郢州：治所在今湖北武漢市東。

[5]後軍將軍：官名。與前軍、左軍、右軍將軍合稱四軍將軍。四品。

[6]征南將軍：官名。高級武官之一，掌督方面之軍以行征伐。三品。

[7]晉安王：王爵名。王國在今福建福州市。　子勛：人名。即劉子勛。宋孝武帝子。曾於泰始二年舉兵反叛宋明帝，兵敗被殺。本書卷八〇有傳。

[8]會稽、東陽、新安、臨海、永嘉：皆郡名。治所分別在今浙江紹興市、金華市、淳安縣西北、臨海市、溫州市。　東中郎將：官名。掌率師征伐，多兼任刺史，常以宗室出任。三品。

[9]左將軍：官名。與前、右、後將軍並爲上將，不常置。三品。

[10]沙陽縣公：公爵名。公國在今湖北嘉魚縣東北。

　　叡弟韶，字元和，封新吳縣侯，[1]官至步兵校尉。[2]追贈中書侍郎，諡曰烈侯。韶弟坦，字元度，平都懷侯。[3]坦弟元諒，江安愍侯。[4]元諒弟元粹，興平悼侯。[5]坦、元諒、元粹並追贈散騎侍郎。元粹弟元仁、元方、元旒、元淑、元胤與朗等凡十二人，並爲元凶所殺。

[1]新吳縣侯：侯爵名。侯國在今江西奉新縣西。

[2]步兵校尉：官名。侍衛武官，多以安置勳舊武臣。四品。

[3]平都：縣名。治所在今江西安福縣。　懷：諡號。按《諡

法》：“執義揚善曰懷。”“慈仁短折曰懷。”

　　[4]江安：縣名。治所在今湖北公安市西北。　　愍：謚號。按《謚法》：“在國遭憂曰愍。”“使民悲傷曰愍。”

　　[5]興平：縣名。治所在今江西永豐縣東北。　　悼：謚號。按《謚法》：“年中早夭曰悼。”“肆行勞祀曰悼。”

　　元胤弟伯禽，孝建三年生。義恭諸子既遇害，爲朝廷所哀，至是世祖名之曰伯禽，以擬魯公伯禽，[1]周公旦之子也。[2]官至輔國將軍、湘州刺史。又爲前廢帝所殺。謚曰哀世子。[3]又追贈江夏王，改謚曰愍。

　　[1]魯公伯禽：西周初年人，周公旦子。事見《史記》卷三三《魯周公世家》。

　　[2]周公旦：西周初年人，名旦，周武王弟，成王時任宰輔。事見《史記·魯周公世家》。

　　[3]哀：謚號。按《謚法》：“恭仁短折曰哀。”

　　伯禽弟仲容，封永脩縣侯。[1]爲寧朔將軍，臨淮、濟陽二郡太守。[2]仲容弟叔子，封永陽縣侯。[3]叔子弟叔寶，及仲容、叔子，並爲前廢帝所殺。謚仲容、叔子並曰殤侯。[4]

　　[1]永脩縣侯：侯爵名。侯國在今江西永修縣西北。

　　[2]寧朔將軍：官名。掌邊遠地區民族軍政事務，多爲加官。四品。　　臨淮、濟陽：皆郡名。治所分別在今江蘇盱眙縣東北、安徽明光市東北。

　　[3]永陽縣侯：侯爵名。侯國在今湖北廣水市西北。

[4]殤：謚號。按《謚法》："短折不成曰殤。""未家短折曰殤。"

衡陽文王義季，幼而夷簡，[1]無鄙近之累。[2]太祖爲荆州，[3]高祖使隨往江陵，由是特爲太祖所愛。元嘉元年，封衡陽王，食邑五千户。五年，爲征虜將軍。八年，領石頭戍事。九年，遷使持節、都督南徐州諸軍事、右將軍、南徐州刺史。

[1]夷簡：平易質樸。
[2]鄙近：庸俗，淺近。
[3]太祖爲荆州：事約在晋元熙元年（419）。參見本書卷五《文帝紀》。

十六年，代臨川王義慶都督荆湘雍益梁寧南北秦八州諸軍事、安西將軍、荆州刺史，[1]持節如故，給鼓吹一部。先是，義慶在任，值巴蜀亂擾，師旅應接，府庫空虛。義季躬行節儉，畜財省用，數年間，還復充實。隊主續豐母老家貧，[2]無以充養，遂斷不食肉。義季哀其志，給豐母月白米二斛，[3]錢一千，并制豐噉肉。義季素拙書，上聽使餘人書啓事，唯自署名而已。二十年，加散騎常侍，進號征西大將軍，[4]領南蠻校尉。[5]

[1]臨川王：王爵名。王國在今江西撫州市臨川區。　義慶：人名。即劉義慶。宋武帝弟長沙王劉道憐子，過繼劉道規爲嗣。事見本書卷五一《臨川烈武王道規傳》。　安西將軍：官名。與安東、南、北將軍並稱四安將軍。三品。

[2]隊主：衛隊首領。　續豐：人名。僅見本卷，其事不詳。

[3]豐母：各本並作“豐每”，中華本據《南史》、《御覽》卷一五一引《宋書》、《元龜》卷四一二改。

[4]征西大將軍：官名。高級武官之一。二品。

[5]南蠻校尉：官名。掌荆州一帶少數民族事務，多以他官兼任。四品。

　　義季素嗜酒，自彭城王義康廢後，遂爲長夜之飲，略少醒日。太祖累加詰責，義季引愆陳謝。上詔報之曰：“誰能無過，改之爲貴耳。此非唯傷事業，亦自損性命，世中比比，[1]皆汝所諳。近長沙兄弟，[2]皆緣此致故。[3]將軍蘇徽，[4]耽酒成疾，旦夕待盡，吾試禁斷，并給藥膳，至今能立。此自是可節之物，但嗜者不能立志裁割耳。晋元帝人主，[5]尚能感王導之諫，[6]終身不復飲酒。汝既有美尚，加以吾意殷勤，何至不能慨然深自勉厲，乃復須嚴相割裁，坐諸紜紜，[7]然後少止者。幸可不至此，一門無此酣酒，[8]汝於何得之？臨書嘆塞。”義季雖奉此旨，酣縱如初，遂以成疾。上又詔之曰：“汝飲積食少，而素羸多風，常慮至此，今果委頓。[9]縱不能以家國爲懷，近不復顧性命之重，可嘆可恨，豈復一條。本望能以理自屬，未欲相苦耳。今遣孫道胤就楊佛等令晨夕視汝，[10]并進止湯食，可開懷虛受，慎勿隱避。吾飽嘗見人斷酒，無它慊吸，[11]蓋是當時甘嗜罔已之意耳。[12]今者憂怛，政在性命，未暇及美業，復何爲吾煎毒至此邪！”義季終不改，以至於終。

[1]比比：靠近，挨著，猶比比皆是。

[2]長沙兄弟：指長沙王劉義欣等人。事見本書卷五一《宗室傳》。

[3]緣此致故：本書《宗室傳》稱劉義欣兄弟六人皆不長命，其可考者如劉義欣去世時三十六歲，劉義慶四十二歲，其餘年齡皆在三十歲上下。以文帝言考之，原因或在於此。

[4]蘇徽：人名。本書僅此一見，其事不詳。《南史》卷一四《宋宗室及諸王傳下》，“蘇徽”作“蘇徵”。

[5]晋元帝：即司馬睿。東晉開國皇帝。《晋書》卷六有紀。

[6]感王導之諫：指晋元帝接受宰相王導勸諫斷酒事。《晋書》卷六《元帝紀》稱，其“初鎮江東，頗以酒廢事，王導深以爲言，帝命酌，引觴覆之，於此遂絕”。王導，人名。琅邪臨沂人。《晋書》卷六五有傳。

[7]紜紜：多而紛亂。

[8]酤酒：中華本稱北監本、殿本、局本、《南史》、《御覽》卷八四四引《宋書》、《元龜》卷二九八作“酤法”。張元濟《校勘記》云：“作酒是，作法誤。”據改。

[9]委頓：疲乏狼狽。

[10]孫道胤：人名。武當山道士。事迹散見本卷及本書卷四五《劉孫登傳》。　楊佛：人名。本書僅此一見，其事不詳。

[11]慊吸：不滿足。慊，同“嫌”。

[12]罔已：受人誑騙。罔，迷惑。

　　二十一年，爲都督南兗徐青冀幽六州諸軍事、征北大將軍、開府儀同三司、南兗州刺史，[1]持節、常侍如故。登舟之日，帷帳器服，諸應隨刺史者，悉留之，荆楚以爲美談。二十二年，進督豫州之梁郡。遷徐州刺史，持節、常侍、都督如故。明年，索虜侵逼，北境擾動，義季懲義康禍難，不欲以功勤自業，無它經略，唯飲酒而已。太祖又詔之曰："杜驥、申怙，[2]倉卒之際，尚以弱甲瑣卒，徼寇作援。[3]彼爲元統，[4]士馬桓桓，[5]既不懷奮發，連被意旨，猶復逡巡。[6]豈唯大乖應赴之宜，實孤百姓之望。且匈奴輕漢，[7]將自此而始。賊初起逸，未知指趨，故且裝束，兼存觀察耳。少日勢漸可見，便應大有經略，何合安然，遂不敢動。遣軍政欲乘際會，拯危急，以申威援，本無驅馳平原方幅爭鋒理。又山路易憑，何以畏首尾迴弱。若謂事理政應如此者，進大鎮，聚甲兵，徒爲煩耳。"

[1]六州：此處僅及五州名，中華本據本書卷六一《江夏文獻王義恭傳》、卷五一《劉義慶傳》、卷七二《南平穆王鑠傳》謂在"徐""青"之間脫"兗"字，其説是。

[2]杜驥：人名。京兆杜陵（今陝西西安市長安區）人。本書卷六五有傳。　申怙：人名。疑"申恬"之誤。本書卷六五有《申恬傳》。傳稱申恬爲魏郡魏人，時任揚烈將軍、冀州刺史。

[3]徼寇作援：本書卷六五《申恬傳》及卷五《文帝紀》稱，元嘉二十三年三月，索虜寇兗、豫、青、冀刺史申恬摧擊之，爲虜所破，被徵還都。

[4]元統：軍隊最高首領。按：劉義季時任都督南兗徐兗青冀幽六州豫州之梁郡諸軍事，申恬、杜驥皆在其都督之下，爲其屬官。

[5]桓桓：威武。《尚書·牧誓》："勖哉夫子！尚桓桓。"

[6]逡巡：遲疑徘徊，欲行又止。

[7]匈奴輕漢：匈奴輕視漢朝。此爲比喻，意猶索虜輕宋。按：匈奴爲威脅漢朝最嚴重的北方少數民族，猶此時之北魏鮮卑之與

宋，故文帝以此相喻。

二十四年，義季病篤，上遣中書令徐湛之省疾，[1]召還京師。未及發，薨於彭城，時年三十三。太尉江夏王義恭表解職迎喪，不許。上遣東海王褘北迎義季喪。[2]追贈侍中、司空，持節、都督、刺史如故。

[1]中書令：官名。中書省長官，位次於監，綜理一省事務。三品。　徐湛之：人名。東海郯（今山東郯城縣）人。本書卷七一有傳。

[2]東海王：王爵名。王國在今山東郯城縣西北。　褘：人名。即劉褘。宋文帝子。本書卷七九有傳。

子恭王嶷字子岐嗣。[1]中書侍郎，太子中庶子。[2]世祖大明七年，薨，追贈冠軍將軍、豫州刺史。子伯道嗣。順帝昇明三年，薨。其年，齊受禪，國除。

[1]恭：謚號。按《謚法》：“尊賢貴義曰恭。”“愛民長弟曰恭。”

[2]太子中庶子：官名。太子府屬官，掌侍從、奏事、諫議等，職比侍中。五品。

史臣曰：戒懼乎其所不覩，恐畏乎其所不聞，在於慎所忽也。江夏王，高祖寵子，位居上相，大明之世，親典冠朝。屈體降情，槃辟於軒檻之上，[1]明其爲卑約亦已至矣。得使虐朝暴主，[2]顧無猜色，歷載踰十，[3]以尊戚自保。及在永光，幼主南面，公旦之重，[4]屬有所歸。自謂踐冰之慮已除,[5]泰山之安可恃,曾未云幾,而礫體分肌。古人以隱微致戒,[6]斯爲篤矣。

[1]槃辟:槃桓,躲避。辟,同"避"。 軒檻:欄板,此喻政局險惡。

[2]虐朝暴主:指宋孝武帝。其在位期間殺掉南郡王劉義宣、竟陵王劉誕等二十餘人,攻剋竟陵王劉誕駐守的廣陵時"殺城内男爲京觀,死者數千,女口爲軍賞",被史臣稱爲"盡民命以自養,桀、紂之行也"。參見本書卷六《孝武帝紀》。

[3]歷載踰十:按:孝武帝於元嘉三十年(453)入京繼位,至大明八年(464)五月駕崩,在位十二年。參見本書《孝武帝紀》。

[4]公旦之重:周公姬旦輔佐成王之重任。典出《史記》卷三三《魯周公世家》。

[5]踐冰:即履冰。在薄冰上行走。喻極危險。

[6]隱微致戒:留意微小的事物,以免引起傾覆之禍。